LE FORGERON

DE LA COUR-DIEU

I

LA PUPILLE DES MOINES

Coulommiers. — Typog. A. MOUSSIN.

LE FORGERON

DE LA COUR-DIEU

PAR

PONSON DU TERRAIL

I

LA PUPILLE DES MOINES

PARIS

E. DENTU, ÉDITEUR

LIBRAIRE DE LA SOCIÉTÉ DES GENS DE LETTRES

PALAIS-ROYAL, 17 ET 19, GALERIE D'ORLÉANS

—

1869

Tous droits réservés.

LE
FORGERON DE LA COUR-DIEU

PROLOGUE

LA PUPILLE DES MOINES

I

Le jour était loin encore; on venait de sonner *Matines*, et les moines s'étaient rendus à la chapelle. La nuit était froide, claire, brillante, et la forge flamboyait.

Tandis que les moines priaient, Dagobert commençait sa besogne quotidienne.

Depuis quelque temps, il y avait de l'ouvrage à la forge du couvent.

On était à l'approche de la Saint-Hubert. Le prieur-abbé avait coutume de convier à cette fête tous les gentilshommes chasseurs des environs, et il y aurait dans trois jours des chevaux à ferrer.

Ce qui faisait que Dagobert était levé une heure plus tôt qu'à l'ordinaire, c'est qu'il tenait à terminer une grille en fer forgé que dom Jérôme, le prieur-abbé, voulait faire poser à l'intérieur des bâtiments conventuels, pour séparer une cour d'une autre.

Or, il faut vous dire que cela se passait en l'an de grâce mil sept cent quatre-vingt ; que Dagobert était le forgeron du couvent, et que le couvent de la Cour-Dieu, bâti en pleine forêt d'Orléans, renfermait une communauté de moines de l'ordre de Cîteaux.

Cependant Dagobert n'était ni moine, ni oblat, ni frère convers.

Dagobert était laïque.

C'était un garçon de vingt-deux ans, taillé en hercule, d'un visage mâle et hardi, qui n'était pas sans beauté.

De même que le royaume de France enclava pendant des siècles un royaume d'une lieue carrée dont le maître et seigneur se nommait le roi d'Yvetot, la puissante communauté qui courbait sous son obédience une demi-douzaine de villages avait une enclave laïque au milieu de son domaine religieux.

Cette enclave, c'était la forge de Dagobert.

Le père de Dagobert s'appelait comme son fils, et tous leurs aïeux avaient porté le même nom.

De père en fils, d'oncle à neveux, les Dagobert étaient forgerons du couvent et se mariaient.

Cela remontait à plusieurs centaines d'années, et les gentilshommes de la province avaient coutume de dire : « Si l'ancienneté de la race fait la noblesse, les Dagobert sont aussi nobles que nous. »

Les abbés se succédaient au couvent, les Dagobert se transmettaient d'âge en âge et de génération en génération leur marteau de forgeron en guise de sceptre.

C'était une royauté héréditaire en présence d'une monarchie élective.

Il y avait même là-dessus une légende, que nous allons vous conter :

En mil trois cent cinquante-quatre, messire Jean de Montmorency, nommé évêque d'Orléans, passa selon la coutume, par le monastère de la Cour-Dieu, pour aller prendre possession de son siége épiscopal.

C'était un usage de temps immémorial que le nouvel évêque fît ce qu'on appelait sa *joyeuse entrée*.

Pour s'y préparer, il allait passer trois jours et trois nuits au couvent de la Cour-Dieu et les employait en prières.

Le matin du quatrième jour, l'évêque quittait le couvent, à cheval, ayant à sa droite l'abbé, et à sa gauche le prieur.

L'abbé montait une jument, le prieur un mulet.

Tous trois s'en allaient jusqu'au bourg de Fay-aux-Loges, où l'évêque avait laissé sa suite.

Or, donc, en l'année mil trois cent cinquante-quatre, messire Jean de Montmorency n'avait plus qu'une nuit à passer au couvent.

Les moines ont toujours suivi quelque peu le mouvement de leur temps : guerriers au moyen âge, érudits à la Renaissance, processifs dans le dernier siècle.

L'abbé d'alors se nommait dom Fragonard.

C'était un bel homme, qui préférait une épée à un goupillon, une bouteille de vieux vin à un flacon d'eau bénite, et prenait le menton aux fillettes de son vasselage sans trop de crainte des flammes éternelles.

Il était dur aux pauvres gens, et tenait à ses priviléges féodaux avec un véritable acharnement.

Tout braconnier surpris dans les bois conventuels était condamné à cinquante coups de corde et à une amende qui le réduisait à la misère.

Un pauvre diable, qu'on appelait Dagobert, fut amené au couvent la veille du départ de l'évêque ; c'était un forgeron d'un village voisin appelé Ingrannes.

Cet homme, accusé d'avoir tué un cerf, reçut les cinquante coups de corde, et fut jeté pantelant et meurtri à la porte du couvent, après son exécution.

Or, il arriva que, pendant la nuit, le moine-forgeron du couvent, qui était malade depuis longtemps, passa de vie à trépas, que le cheval de l'abbé se déferra, et que, le lendemain, on trouva devant la porte du monastère le malheureux forgeron à demi mort de froid et de faim.

De ces trois événements devait naître la petite royauté des Dagobert.

Quand il apprit que son cheval était déferré, que le moine-forgeron était mort, et qu'on avait retrouvé Dagobert à la porte, l'abbé, qui se devait mettre en selle dans une demi-heure pour accompagner son suzerain l'évêque jusqu'à Fay-aux-Loges, l'abbé, disons-nous, se contenta d'ordonner qu'on fît ferrer le cheval par Dagobert.

Dagobert s'y refusa.

L'abbé le fit venir en sa présence et lui dit :

— Si tu ferres mon cheval, je te ferai remise des quatre florins d'amende auxquels je t'ai condamné hier.

Dagobert secoua la tête.

— Si tu refuses, continua l'abbé, tu seras pendu!

— Je suis prêt à mourir, répondit Dagobert avec calme.

— Pourquoi refuses-tu de me rendre service? demanda l'abbé, qui eût donné la moitié de ses dîmes pour ne pas demeurer en affront, car il lui était impossible de monter un cheval déferré, lequel boiterait certainement, et bien plus impossible encore de ne pas faire la conduite à son suzerain.

— Je refuse, dit Dagobert, parce que vous m'avez maltraité et que la réparation que vous m'offrez n'est pas suffisante.

— Eh bien ! dit dom Fragonard, parle, et ce que tu me demanderas, je te l'accorderai.

— Je veux que vous me donniez trois journaux de terre, en la place qui me conviendra, sur les terres de la communauté.

— Soit ! dit l'abbé.

— Que j'aie le droit d'y bâtir une maison et une forge.

— Acordé ! dit encore l'abbé.

— Enfin, acheva Dagobert, que cette maison et ces trois journaux de terre nous appartiennent à moi et à mes descendants en toute propriété, et qu'ils soient exempts de toute taille et de toute redevance.

— Va pour cela encore ! murmura dom Fragonard.

Et il prit du parchemin et une plume et octroya, séance tenante, la charte que demandait Dagobert.

Alors celui-ci ferra le cheval de l'abbé, qui, une demi-heure après, put se mettre en selle.

Quand le cheval fut ferré, Dagobert choisit ses trois journaux de terre entre le chemin d'Ingrannes et celui de Sully-la-Chapelle, et dès le lendemain il jeta les fondements de sa maison, qui se trouva être juste en face de la grande porte du couvent.

Dom Fragonard et ses successeurs respectèrent le singulier privilége de Dagobert.

De siècle en siècle, et de génération en génération, il y eut des Dagobert forgerons à la porte du couvent, et les premiers vécurent en bonne intelligence avec les moines, qui leur donnaient force besogne.

Or, à l'époque où commence notre histoire, le dernier des Dagobert, qui se nommait Jean, n'avait plus ni père, ni mère, ni frère, et il était célibataire.

Mais Jean Dagobert n'avait, nous l'avons dit, que vingt ans, et il avait bien le temps de se marier, pour continuer sa singulière dynastie.

Donc, la nuit était froide, les moines chantaient *Matines*, et la lueur flamboyante de la forge se projetait sur les grands arbres de la forêt qui entourait le couvent de toutes parts.

Dagobert forgeait, forgeait, que c'était merveille! et son marteau retentissait sur l'enclume avec un joyeux bruit, arrachant au fer qu'il battait des gerbes d'étincelles.

Cependant, un autre bruit domina tout à coup celui du marteau.

C'était le galop précipité d'un cheval.

Obéissant à un mouvement de curiosité, bien

naturel chez un homme qui passait six mois entiers sans voir autre chose qu'une robe de moine, Dagobert remit le fer dans la forge, laissa tomber le marteau auprès de l'enclume et courut au seuil de sa porte.

Il aperçut un cavalier qui s'en venait du côté de Sully et galopait ventre à terre.

— Voilà sans doute un gentilhomme qui s'en va fêter la Saint-Hubert loin d'ici, pensa-t-il.

Mais, à son grand étonnement, quand le cheval fut auprès de la forge, il s'arrêta.

— Hé ! l'ami ! cria le cavalier.

Dagobert sortit tout à fait, mit la main à son bonnet et s'approcha du cavalier, qui se trouvait alors dans le cercle lumineux décrit au dehors par la forge.

Le cavalier était un homme à barbe grisonnante, et, à la grande surprise de Dagobert, il avait en croupe une petite fille de neuf ou dix ans, qui paraissait accablée de sommeil et de lassitude.

Le cheval, dont le poitrail était frangé d'écume, paraissait également exténué.

— Mon ami, dit le cavalier, est-ce là le couvent de la Cour-Dieu ?

— Oui, mon gentilhomme.

— C'est bien toujours dom Jérôme qui est prieur-abbé ?

— Oui, certes.

Le cavalier prit la petite fille dans ses bras et mit pied à terre.

— Pauvre enfant! dit-il en jetant sur elle un regard de tendresse, comme elle a froid!

Et il entra dans la forge, sans plus s'occuper de son cheval, qui se mit à brouter un brin d'herbe qui croissait maigre et chétif au bord de la route.

Puis il déposa doucement la petite fille à terre et la fit s'approcher du feu de la forge.

Dagobert regardait tour à tour l'enfant qui avait de grands yeux bleus pleins de douceur et de beaux cheveux blonds qui ruisselaient sur ses épaules en boucles touffues, — et le cavalier qui paraissait en proie à une vive émotion.

— Mon ami, reprit ce dernier, sonnez donc, je vous prie, à la porte du couvent, car il faut absolument que je voie dom Jérôme.

— Mon gentilhomme, répondit Dagobert, je sonnerais bien pendant une heure de suite qu'on ne m'ouvrirait pas.

— Pourquoi donc?

— Parce que tous les moines, même le père portier, sont à la chapelle, où ils chantent *Matines*.

— Eh bien?

— Et la règle leur défend d'ouvrir.

— Il faut pourtant que je voie dom Jérôme! dit

le cavalier avec un accent de douloureuse impatience.

— Les *Matines* finissent avec le jour, répondit Dagobert, et alors on vous ouvrira.

— Oh! c'est impossible! dit le cavalier.

Et, comme Dagobert le regardait :

— C'est impossible! répéta-t-il, quand le jour viendra, il faut que je sois loin d'ici.

Ce personnage, qui paraissait avoir cinquante ans, était vêtu comme un homme appartenant à la noblesse de province.

Il portait l'épée, un habit de velours jaune, une veste rouge, un tricorne galonné d'argent, et il était chaussé de grandes bottes à l'écuyère.

Le tout était couvert de boue et de poussière et paraissait avoir fait une longue route.

La petite fille s'était assise devant le feu, sur un petit rondin de bois qui servait de siége à Dagobert quand il ne travaillait pas.

Sa jolie tête était peu à peu retombée sur son épaule, et ses yeux s'étaient fermés.

— Pauvre petite demoiselle! comme elle a sommeil, murmura le forgeron avec cet accent de compassion généreuse qu'on ne trouve que chez la jeunesse. Vous feriez bien, mon gentilhomme, de me la laisser porter là-haut, sur mon lit, où elle dormirait tout à son aise; je mettrais votre cheval à l'écurie avec une bonne brassée de luzerne, et vous-même, si un verre de mauvais vin...

Le gentilhomme ne répondit pas.

Il s'élança au dehors et alla sonner à la porte du monastère avec une énergie désespérée.

Mais la porte demeura close.

On entendait, dans le lointain, la voix sonore des moines qui psalmodiait les *Matines*.

Le gentilhomme sonna vainement pendant plus d'un quart d'heure.

Alors il rentra découragé dans la forge, et Dagobert vit une larme brûlante qui roulait lentement sur sa joue.

La petite fille aux cheveux blonds s'était endormie.

. . . .

II

La douleur que manifestait en ce moment le gentilhomme paraissait si vive, que Dagobert n'osa lui dire un mot sur sa tentative infructueuse à la porte du couvent.

Il demeura debout, muet, tout son visage respirant une vive sympathie.

Le gentilhomme s'approcha de la petite fille et la toucha légèrement du doigt :

— Jeanne ? dit-il.

L'enfant rouvrit les yeux.

— O mon bon oncle, dit-elle, je suis si lasse ! laisse-moi dormir.

Et ses yeux se refermèrent, et sa jolie tête retomba sur son épaule.

Alors le gentilhomme regarda le forgeron avec une expression étrange.

— Je donnerais la dernière goutte de mon sang, dit-il, pour que la porte de ce couvent s'ouvrît.

Et Dagobert, qui se sentait ému jusqu'aux larmes de cette douleur mystérieuse et concentrée, lui dit :

— Vous êtes donc bien pressé, monseigneur ?

— Si pressé de repartir, dit le gentilhomme, que si je n'arrive pas à Paris ce soir même, tout est perdu pour moi.

— Ma foi ! dit Dagobert, qui saisit son marteau le plus lourd, voulez-vous que j'essaye de briser la porte du couvent ?

Et il décrivit un moulinet terrible au-dessus de sa tête avec cet outil cyclopéen qui, dans sa main, ressemblait à une baguette d'osier, tant il le maniait facilement.

— Non, dit le gentilhomme ; ce serait perdre un

temps précieux et indisposer le prieur-abbé, de la protection duquel j'ai besoin.

Et comme s'il eût obéi à une subite inspiration :

— Comment te nommes-tu ?

— Dagobert.

— Es-tu de ce pays ?

— Je suis né dans cette maison, et j'y mourrai.

— Tu as l'air d'un honnête homme.

— Ah ! pour ça oui, dit fièrement Dagobert ; vous pouvez vous renseigner dans le pays à dix lieues à la ronde. On sait ce que sont les forgerons de la Cour-Dieu.

Un souvenir lointain et un peu confus parut traverser l'esprit du cavalier.

— N'est-ce pas vous autres, dit-il, qui avez, depuis des siècles, et de père en fils, le privilége de demeurer ici et d'y battre le fer?

— Oui, monseigneur.

— Alors, je vous connais. Vous êtes d'honnêtes gens, et je puis me fier à toi.

— Parlez, dit Dagobert avec une noble simplicité. Je n'ai jamais trahi personne, et je ne commencerai pas par vous.

Le gentilhomme tourna de nouveau sur la petite fille endormie un œil mouillé de larmes.

— Tu vois cet enfant, dit-il à Dagobert.

— Oui, monseigneur.

— Elle n'a que moi en ce monde pour veiller sur elle et la protéger.

— Vous êtes son oncle? dit Dagobert, qui avait entendu les paroles de la petite fille.

— Son oncle et son père, tout ce qu'elle a au monde, et il faut que je me sépare d'elle.

— Ah! fit Dagobert avec étonnement.

— Il faut que je l'abandonne pendant un an ou deux, plus peut-être, continua le gentilhomme, que ce soir je sois à Paris, que dans deux jours j'aie quitté la France sur un vaisseau qui part pour l'Amérique. Il y va de mon honneur et de la fortune de cette enfant, et je ne puis perdre une heure...

— Vous vouliez donc la confier à dom Jérôme?

— Oui, dit le gentilhomme, et je te charge de ce soin.

En même temps, il tira un anneau de son doigt et prit dans sa poche un portefeuille.

L'anneau portait des armoiries gravées sur son chaton.

Le portefeuille renfermait des billets de caisse pour une somme de dix mille livres.

Il tendit le tout à Dagobert.

— Quand les portes du couvent s'ouvriront, lui dit-il, tu réveilleras l'enfant, tu la prendras par la main et tu la conduiras à dom Jérôme.

Ce portefeuille contient une somme destinée à son éducation.

Il suffira à dom Jérôme d'examiner les armoiries qui sont gravées sur cette bague pour savoir qui je suis et quelle est cette enfant.

— Je ferai ce que vous me demandez, répondit Dagobert, que l'émotion du gentilhomme avait gagné peu à peu.

— Maintenant, dit ce dernier, qui avisa dans un coin de la loge un grand crucifix en bois noir qui pendait au mur, lève la main et fais-moi un serment.

— Parlez, dit Dagobert.

— Nous sommes en un temps d'orage, poursuivit le gentilhomme ; de sourds murmures commencent à s'élever de toutes parts ; ceux qui sont jeunes verront des temps nouveaux et bien des choses changées. Un vent de liberté s'élève dans le lointain, de l'autre côté de l'Océan, et ce vent passera les mers, et quand il soufflera sur la France, il bouleversera bien des choses, relevant ce qui était tombé, renversant ce qui est debout.

Qui sait, lorsque cette heure sonnera, si ce monastère perdu au milieu des bois ne s'écroulera pas, ensevelissant sous ses décombres les quelques prêtres qu'il abritera encore ?

Alors, cette enfant que voilà n'aura même plus la

protection de ce vieux moine à qui je la confie aujourd'hui.

— Je veillerai sur elle, moi, dit fièrement Dagobert.

Et il eut un regard si mâle, si franc, si hardi, que le gentilhomme eut foi en lui.

— Et bien ! dit-il, jure-le moi sur cette image du Christ, notre Sauveur.

Dagobert étendit la main :

— Je le jure, dit-il, et que je perde à tout jamais ma part de paradis, si je viole mon serment !

— C'est bien, dit le gentilhomme. Et maintenant adieu, mon garçon, et que Dieu te garde et garde ma pauvre enfant.

En prononçant ces derniers mots d'une voix entrecoupée, il s'approcha de la petite fille.

Dagobert le vit se pencher sur elle, frémissant, en proie à une émotion sans égale.

Puis ses lèvres effleurèrent les boucles blondes de la chevelure et le front rose de l'enfant, qui ne s'éveilla point.

— Adieu, dit-il, adieu, Jeanne... adieu...

Et, comme s'il eût douté de lui-même et de sa force d'âme, il s'élança hors de la forge et rejoignit son cheval, qui continuait à tondre l'herbe du chemin.

Dagobert l'avait suivi ; il voulut lui tenir l'étrier.

— Adieu ! répéta l'inconnu.

Puis il serra la main noircie du forgeron, donna un coup d'éperon à sa monture et partit au galop, laissant Dagobert au milieu de la route.

Le forgeron le suivit des yeux dans le lointain.

Il n'était pas jour encore, mais quelques lueurs indécises commençaient à lutter dans le ciel avec la clarté tremblotante des étoiles.

Dagobert demeura sur la route jusqu'au moment où le cavalier, ayant traversé dans toute sa longueur la demi-lune de terres défrichées alentour du couvent, fut rentré dans la forêt et eut disparu à ses yeux.

Alors il revint dans la forge, où la petite fille dormait toujours.

— Je vais la coucher dans mon lit, se dit-il.

Il la prit dans ses bras, et elle ne s'éveilla point.

Un sommeil de plomb s'était emparé de ce jeune corps brisé par la fatigue.

Puis, le robuste forgeron gagna un escalier de bois, qui, du fond de la forge, montait à l'unique étage de la maison, lequel, du reste, n'avait qu'une pièce.

Une vaste chambre, dans l'alcôve de laquelle il y avait deux lits jumeaux.

Sur l'un de ces lits, que protégeaient tous deux

des rideaux de serge brune, il y avait une croix et une branche de buis bénit.

C'était le lit de la mère défunte du forgeron.

Quand les moines eurent porté la pauvre femme en terre, Dagobert posa sur ce lit le crucifix qu'elle tenait dans ses mains mourantes, alors que le prieur-abbé lui avait administré les derniers sacrements.

Ensuite il mit auprès du crucifix la branche de buis qu'elle avait rapportée de l'église d'Ingrannes, au dernier dimanche des Rameaux.

Il y avait cinq ans de cela, et Dagobert avait toujours laissé sur la couche de sa mère morte ces pieuses reliques.

Au moment de déposer la petite fille sur la sienne, Dagobert éprouva un sentiment singulier.

Un sentiment de respect indéfinissable, et une voix s'éleva dans son cœur pour lui dire qu'il n'était pas convenable qu'il couchât l'enfant dans son propre lit.

Il écarta donc le crucifix et la branche de buis et posa la petite fille sur celui de sa mère.

Puis il redescendit pour se mettre à la besogne.

Le chant des moines s'élevait toujours grave et sonore au-dessus du monastère, répercuté par les échos de la vieille basilique, et montait vers le ciel dans la nuit silencieuse.

Dagobert, qui se levait chaque matin avant que

l'office nocturne fût terminé, avait fini par discerner parfaitement, aux changements de rhythmes et d'airs dans le chant, l'état plus ou moins avancé de l'office.

— Ils en ont encore pour une heure, murmura-t-il, la petite fille a le temps de dormir un brin.

Il prit la corde du soufflet et se mit à raviver le feu couvert d'une cendre brune ; mais comme son feu était rouge, et qu'il allait reprendre son marteau, un singulier scrupule l'arrêta.

— Non, pensa-t-il, tant pis pour l'ouvrage! J'éveillerais la petite demoiselle.

Et il laissa la barre de fer dans le feu, le marteau auprès de l'enclume, et alla s'asseoir sur le pas de sa porte, les yeux tournés vers le massif de forêt qui s'étend au couchant de la Cour-Dieu.

Mais alors il fut témoin d'un singulier phénomène.

Du côté de l'occident, une lueur rougeâtre s'élevait dans le ciel, au-dessus des chênes séculaires de la forêt.

Ce ne pouvait être l'aurore, et cependant cette lueur grandissait à vue d'œil, et, en quelques secondes, le ciel parut être tout en feu.

— C'est un incendie! pensa Dagobert. Qu'est-ce donc qui brûle? Est-ce un château, une chaumière, une meule de blé, un village ou une portion de forêt ?

Depuis quelque temps, hélas! pareil spectacle n'était pas rare.

Le pain manquait souvent, en hiver; la famine avait exaspéré le paysan, déjà mécontent des impôts de plus en plus lourds.

Des bandes d'incendiaires parcouraient les campagnes, et les catastrophes se multipliaient au mépris de la maréchaussée qui cependant redoublait d'activité et de zèle.

Si Dagobert avait douté, il n'eût pas douté longtemps, car tout à coup un bruit lugubre domina le chant des moines, et le tocsin envoya par-dessus les arbres de la forêt les bouffées de son glas sinistre.

Dagobert connaissait le son des cloches, comme il connaissait l'heure aux étoiles.

Il reconnut le son de celle qui réclamait ainsi du secours.

C'était la cloche d'un village qui s'élève de l'autre côté de la forêt, à trois lieues environ de la Cour-Dieu et qu'on nomme Trainou.

La lueur grandissait toujours.

On eût dit qu'un soleil gigantesque s'allumait à l'horizon.

En même temps aussi le tocsin était répété par

d'autres cloches, celles de Fay et de Loury, probablement.

Ce bruit lugubre parvint sans doute à faire trembler les vitraux de l'Eglise du monastère et à troubler les moines dans leur prière.

Car soudain les chants cessèrent.

— Les moines vont aller au feu, pensa Dagobert, qui, lui aussi, se fût précipité pour porter secours, s'il n'eût fait au gentilhomme le serment de veiller sur la petite fille.

En effet, peu après, les portes du couvent s'ouvrirent toutes grandes.

Le prieur-abbé, mître en tête, et revêtu de son surplis, sortit le premier.

Puis, derrière lui, une centaine de moines rangés deux par deux et dans le plus grand ordre.

Tous portaient une corde à la ceinture, et, à la main, un sceau à puiser de l'eau.

Ce n'était pas la première fois que les moines portaient secours aux incendiés, et depuis un an on les avait vus quitter leur monastère plus de vingt fois en pareille circonstance.

. . . .

La petite fille dormait toujours.

III

Dom Jérôme, le prieur-abbé de la Cour-Dieu, était un moine de haute taille, aux larges épaules, à la barbe grisonnante, mais à l'œil plein de jeunesse et d'énergie.

Il en était alors un peu des couvents comme des régiments, qui avaient deux chefs, un de droit, un de fait.

Le colonel était un grand seigneur qui achetait son grade et son régiment, et en laissait le commandement et l'administration à un lieutenant-colonel, officier de fortune.

De même, un couvent avait un chef réel, le prieur, qui sortait de la plèbe des moines et devait son élévation à son mérite, et un abbé commandataire, presque toujours cadet d'une grande maison, et qui ne mettait pas les pieds dans son abbaye.

Dom Jérôme était, qu'on nous pardonne le mot, un moine de fortune.

Son énergie, sa sagesse l'avaient bientôt fait remarquer, et, en quelques années, de simple moine qu'il était, il s'était vu élever à la dignité de prieur.

Quant à l'abbé titulaire, on ne l'avait jamais vu.

Dom Jérôme n'était pas vieux dans l'état monastique. Il n'y avait guère que quinze ans qu'il avait pris le froc. Son entrée au couvent était une histoire mystérieuse.

Un soir de décembre, par une pluie battante et un froid de loup, deux cavaliers, après avoir longtemps galopé dans la forêt, s'arrêtèrent à la porte du couvent.

L'un était vêtu comme un gentilhomme; l'autre, bien qu'il n'eût pas de livrée, paraissait être un domestique, un serviteur plutôt, car le premier, en mettant pied à terre, lui tendit affectueusement la main et lui dit :

— Adieu, mon vieux Mathieu, adieu pour toujours... ne l'oublie pas... je prierai pour toi...

Le serviteur répondit par un sanglot.

Il se jeta sur la main que son maître lui tendit et la couvrit de baisers et de larmes.

— Non, non, disait-il, il est impossible, monseigneur, que vous quittiez ainsi le monde : vous riche, vous noble, vous aimé et estimé...

— Il le faut, dit le cavalier. Adieu...

Et, d'un geste d'autorité, il imposa silence au serviteur qui cherchait dans sa pauvre et simple cervelle et dans son cœur une parole éloquente, un de ces mots qui pussent encore ébranler sa résolution.

— Adieu ! répéta-t-il, adieu... et va-t'en.

Le serviteur, fondant en larmes, prit le cheval de

son maître par la bride et s'en alla au pas, tournant parfois la tête et regardant cet homme qui se tenait immobile, sous la pluie, à la porte du monastère, ce sépulcre des vivants d'où il ne devait sortir que mort.

Celui-ci attendit que le serviteur et les deux chevaux eussent disparu à la lisière de la forêt qui enserrait de toutes parts les terres du couvent.

Alors il souleva le lourd marteau de fer et le laissa retomber sur la porte de la Cour-Dieu.

Le lendemain, les moines comptèrent un nouveau frère, qui commença, selon l'usage, son noviciat par les travaux les plus durs et les plus grossiers.

Dix ans après, dom Jérôme, qui n'était autre que ce cavalier mystérieux, était élevé à la dignité suprême.

Quel nom avait-il porté dans le monde?

Nul ne le savait.

Quel orage du cœur, quelle catastrophe épouvantable avait forcé cet homme brillant de force et de jeunesse à se réfugier dans la vie monastique?

Personne n'eût pu le dire.

Mais ce que l'on disait partout à dix lieues à la ronde, partout où la suzeraineté des moines se faisait sentir, c'est que jamais le couvent n'avait été plus sagement administré, plus sévèrement discipliné, et que dom Jérôme était un homme juste et bon.

Les vassaux de l'abbaye n'étaient plus accablés de corvées et de tailles; on ne molestait plus le pauvre diable qui tuait un lièvre ou un chevreuil; on ne rencontrait plus de moines ivres par les chemins, et les fillettes des villages voisins pouvaient se promener, le dimanche, sous les grands arbres de la forêt sans crainte de mauvaise rencontre.

Quand les incendies éclatèrent, on vit une chose inouïe.

Les moines, conduits par leur chef, s'en allèrent porter secours, abandonnant leurs travaux et leurs prières.

Puis, comme on s'habitue à tout, on trouva tout naturel, chaque fois qu'une ferme ou une meule brûlaient, que le couvent tout entier vînt aider à éteindre le feu.

Si cela n'étonnait plus personne dans les campagnes voisines, à plus forte raison cela ne devait pas étonner Dagobert le forgeron, qui demeurait à la porte du couvent.

Cependant le brave garçon ne put se défendre d'un mouvement de mauvaise humeur.

— Bon! se dit-il, quand donc m'acquitterai-je de la promesse que j'ai faite au gentilhomme, et quand donc mènerai-je la petite fille à dom Jérôme, car, en ce moment, il n'y a pas moyen de l'aborder.

Pendant cette réflexion, Dagobert fit mine d'éteindre sa forge et de fermer sa porte, afin d'aller, lui aussi, porter secours aux incendiés.

Mais quand le dernier moine eut défilé devant lui, au lieu de quitter sa maison, il remonta au premier étage.

Le jour avait grandi, et les clartés rougeâtres de l'aurore entraient par la fenêtre percée au levant.

Cette clarté douce et sereine se projetait sur le milieu de l'alcôve et dorait le frais visage de la petite fille, qui n'avait pas cessé de dormir, en dépit du son bruyant des cloches.

Dagobert s'arrêta au milieu de la chambre et se prit à la contempler.

Jamais il n'avait vu plus joli visage, ni mains plus mignonnes, ni cheveux plus soyeux et plus fins.

L'enfant souriait, dans son sommeil, à quelque chimère gracieuse; peut-être à cet oncle qui l'aimait tant, peut-être à cette mère qu'elle avait perdue.

Dagobert se sentait le cœur rempli d'une émotion indicible.

Il éprouva pour cette petite fille, inconnue deux heures auparavant, un sentiment indéfinissable de respect et de tendresse.

Tout à l'heure il maudissait l'incendie qui forçait

les moines à sortir de leur couvent ; maintenant il le bénissait.

Et, comme un avare qui sait qu'il sera bientôt dépossédé de son trésor, il se prit à couver la petite fille des yeux et souhaita que les moines et dom Jérôme ne revinssent jamais au couvent.

Combien de temps demeura-t-il dans cette contemplation ?

Il ne le sut pas lui-même.

Mais le soleil était monté à l'horizon, le tocsin avait cessé de retentir, et le gigantesque panache de fumée qui s'élevait au-dessus du bois commençait à décroître, qu'il était toujours là, en présence de la petite fille.

S'il l'eût osé, il se serait mis à genoux devant elle comme devant un enfant Jésus.

Enfin, elle poussa un soupir, s'agita un moment et ouvrit les yeux.

D'abord elle promena autour d'elle un regard égaré et murmura :

— Mon oncle !

Puis, apercevant Dagobert, elle le reconnut :

— Ah ! fit-elle, c'est vous qui frappiez sur du fer avec un marteau ?

— Oui, demoiselle, balbutia Dagobert, plus décontenancé et plus ému que s'il avait été en présence d'une femme de vingt ans.

— Alors je suis dans votre maison ?

— Oui, demoiselle.

— C'est votre chambre ?

— Oui.

— Mais où est mon oncle ?

Dagobert eut le frisson. Il ne savait pas comment expliquer à l'enfant le départ du gentilhomme.

Enfin, il s'arma de courage, et dit, en adoucissant sa rude voix, qu'il parvint à rendre caressante.

— Votre oncle est parti, mais il reviendra ; et il m'a recommandé d'avoir bien soin de vous en son absence.

— Ah ! fit-elle, sans témoigner trop d'inquiétude.

Puis, regardant encore Dagobert :

— Vous êtes tout noir, dit-elle en souriant, et en faisant allusion à son visage et à ses mains noircies par la fumée de la forge ; mais vous n'avez pas l'air méchant, pourtant.

— Oh ! chère demoiselle, balbutia Dagobert de plus en plus ému. Ainsi, je ne vous fait pas peur ?

— Oh ! non...

— Et vous resterez avec moi jusqu'à ce que votre oncle revienne ?

— Sans doute.

Dagobert serait demeuré longtemps encore en extase devant elle si un bruit ne s'était pas fait entendre au-dessous de lui.

— Hé! Dagobert! criait une voix; vite, Dagobert! il y a de la besogne, mon garçon.

— Restez là, demoiselle, dit Dagobert; je remonte à l'instant.

Un homme venait d'entrer dans la forge, ayant au bras la bride d'un gros cheval percheron.

Cet homme était vêtu en courrier.

— Vite, un fer, mon petit Dagobert, dit-il; il faut que j'aille à Pithiviers, et je n'ai pas de temps à perdre.

— Ah! c'est vous, père Bon-Enfant! dit Dagobert, qui reconnut à qui il avait affaire.

Ce courrier était l'homme qui portait deux fois par semaine, à cheval, les lettres d'Orléans à Pithiviers. Il y avait bien trente ans qu'il faisait ce métier, et tout le monde le connaissait.

Il était une pratique de Dagobert et avait coutume de lui faire ferrer son cheval.

C'était un gros homme à face rubiconde qui avait dépassé la cinquantaine et dont le nez enluminé trahissait la passion dominante, aussi bien que son air avenant et plein de bonhomie justifiait son nom.

— Mon cheval s'est déferré en sortant de Fay, où j'ai perdu un bout de temps, dit-il.

— Avez-vous le fer?

— Non, il est resté sur la route. Je ne m'en suis pas aperçu de suite.

Dagobert prit la corde de son soufflet pour raviver son feu.

— J'avais peur que tu ne fusses parti, comme les autres, dit le courrier.

— Où cela? demanda Dagobert.

— Au feu, pardine!

— Non, je n'y suis pas allé. Savez-vous ce qui brûle, père?

— Tu veux dire ce qui a brûlé, mon garçon?

— C'est la même chose. Eh bien?

— Eh bien! c'est le château de Beaurepaire, à une demi-lieue de Trainou; il ne reste que les quatre murs.

— Ce beau château tout neuf?

— Oui.

— Et qui n'avait pas encore été habité?

— Il l'était depuis une semaine.

— Ah!

— Les maîtres étaient venus de Paris.

— Bah! fit Dagobert, c'est des gens riches, probablement, et il en seront quittes pour rebâtir leur château.

— Tu te trompes, dit le courrier en hochant la tête, ils sont morts.

— Dans l'incendie?

— Oui, on vient de me le dire, à Sully-La-Chapelle, en passant

— Mais combien étaient-ils ?

— Trois. Un homme d'âge, une dame et un enfant. Je ne sais pas si c'était un petit garçon ou une petite fille. On ne me l'a pas dit.

Dagobert tressaillit.

— Toujours est-il, poursuivit le courrier, qu'on ne les a pas retrouvés. Les domestiques se sont sauvés, mais les maîtres, personne ne les a vus pendant l'incendie.

— Mais, dit Dagobert, comment s'appelaient-ils, ces maîtres ?

— Le comte et la comtesse des Masures.

— Et ils étaient de Paris ?

— Oui, mais ils ont tout plein de parents dans la contrée.

— Ah !

Tout en causant et interrogeant le courrier, Dagobert avait paré le pied déferré, nettoyé la fourchette et rajusté le fer.

Tandis que la corne fumait en dégageant une forte odeur de roussi, le courrier ajouta :

— Il faut tout de même que ce soient des gens considérables... car le bailli de Fay-aux-Loges m'a donné un pli cacheté pour le vice-lieutenant qui commande la ville de Pithiviers, et il m'a bien recommandé de ne pas perdre de temps en chemin.

— Mais quel rapport y a-t-il entre l'incendie du château de Beaurepaire et ce pli cacheté ?

— Il paraît que le bailli annonce en toute hâte le malheur au vice-lieutenant, pour qu'il en fasse porter la nouvelle à Paris.

— Ah ! je comprends, dit Dagobert.

Et il riva le dernier clou du fer neuf.

Le courrier sauta en selle aussitôt et partit.

Mais Dagobert n'eut pas le temps de remonter dans sa chambre pour y rejoindre la petite fille.

Une bande de bûcherons sortit de la forêt.

Eux aussi revenaient du feu, et ils causaient avec une telle animation que sa curiosité, éveillée déjà par le récit du courrier, cloua Dagobert sur le seuil de sa forge.

— Hé ! camarades, dit-il, quand ils passèrent, vous venez du feu ?

— Oui, Dagobert, répondirent les bûcherons, qui tous le connaissaient.

— Sait-on qui a mis le feu ?

— Par Dieu ! oui, on le sait.

— Qui donc est-ce ?

— Ce sont les maîtres du château.

A cette révélation inattendue, Dagobert ne put retenir une exclamation d'étonnement, et sa curiosité fut surexcitée au plus haut point.

IV

Un des bucherons continua :

— Faut croire qu'ils avaient depuis longtemps l'intention de se faire périr, le père, la mère et la petite fille.

— Ah! fit Dagobert, qui tressaillit de nouveau, c'était une petite fille ?

— Oui.

— C'est tellement sûr, dit un autre bûcheron, qu'ils sont venus de Paris tout exprès.

— Mais comment a-t-on su que c'étaient eux qui avaient mis le feu?

— Voilà ce qu'on m'a raconté, reprit le premier bûcheron. Tu vas voir, Dagobert, s'il y a du monde vraiment drôle, tout de même.

Et il s'assit sur l'enclume du forgeron et continua.

— Personne ne les a quasiment vus à Trainou ni dans ses environs.

Ils sont arrivés tous trois, le soir, dans une voiture qui s'en est retournée.

Il n'y avait que trois domestiques au château, et ils couchaient dans une salle basse, auprès de la cour; de façon que, quand le feu les a surpris, ils ont pu se sauver tout de suite.

— Et les maîtres?

— Les maîtres s'étaient enfermés dans une chambre dont les portes étaient en fer, a-t-on dit. On n'a pas pu les enfoncer, bien qu'on ait essayé de les briser à coups de marteau.

Pendant ce temps-là, tout brûlait, mais les maîtres ne disaient rien.

Quand les cloisons sont tombées, tout était brûlé, sauf la chambre, et c'est à peine si l'on a retrouvé quelques ossements calcinés.

— Mais enfin, dit Dagobert, tout cela ne prouve pas que les maîtres du château se soient brûlés volontairement?

— Au contraire.

— Comment?

— Ils ont écrit au bailli du Fay une lettre sur l'enveloppe de laquelle ils avaient mis : *N'ouvrir qu'à six heures du matin seulement*.

— Et... dans cette lettre?

— Il y avait qu'ils se donnaient volontairement la mort.

— Ça fait que quand on a ouvert la lettre, tout était brûlé?

— Justement, mon garçon.

Dagobert laissa partir les bûcherons, qui continuèrent leur chemin, et il remonta tout pensif auprès de la petite fille. Celle-ci s'était rendormie.

Le forgeron la contempla un moment encore avec un religieux silence :

— Comme elle dort bien, pensait-il. On dirait que c'est un ange du bon Dieu qui est descendu dans ma maison.

Alors il se souvint de la promesse qu'il avait faite au gentilhomme.

En ce moment, les moines rentraient à la suite du prieur-abbé.

Dagobert ferma la porte et entra résolument dans le couvent.

Il ne s'amusa pas à bavarder dans les cours avec les moines, qui, tous, s'entretenaient par groupes de quatre ou cinq du terrible événement de la nuit.

Il s'en alla droit au réfectoire, où dom Jérôme prenait un frugal repas.

Quand il vit entrer Dagobert, il le regarda sévèrement :

— Tu n'étais point avec nous? dit-il.

— C'est vrai, répondit le forgeron.

— Pourtant, d'ordinaire, poursuivit dom Jérôme, quand une ferme brûle, tu es le premier au feu.

— C'est vrai, dit Dagobert, mais cette fois, je ne le pouvais pas.

— Et pourquoi?

Dagobert jeta un regard furtif sur le moine qui servait à table son supérieur.

— Monseigneur, dit-il ensuite, je venais supplier Votre Grâce de m'écouter...

— Parle.

— Seul à seul.

Dagobert avait un air mystérieux qui impressionna assez vivement le prieur-abbé.

— Soit, dit celui-ci.

Et il fit un signe au moine, qui sortit sur-le-champ.

Alors, Dagobert reprit :

— Monseigneur, cette nuit, bien avant l'incendie, bien avant l'aube, comme je venais de me lever, et tandis que j'allumais le feu de ma forge, j'ai entendu retentir le galop d'un cheval.

— Après ? dit l'abbé.

Un cavalier s'est arrêté à ma porte et a mis pied à terre en toute hâte.

— Pour faire ferrer son cheval, sans doute.

— Non, monseigneur, il m'a donné la bride à tenir et il a sonné à tour de bras à la porte du couvent, disant qu'il avait absolument besoin de vous parler... et comme l'on chantait *Matines* dans ce moment-là, la porte du couvent est demeurée close.

— Et quel était ce cavalier ?

— Un homme d'un âge mur, qui avait en croupe

une charmante petite fille, et qui m'a remis pour vous un portefeuille et cette bague.

Ce disant, Dagobert mit sous les yeux de l'abbé l'anneau du gentilhomme, et posa le portefeuille sur la table.

Dom Jérôme était moine depuis bien longtemps ; s'il avait été jadis battu par les orages de la vie, l'austère vie du cloître avait ramené sur son visage ce calme qui vient de la paix du cœur.

Et cependant, à peine eut-il vu cette bague, que le vieux moine pâlit, qu'un tremblement convulsif agita tout son corps, et que ce fut d'une voix étranglée qu'il dit à Dagobert :

— Où est-il ? où est-il ?

— Le gentilhomme ?

— Oui.

— Il est parti, me confiant l'enfant.

— Quel enfant ? murmura dom Jérôme, dont le trouble allait croissant.

— La petite fille qu'il avait en croupe.

— Ah ! c'est juste... Et il est parti ?

— Oui, monseigneur.

— Mais il t'a dit qu'il reviendrait ?

— Non, il ne reviendra pas. Seulement, il m'a dit que Votre Grâce comprendrait en voyant les armoiries gravées sur cette bague.

Le trouble, l'émotion de dom Jérôme étaient à leur comble.

— Mais, dit-il, pourquoi t'a-t-il laissé cette petite fille ?

— Pour que je vous la confie, monseigneur.

— A moi ?

— A vous.

Dom Jérôme tournait et retournait la bague dans ses doigts.

Tout à coup il s'aperçut que le chaton se dévissait.

Alors une sueur glacée inonda son front; et il murmura :

— Pardonnez-moi, mon Dieu; j'avais tout oublié, même cette bague, dans le calme profond où mon amour pour vous m'avait enseveli.

Alors il regarda Dagobert :

— Où est l'enfant? dit-il.

— Chez moi. Je l'ai couchée sur le lit de ma mère, et elle dort comme un ange du ciel, la chère petite.

— Tu es un brave garçon, Dagobert, reprit le moine. Retourne à ta forge; veille sur cette enfant, et reviens dans une heure. J'ai besoin d'être seul, de réfléchir... laisse-moi.

Dagobert, stupéfait, fit un pas de retraite.

Comme il allait franchir la porte du réfectoire, dom Jérôme le rappela.

— Quelqu'un est-il entré chez toi depuis ce matin? demanda-t-il au forgeron.

— Non, monseigneur.

— Personne n'a vu l'enfant ?

— Personne.

— C'est bien. A tout à l'heure.

Dagobert s'en alla.

Alors dom Jérôme fit un violent effort sur lui-même, domina son émotion, retrouva peu à peu la sérénité de son visage et sortit à son tour du réfectoire.

Au lieu de gagner sa cellule, il se rendit à la chapelle. Il avait glissé le portefeuille sous sa robe et il tenait la bague mystérieuse dans le creux de sa main.

Au milieu du chœur brûlait nuit et jour une lampe.

Dom Jérôme prit un cierge sur l'autel, l'approcha de cette lampe et l'alluma.

Puis il passa dans la sacristie et s'y enferma.

Qu'avait-il donc besoin de la lueur de ce cierge, puisque les rayons du soleil pénétraient soyeux à travers les vitraux?

Une fois seul dans la sacristie et la porte fermée

au verrou, dom Jérôme s'assit devant une petite table sur laquelle il posa son cierge.

Puis il se mit à dévisser le chaton de la bague.

Cette bague était une de ces lourdes et massives chevalières qui rappelaient les anneaux des patriciens romains.

Le chaton avait la largeur d'une pièce de quinze sous, et il recouvrait une cavité assez grande pour loger une fève ou un pois.

Alors dom Jérôme vit que la bague renfermait une petite boule blanchâtre qui tomba sur la table.

Le calme, qui était un moment revenu sur le visage du prieur-abbé, avait de nouveau disparu.

Son visage était baigné de sueur; il avait les lèvres frémissantes, et au moment où la boulette blanche s'échappa du chaton ouvert, il prit son front à deux mains et murmura :

— Mon Dieu! mon Dieu! pardonnez-moi... j'ai fui le monde, et le monde me poursuit... je voulais vivre tout en vous, et ceux qui m'ont aimé jadis viennent troubler la solitude où je m'étais réfugié.

Et le moine se mit à genoux.

Les mains jointes, les yeux levés au ciel, il pria longtemps.

Et à mesure qu'il priait, son visage se rassérénait, et on eût dit que la paix descendait peu à peu dans son cœur.

Puis il se leva, prit dans ses doigts la boule blanche qui n'était autre qu'un papier roulé.

Un papier plus mince que de la pelure d'oignon et qui, une fois déroulé, offrit la surface d'une feuille de papier à lettre.

A première vue, ce papier était complétement vierge. Cependant, le moine l'approcha du cierge, et tout aussitôt le blanc prit une teinte grise, puis des signes noirs, imperceptibles d'abord, apparurent au milieu, et enfin la feuille transparente se trouva couverte d'une écriture fine, serrée, qui se dégageait, nette et lisible, à la flamme du cierge.

L'encre sympathique dont on avait tant abusé pendant la première moitié de ce siècle, et qui avait servi de complice à tant de forfaits, à tant de mignons péchés, osait braver la sainteté du cloître et en franchir le seuil.

Et dom Jérôme, dont le cœur battait à outrance en ce moment, se mit à déchiffrer ce mystérieux billet.

V

Le papier pelure d'oignon, couvert d'une microscopique écriture, contenait les lignes suivantes :

« Mon cher Amaury,

» Pardonne-moi d'aller troubler la paix profonde que tu as cherchée au fond d'un cloître.

» Tu avais abandonné les choses de ce monde et voici que forcément je viens t'y rattacher.

» J'écris ces lignes pour le cas où il me serait impossible de parvenir jusqu'à toi.

» Voici près de vingt ans que nous ne nous sommes vus, mon cher Amaury; mais, si absorbant que soit l'amour de Dieu, tu ne peux m'avoir oublié.

» N'avons-nous pas eu le même amour, les mêmes luttes, les mêmes tourments?

» Tu t'es réfugié dans un cloître; je suis resté, moi, debout, affrontant l'orage.

» Eh bien! voici que le vaillant, l'altier, celui que le monde n'a pu terrasser, vient chercher son frère d'armes sous sa robe de prêtre et lui tend les mains en lui disant : Viens à mon aide !

» Tu voulais oublier le passé; tu le fuyais. Le passé remonte jusqu'à toi.

» Amaury, je t'en prie, au nom de notre vieille amitié, au nom de *celle* que tous deux nous avons aimée et par qui nous avons souffert, prends pitié d'une pauvre créature qui n'avait plus que moi dans le monde et qui n'aura plus que toi demain, car, lorsque tu liras ces lignes, je serai parti.

» Où vais-je ?

» En Amérique.

» Reviendrai-je jamais ?

» Je l'ignore.

» L'enfant que je te confie est morte pour tous. Cette croyance est l'unique moyen de lui sauver la vie.

» Dans quelques heures, à trois lieues de ton couvent, une lueur immense montera à l'horizon.

» Un château brûlera.

» Quand les secours arriveront, il sera trop tard pour sauver personne.

» Demain, les gens qui auront vu l'incendie de près, diront qu'un gentilhomme, sa femme et leur enfant, une petite fille de neuf à dix ans, ont péri dans les flammes.

» Laisse-les dire, Amaury.

» Si les gentilshommes des environs viennent te demander des messes pour eux, ne les repousse pas.

» Mais, pendant ce temps, mon ami, élève dans l'ombre avec sollicitude, la petite fille que je te confie.

« C'est la *sienne*.

« Ce n'est pas à toi que j'ai besoin de dire que la fatalité pèse toujours sur cette race à laquelle toi et moi avions si longtemps dévoué notre vie et notre sang. Je te laisse le peu d'argent dont j'ai pu disposer, car tu dois être pauvre, à présent. Cet argent est destiné à l'éducation de l'enfant.

« Quand elle aura vingt ans, peut-être serai-je de retour, et alors ta tâche sera accomplie.

« Mais si tu n'as point entendu parler de moi, il faudra, mon ami, que tu te résignes à un grand voyage, que tu enfreignes la règle austère de ton ordre, que tu ailles à Paris, que tu recherches cette maison où nous nous sommes vus pour la dernière fois et qui est, comme tu le sais, dans la rue de l'Abbaye, au foubourg Saint-Germain.

« Dans cette chambre où les deux mousquetaires vécurent si longtemps de la même vie d'espérance d'abord et de douleur ensuite, il y a une cheminée dont la plaque du foyer est fleurdelisée.

« La suie et la fumée ont dû couvrir depuis longtemps les emblèmes et l'inscription qui la couronne.

« Tu arracheras cette plaque, et derrière tu trouveras une cachette.

« Dans cette cachette, il y a un coffret.

« Ce coffret renferme un parchemin, et ce parchemin, c'est la fortune, l'avenir, le nom de l'enfant que je te confie.

« Voilà, mon ami, ce que ton vieux camarade Raoul de Maurelière attend de celui qui se nommait autrefois Arnoux de Beauvoisin.

« Raoul. »

Dom Jérôme avait pris connaissance de cette étrange lettre avec une avidité fiévreuse.

Quand il fut arrivé à la dernière ligne, le moine joignit les mains :

— O tortures du passé, murmura-t-il, souvenirs de ma vie brisée, j'avais cru cependant que vous n'oseriez jamais franchir les portes de ce monastère !

Puis un soupir souleva sa poitrine, son front se courba plus encore, sa voix émue devint rauque et caverneuse :

— Elle est donc morte ! se dit-il.

Et il se mit à genoux et dit encore :

— Pardonnez-moi, mon Dieu, d'implorer votre miséricorde pour elle.

Il demeura longtemps prosterné sur les dalles de la sacristie. Longtemps le prêtre lutta contre les souvenirs de l'homme.

Quand il se releva, Dieu sans doute lui avait tendu la main, car le calme était revenu sur son visage, car une douce sérénité brillait dans son regard.

L'homme s'était évanoui, et le prêtre reprenait sa marche grave et lente vers le repos éternel promis à ceux qui ont fait abnégation des biens de la terre.

Alors dom Jérôme reprit cette lettre qu'il avait laissée tout ouverte sur la table et dont les caractères, tracés à l'encre sympathique, s'étaient effacés de nouveau.

3.

Il en refit une petite boule qu'il remit dans le chaton de la bague laissée par le cavalier, referma ce chaton, éteignit le cierge et sortit de la sacristie d'un pas ferme et la tête haute.

Il traversa la chapelle, puis le préau aux galeries ogivales, donna sa bénédiction aux moines qui se courbaient sur son passage, et gagna ainsi la porte extérieure du couvent.

Quand il eut franchi cette porte, le prieur-abbé se dirigea vers la forge de Dagobert.

La forge flamboyait, mais le marteau ne retentissait point sur l'enclume.

Debout sur le seuil, les yeux tournés vers le couvent, le forgeron attendait sans doute avec impatience que dom Jérôme l'envoyât chercher.

Et cependant il pâlit légèrement en voyant entrer le prieur.

— Où est la petite fille ? dit celui-ci.

— Là-haut, répondit Dagobert d'une voix tremblante.

— Ah !

— Elle dort encore, ajouta le forgeron ; pauvre chère demoiselle, comme elle était belle !... Si vous aviez vu ses petites mains bleuies par le froid...

— Et elle dort toujours ?

— Oh ! reprit Dagobert, je le crois bien. Il faudra la secouer pour la réveiller...

Dom Jérôme se dirigea vers l'escalier qui conduisait à l'unique étage de la maison.

Dagobert le suivit et, à mesure qu'il montait derrière le moine, son cœur battait plus violemment.

Dom Jérôme s'arrêta au seuil de cette chambre où il était entré pour la dernière fois le jour où la mère de Dagobert était morte.

Un moment, il demeura immobile, n'osant avancer.

Puis enfin, il fit un pas vers ce lit sur lequel la petite fille dormait toujours, les lèvres entr'ouvertes et souriantes.

Alors un nuange passa sur son front.

Peut-être que les traits de l'enfant rappelaient à son souvenir une radieuse image de femme.

Mais le prêtre triompha encore de l'homme.

Il se tourna vers Dagobert et lui fit signe d'approcher.

— Mon ami, lui dit-il tout bas, cette enfant t'intéresse, n'est-ce pas?

— Oh! répondit Dagobert, je crois que je donnerais pour elle ma dernière goutte de sang.

— Tu es un brave garçon et un homme de cœur, Dagobert, poursuivit dom Jérôme, et je crois que tu ne failliras pas à la mission que je vais te donner.

Dagobert tressaillit d'enthousiasme.

Dom Jérôme poursuivit:

— Le cavalier qui est venu cette nuit et a sonné inutilement à la porte du couvent ignorait la règle sévère à laquelle notre ordre est assujetti.

— Ah ! fit Dagobert.

— Tu sais qu'aucune femme, fût-ce cette petite fille, ne peut franchir le seuil de notre couvent ?

— C'est vrai, dit le forgeron.

— Et cependant, poursuivit le prieur-abbé, ce cavalier, qui est loin d'ici déjà et qui ne reviendra peut-être jamais, avait compté sur moi pour veiller sur cette enfant, et il est parti plein de foi en mon amitié et mon dévouement.

Dagobert regardait dom Jérôme, et son cœur battait de plus en plus vite.

Le moine reprit :

— Te sens-tu capable d'aimer cette enfant comme tu aimais ta mère, comme tu eusses aimé ta sœur, si Dieu t'en avait donné une ?

— Oh certes oui, répondit Dagobert.

— De veiller sur elle à toute heure ?

— Oui, monseigneur.

— De la protéger et de la défendre au besoin ?

— Je vous l'ai dit, répliqua simplement Dagobert; je ne la connaissais pas il y a quelques heures, et maintenant je donnerais pour elle la dernière goutte de mon sang.

— Eh bien! reprit le prieur, ta maison est sa maison désormais; je te la confie.

En même temps, il rendit à Dagobert le portefeuille laissé par le cavalier, ainsi que l'anneau; et, lui montrant ce dernier objet :

— Je suis vieux, dit-il; je puis mourir. Après moi, tu ouvriras le chaton de cette bague.

— Bien, monseigneur.

— Tu trouveras dedans un papier roulé réduit à des proportions infimes; à première vue, ce papier te semblera blanc; mais en l'exposant à la flamme d'un cierge ou d'une bougie, tu verras ressortir les lettres et tu pourras lire ce qu'il contient. Ce papier t'apprendra le voyage que tu dois entreprendre, si je n'étais plus de ce monde quand l'époque de ce voyage viendra.

Dagobert serra le portefeuille et la bague dans le bahut où il plaçait le peu d'argent qu'il avait épargné à la sueur de son front.

— Ce n'est pas tout encore, dit dom Jérôme. C'est dans trois jours la Saint-Hubert.

— Oui, monseigneur.

— A cette époque, une foule de gentilshommes des environs viennent au couvent prier le patron des chasseurs, et tu auras des chevaux à ferrer.

— Je ne recule pas devant la besogne, dit fièrement Dagobert.

— Eh bien! acheva dom Jérôme, jusqu'après la Saint-Hubert, jusqu'après le départ de ces gentilshommes, il faut que tu tiennes l'enfant cachée, que personne ne la voie, pas même mes moines.

— Mais, monseigneur, dit naïvement Dagobert, pour trois ou quatre jours, c'est bien. Mais après... si je dois la garder... faudra-t-il la priver éternellement d'air et de lumière?...

— Non, dit le moine, mais nous trouverons une fable, d'ici là, un moyen pour que cette enfant n'excite pas la curiosité. N'as-tu donc pas de parents?

— J'ai une cousine à Chateauneuf.

— Eh bien! la petite passera pour sa fille.

Cette conversation avait eu lieu à voix basse.

Néanmoins la petite fille s'agita un moment sur le lit.

— Elle va s'éveiller, dit Dagobert.

Alors, dom Jérôme, frémissant, prit la main de l'enfant et y mit un baiser.

Puis il s'élança hors de la chambre, comme s'il se fût rendu coupable d'une mauvaise action. En ce moment, l'enfant ouvrit les yeux, et, voyant Dagobert, elle se prit à lui sourire.

FIN DU PROLOGUE

PREMIÈRE PARTIE

L'ORAGE DU LOINTAIN

I

Six ans après les événements que nous venons de raconter, par une tiède après midi de novembre, tandis que le cor retentissait dans les profondeurs de la forêt, du côté de Trainou, un jeune homme mit pied à terre dans une allée forestière qui portait ce nom singulier et d'aspect sinistre : la *Route de la Femme morte.*

Cette route, qui existe encore aujourd'hui, est à peu près parallèle à la vaste échancrure au milieu de laquelle s'élevait le couvent de la Cour-Dieu.

L'habit vert galonné d'argent, le couteau de chasse, les bottes à l'écuyère et le petit tricorne incliné sur l'oreille du jeune homme, attestaient qu'il faisait partie de la joyeuse société de veneurs qui, à cette heure même, appuyaient à cor et à cri une vaillante meute courant un cerf sur ses fins.

Etait-ce dédain de la noble profession de saint Hubert, ignorance des chemins de la forêt, ou bien, par une de ces brusques sautes de vent qui rendent tout à coup perceptible le bruit de la chasse perdue depuis longtemps, le jeune homme s'était-il trouvé égaré?

Voilà ce qu'on n'aurait pu dire en le voyant descendre de cheval, attacher son robuste percheron à un arbre et s'asseoir nonchalamment à l'ombre d'un chêne et au revers d'un fossé.

C'était un grand et beau garçon de dix-neuf à vingt-ans, aux cheveux blonds, qu'il portait sans poudre, au teint bistré par le hâle des champs, mais aux mains fines et délicates.

Son œil bleu était quelque peu mélancolique, et une vague lassitude, plutôt morale que physique, paraissait répandue sur toute sa figure.

Le cheval, entendant retentir dans le lointain le son du cor et les aboiements des chiens, dressait ses deux oreilles, grattait la terre avec son sabot, et laissait même échapper un hennissement moitié impatient, moitié joyeux, mais le cavalier n'y prenait garde.

Il était étendu sur l'herbe jaunie du fossé, appuyant sa tête sur sa main et promenant son regard vague sur le ciel d'un gris cendré, dans lequel couraient épars de petits nuages colorés par les derniers rayons du soleil.

Le temps était calme, l'air sonore, et bien qu'il ne fît pas froid, la terre était dure et retentissante comme en hiver. Ordinairement boueuses, les allées de la forêt étaient sèches, et au travers des grandes futaies on apercevait encore çà et là quelques rameaux verts et quelques clairières jonchées d'herbe fraîche.

Il y avait un grand quart-d'heure que notre jeune veneur était là, immobile, perdu dans une rêverie profonde, aussi insensible aux piétinements de son cheval qu'aux joyeuses fanfares qui paraissaient se raprocher peu à peu comme si la chasse se fût dirigée vers lui, lorsqu'un autre bruit plus distinct, et, par conséquent plus rapproché, le fit tressaillir.

Il se souleva à demi, s'appuya sur un de ses coudes, allongea le cou, avança un peu la tête et prêta l'oreille.

Le bruit qu'il avait entendu était un froissement de feuilles et de branches au plus profond du fourré.

Futaie haute et claire sur la droite de la route de la *Femme morte*, la forêt était broussailles, touffue, épineuse et plantée de taillis rabougris sur la gauche.

C'était dans cette direction que se faisait entendre le bruit qui avait éveillé l'attention de notre héros.

Etait-ce un chevreuil qui bondissait par-dessus

les jeunes taillis, un sanglier qui se frayait à coups de boutoir un chemin au plus épais du bois?

Voilà ce que tout d'abord il eût été difficile de préciser.

Mais bientôt le bruit devint plus net et plus clair, et un sourire glissa sur les lèvres du veneur.

— Ce doit être Benoît le bossu, se dit-il.

En effet, peu après les branches s'écartèrent et une créature humaine se trouva d'un bond sur la route.

C'était un jeune garçon de quinze ou seize ans, à qui la nature n'avait certes pas fait de largesses.

Un buste très court, surmonté d'une bosse énorme, une petite tête de fouine, des cheveux jaunes, de longues jambes tordues et des mains larges à couvrir une assiette, tel était ce personnage.

Il était hideux à première vue.

Cependant, si on le considérait plus attentivement, on voyait luire un œil bleu plein de douceur, on remarquait un visage intelligent, et qui, sur un autre buste, n'eût pas été sans beauté.

Enfin, dans cette charpente osseuse et disgraciée, on devinait une force herculéenne, une souplesse merveilleuse, une agilité que les fauves de la forêt devaient envier.

En deux bonds, comme un chevreuil, Benoît le bossu franchissait une allée forestière ; comme lui, il sautait par dessus une touffe de hêtre ou de chêne.

En temps de neige, il prenait des lièvres à la course.

Un animal blessé était perdu, si Benoît se mettait à ses trousses.

Cet étrange garçon était un peu bûcheron, un peu braconnier.

Sa mère l'avait mis au monde, en forêt, par une nuit d'hiver.

Orphelin dès son enfance, il avait toujours vécu dans les bois.

A dix lieues à la ronde, il n'y avait pas un vieux chien de chasse qui en sût autant que lui sur les ruses et les habitudes du gibier.

A la simple inspection d'une de ses pigaches empreintes sur un peu de boue, Benoît vous disait exactement l'âge et le poids d'un sanglier, si c'était un ragot ou un solitaire, une bête rousse ou une laie bréhaigne.

A l'écartement d'un piquet de chevreuil, il reconnaissait que l'animal était blessé et faisait du sang.

Si la pince était usée, il affirmait, sans crainte de trouver un contradicteur, que la bête était vieille.

Les gentilshommes des environs qui avaient droit de chasse dans la forêt et ceux que les moines conviaient sur leurs domaines connaissaient tous Benoît le bossu.

Il appuyait les chiens comme personne.

Les piqueurs en détresse s'adressaient à lui; nul ne savait mieux relever une défense.

Aussi lui pardonnait-on de colleter un lièvre, de prendre une bécasse à l'abreuvoir et des perdrix au lacet.

Il eût fallu chercher longtemps pour lui trouver un ennemi, et si le petit drole eût été ambitieux et cupide, il eût trouvé une condition de piqueur ou de valet de chiens et de larges profits, car tout le monde aurait voulu l'avoir à son service.

Mais Benoît avait l'humeur indépendante; il n'aimait pas à coucher dans un lit et disait que sa maison était la forêt.

Il dînait d'un peu de pain, d'une assiettée de soupe par ci par là, de quelques nèfles sauvages qu'il trouvait dans les bois, et ne dormait jamais mieux que sur un fagot à l'ombre d'un taillis.

Tel était donc le personnage qui venait d'apparaître tout à coup aux regards du jeune gentilhomme qui semblait fuir la chasse.

Il avait bondi si près du veneur, qu'il s'imagina que celui-ci dormait tout à l'heure, et, portant la main à sa casquette, il lui dit :

— Excusez-moi monsieur le comte, je vous ai peut-être réveillé.

— Mais non, dit le jeune homme en souriant, je ne dormais pas. Bonjour, Benoît.

— Vous n'entendez donc pas la chasse, monsieur Lucien ?

— Oh ! si fait, dit le jeune homme, que Benoît avait d'abord nommé M. le comte, et que maintenant il appelait familièrement de son petit nom.

— Elle vient vers nous, reprit Benoît, dont les yeux brillaient. Montez à cheval, monsieur Lucien. Je connais un faux chemin qui nous mènera droit à l'hallali.

Mais Lucien ne bougea pas.

— Non, mon pauvre Benoît, dit-il, je m'intéresse médiocrement aujourd'hui à la chasse de ma belle cousine et de ses amis. Je suis las et je me trouve fort bien ici.

— Comment ! dit Benoit, vous n'irez pas à la mort du cerf ?

— Non ; et tout à l'heure, reprit Lucien, quand le soleil sera couché et que le vent fraîchira, je remonterai sur Pistache et je m'en irai à Beaurepaire.

— A travers bois ?

— Non, en passant par Sully.

Un sourire, moitié railleur et moitié affectueux, vint aux lèvres du bossu.

— C'est-à-dire en passant par la Cour-Dieu, dit-il.

Lucien tressaillit, et il regarda même le bossu avec une certaine inquiétude.

Celui-ci tortillait sa casquette dans sa main d'un air embarassé :

— Monsieur Lucien, dit-il enfin, il y a longtemps que vous me connaissez, n'est-ce pas? et on n'a jamais dû vous dire du mal de moi.

— Je sais que tu es un brave garçon, dit Lucien en souriant.

— On peut se fier à moi, allez!

— Ah! vraiment? fit le gentilhomme avec mélancolie.

— Et si j'osais vous parler franc...

— Eh bien! parle... dit Lucien.

— Vous me le permettez?

— Oh! de grand cœur.

— Eh bien, voyez vous, monsieur Lucien, reprit le bossu, peut-être bien que vous avez tort de passer si souvent autour du mur du couvent.

— Pour quoi donc?

— Et de faire ferrer si souvent votre cheval à Dagobert.

Lucien ne put s'empêcher de rougir.

— Ah ! dame ! reprit le bossu, vous m'avez permis de parler franc.

— Oui, certainement, dit le jeune homme.

— Alors, je peux continuer.

— Oui, parle.

— Eh bien, croyez-moi, poursuivit Benoît le bossu, Dagobert est un brave garçon ; il n'y a même pas meilleur que lui, mais il a le poignet solide, voyez-vous, et si on le chagrinait...

— Qui songe à le chagriner ? dit vivement Lucien.

— Rapport à mamzelle Jeanne.

Lucien devint cramoisi.

— D'aucuns disent que c'est sa nièce, continua Benoit, d'aucuns sa filleule ; ce qu'il y a de bien sûr, c'est qu'il veille sur elle nuit et jour.

— Ah ! fit Lucien.

— La *Pupille des moines*, comme l'on appelle Mlle Jeanne, n'est faite ni pour un paysan comme moi, ni pour un seigneur comme vous, monsieur Lucien. Quand Dagobert lui parle, il est toujours tête nue. Mais nous savons bien que les gentilshommes du pays ne songeraient pas à en faire leur femme. Alors, vaut mieux passer tout droit son chemin et ne pas faire jaser le monde, voyez-vous.

Et son petit sermon terminé, Benoît le bossu reprit son humble attitude.

Lucien demeura un moment pensif. Cependant peut-être eût-il répondu à Benoît, si, en ce moment, la futaie voisine n'eût retenti des sons éclatant du cor, des aboiements furieux des chiens, et si le cerf n'eût traversé comme une balle la ligne de forêt dans laquelle ils étaient tous deux.

Les chiens passaient après lui ; puis un piqueur qui avait lancé son cheval à fond de train et dont l'habit rouge disparut dans les halliers.

Alors le jeune gentilhomme se dressa lestement, détacha son cheval et sauta en selle.

En même temps trois cavaliers, ou plutôt une amazone et deux jeunes gens qui galoppaient à ses côtés, apparurent dans la ligne.

Benoît, obéissant à ses instincts, s'était jeté sous bois à la suite des chiens, criant :

— Taïaut ! taïaut !

De telle façon que, le petit braconnier disparu et le gentilhomme se trouvant en selle, on eût pu croire qu'il n'avait pas quitté la chasse un seul instant et s'était tenu constamment à la tête des chiens.

— Ah ! dit l'amazone, voilà Lucien.

— D'où sors-tu donc, comte ? dit un des deux jeunes gens.

— As-tu vu passer le cerf ? dit l'autre.

— Oui, à l'instant, dit Lucien.

— Alors, fit l'amazone, il ira se faire prendre dans les étangs de la Cour-Dieu.

— Je le crois, comme vous, ma belle cousine, dit Lucien.

L'amazone, qui était une grande et belle jeune fille à l'œil noir, aux cheveux d'ébène, au teint doré, et qui maniait son cheval avec une énergie fougueuse et toute masculine, regarda alors le jeune gentilhomme.

— Mais d'où venez-vous donc? lui dit-elle d'un ton presque impérieux.

Lucien s'était remis du trouble que lui avaient fait éprouver les paroles de Benoit le bossu.

— Pardonnez-moi, ma chère Aurore, dit-il, mais il y a une heure, le vent a tourné, et je n'ai plus rien entendu.

— Ah! vraiment?

— Seulement, j'ai pensé que le cerf reviendrait forcément par ici, et je suis accouru.

Mlle Aurore haussa imperceptiblement les épaules et rendant la main à son cheval, elle lui fit franchir le fossé sans daigner répondre à celui qui l'appelait *ma belle cousine.*

II

A la voir galopper sous bois, franchir les fossés, sauter hardiment les jeunes taillis et se rire des obstacles qu'elle rencontrait à chaque pas, on eût dit Diane chasseresse elle-même.

Lucien et les deux autres veneurs la suivaient.

Mais elle avait la tête, et son ardent petit cheval irlandais buvait l'air à pleins naseaux, hennissait et semblait vouloir arriver à l'hallali avant les chiens.

Le cerf était sur ses fins; il commençait à ruser et à se faire battre; les chiens devenaient plus furieux; et Mlle Aurore galoppait toujours et gagnait à chaque minute du terrain sur la chasse.

Entre la route de la *Femme-Morte* qu'elle venait de traverser et l'étang, se trouvait une large clairière pleine de jeunes bourgeons, au milieu de laquelle le cerf se mit à croiser ses pieds et à ruser comme un lièvre.

Puis, par une brusque manœuvre qui n'était pas dans les habitudes de ses pareils, lesquels avaient coutume, la clairière franchie, d'aller prendre l'eau aux étangs, en traversant les terres du couvent, le noble animal, comme s'il eût compris que l'eau serait sa dernière étape, revint tout à coup sur ses pas, passa la tête haute au milieu des piqueurs et des veneurs, et remonta au petit galop vers la futaie.

Cela fut si inattendu que chiens et veneurs se trouvèrent un moment abasourdis.

Puis tous firent volte-face, Mlle Aurore en tête, qui se mit à fouetter son cheval.

Lucien avait suivi par la rampe côte à côte de sa belle cousine.

— Ah çà, dit un des deux autres veneurs, est-ce qu'il va nous ramener à Trianon, par hasard.

— C'est un cerf enchanté, dit l'autre en riant.

— Un cerf hydrophobe, dit Lucien à son tour.

— Par Dieu! fit un des gentilshommes, par le temps de philosophes et de beaux esprits qui court, voilà-t-il pas que les cerfs se mettent à raisonner?

— Philosophe ou non, dit la belle amazone, Messieurs, c'est moi qui le porterai bas.

Et elle passa sa main gantée sur le pommeau d'une petite carabine damasquinée qu'elle portait à l'arçon de sa selle.

Le cerf parut un moment revenir sur ses voies, mais tout à coup on vit apparaître Benoît, qui criait en bondissant au milieu des taillis :

— Il s'en va du côté des ruines; il va prendre les traces de Bilby.

En effet, le dix cors, appuyant brusquement à

gauche, avait sauté la route des bois Thomas et piquait en droite ligne sur les champs.

A la musique infernale des chiens, on comprenait que la meute était sur ses derrières.

Bientôt le piqueur sonna *la vue*, et l'amazone et ses trois compagnons, revenant sur leurs pas, se lancèrent au triple galop dans le route de la *Femme-Morte*.

Tout cela fut l'affaire de quelques minutes.

En moins de temps qu'il n'eût fallu pour le raconter, le piqueur cessa brusquement de sonner, les chiens mirent bas tout à coup; on entendit des voix humaines qui juraient et s'injuriaient; et lorsque Mlle Aurore et ses compagnons arrivèrent à la lisière de la forêt, ils furent témoins d'un étrange et odieux spectacle.

Le cerf était tombé sur les genoux au milieu d'un trèfle incarnat laissé pour graine ; les chiens haletants formaient un carré autour de lui.

Une demi-douzaine de paysans furieux brandissaient des serpes, des bêches et des socs de charrue, et le piqueur, intimidé, se tenait à distance.

Que s'était-il passé?

Une chose qui paraîtrait bien simple aujourd'hui.

Une chose qui était inouïe alors.

Le cerf avait débuché dans les champs.

Les chiens qui le serraient de près, l'avaient suivi, et, derrière les chiens, le piqueur.

Et piqueur, chiens et cerf étaient entrés dans le trèfle à graine, piétinant et fourrageant la récolte.

Alors un paysan qui coupait ses fagots auprès et d'autres qui se trouvaient dans les champs voisins étaient accourus.

Avec une adresse de jongleur, le paysan, courant au-devant du cerf, lui avait lancé sa serpe dans les jambes, et l'animal, atteint mortellement, était tombé sur les genoux.

Cet acte d'audace, à une époque encore féodale, avait électrisé les autres paysans, qui étaient accourus pour prêter main-forte au premier.

Le piqueur, qui levait son fouet pour frapper l'insolent, avait reculé tremblant devant ces hommes résolus à lui faire un mauvais parti.

Les chiens eux-mêmes n'osaient approcher du cerf qui pleurait silencieusement.

— Ah ! manants ! Ah ! misérables ! disait le piqueur, vous serez châtiés de la belle manière.

— Valet, répondait le paysan à la serpe, si tu fais un pas je te tue.

Le piqueur avait bien une carabine à deux coups à l'arçon de sa selle, mais il n'osait en faire usage.

Ce fut en ce moment que Mlle Aurore, l'œil en feu,

4.

les narines frémissantes, arriva au triple galop de son cheval.

Alors, la voyant escortée par trois cavaliers, les autres paysans, effrayés, lâchèrent pied et prirent la fuite.

Seul, l'homme à la serpe demeura debout, la tête haute, bravant l'orage qui allait fondre sur lui.

C'était un jeune homme de vingt-cinq ans, chétif de taille, maigre et fluet, mais dont l'œil brillait d'une sombre énergie.

Mlle Aurore leva son fouet sur lui.

— Ah! misérable! dit-elle, c'est toi qui as osé porter bas mon animal de chasse?

Le jeune homme à la serpe croisa ses bras sur sa poitrine, osa soutenir le regard en courroux de la belle amazone, et lui dit :

— Frappez, si vous voulez, puisque c'est vous qui êtes les plus forts, mais nous aurons notre tour tôt ou tard.

— Comtesse, s'écria l'un des deux gentilshommes qui l'accompagnaient et qui arrivèrent avant Lucien, un moment arrêté par un fossé que son cheval avait refusé de franchir, comtesse, cinglez-moi donc ce drôle au visage.

Mais le regard du paysan, un regard plein de défi, lui avait servi de cuirasse.

Le bras levé de Mlle Aurore ne retomba point.

— Comtesse, dit l'autre cavalier, voulez-vous que je mette pied à terre, et que je fustige ce manant?

— Non, dit Mlle Aurore, pas encore; je veux auparavant savoir pourquoi il a osé nous braver ainsi.

— Je ne vous ai point bravés, Madame, répondit le paysan, et je jure devant Dieu que je ne savais pas à qui étaient ces chiens.

Mais ce champ est à moi; j'attends de ma récolte le pain de mes enfants, et j'ai cru avoir le droit d'arrêter vos chiens.

— Tu te trompes, misérable! s'écria le piqueur, à qui le renfort qui lui arrivait rendait de l'audace.

Et le piqueur allait à son tour, avec son fouet, sur le paysan, quand Mlle Aurore l'arrêta.

— Sais-tu qui je suis? dit-elle.

— Vous êtes Mlle Aurore des Mazures, répondit le paysan.

— Ignores-tu donc que je puis te faire emprisonner?

— Vous le ferez si tel est votre bon plaisir, dit le paysan. Ce sera une goutte de fiel que vous ajouterez à la coupe d'amertume déjà pleine que nous portons chaque jour à nos lèvres et qui débordera bientôt.

L'altière jeune fille eut une exclamation de colère.

— Vous l'entendez, Messieurs, dit-elle, il résonne... il fait le bel esprit... C'est un paysan philosophe !

— Et qui mérite une correction sévère ; aussi vrai que je me nomme Nestor de Beaulieu, dit un des deux cavaliers, n'est-ce pas Michel ?

L'autre cavalier, à cette interpellation directe, répondit avec un grand flegme :

— En d'autres temps, comtesse, je vous aurais priée de faire grâce à cet homme ; mais aujourd'hui que le peuple relève partout la tête, que ces gens-là osent nous insulter à chaque instant, j'estime qu'il faut faire un exemple sévère.

— Eh ! fit l'amazone en regardant le chevalier Michel de Valognes, c'est votre avis, chevalier ?

— Oui, comtesse.

Et le chevalier dit au piqueur :

— Çà, La Branche, déshabille-moi ce drôle et inflige-lui une douzaine de coups de fouet pour commencer. Ensuite, tu l'attacheras à la queue de ton cheval, et nous le conduirons ainsi jusqu'à Sully, où nous le remettrons dans les mains du bailli.

Mais le paysan n'eut le temps ni de se mettre sur la défensive, ni de demander grâce, ni de chercher à prendre la fuite, car un auxiliaire lui arriva tout à coup, sur lequel il ne comptait guère.

Cet auxiliaire, c'était Lucien, le cousin de la belle

Aurore, celui que Benoît le bossu appelait « monsieur le comte. »

Le jeune homme, qui arrivait sur le théâtre de cette scène singulière, au moment même où le chevalier Michel de Valognes s'exprimait ainsi, poussa son cheval au milieu du cercle, et dit d'une voix claire et impérieuse :

— La Branche, tu es à mon service et dois m'obéir. Je te défends de toucher à un cheveu de cet homme.

M#lle# Aurore et les deux gentilshommes jetèrent un cri.

— Mille pardons, ma belle cousine, dit froidement Lucien, sans daigner regarder les deux gentilshommes ; mais je vous ferai humblement observer trois choses :

La première, c'est que c'est mon piqueur à qui l'on donne un ordre que je trouve par trop froidement barbare en l'an de grâce mil sept cent quatre-vingt-sept.

La seconde, c'est que les chiens que voilà sont miens, que le cerf qu'ils chassaient est, par conséquent mon animal de chasse, et que si quelqu'un a été outragé, c'est moi.

Les yeux de M#lle# Aurore flamboyaient de courroux, tandis qu'un sourire ironique crispait ses lèvres :

— En vérité, mon beau cousin, dit-elle ; les deux raisons que vous venez de me donner sont si bonnes qu'elles me mettent en goût de vous demander la troisième.

— Celle-là vaut encore mieux que les deux premières, ma chère cousine, dit Lucien avec calme.

— Ah ! vraiment ?

— Sans doute, reprit Lucien, et vous serez de mon avis.

— Voyons.

Et Mlle Aurore déchirait du bout des dents l'extrémité de ses gants de daim.

— Cet homme est chez lui, puisque ce champ lui appartient, dit Lucien.

— Qu'importe !

— Charbonnier est maître en sa maison, ma cousine.

— Palsembleu, ma chère comtesse, s'écria Hector de Beaulieu, muet jusque-là, vous ne connaissez donc pas votre beau cousin ?

— Je croyais le connaître, ricana Mlle Aurore.

— C'est un philosophe, un ami du peuple, un disciple fervent de Jean-Jacques et de Voltaire.

Lucien se tourna vers le gentilhomme :

— Mon cher baron, dit-il, je n'ai pas l'humeur assez chagrine pour me fâcher de vos railleries ; cependant laissez-moi vous dire que je les trouve pour le moins inopportunes, surtout en me souvenant que vous êtes mon hôte et celui de ma mère.

Cet homme a peut-être eu tort, mais nous aurions mille fois plus tort que lui si nous suivions les conseils de notre ami le chevalier.

Depuis que Lucien était intervenu, le paysan avait perdu son attitude insolente et son air de résignation audacieux.

Il avait maintenant la tête basse, et de grosses larmes roulaient dans ses yeux baissés.

— Ah! monsieur Lucien, murmura-t-il, pardonnez-moi ce coup de promptitude. Si j'avais su que c'était votre chasse, jamais je n'aurais fait cela.

— Partons, lui dit Lucien, et si une autre fois mes chiens te causent quelque dommage, souviens-toi que je suis homme à t'indemniser.

Mlle Aurore était pâle de colère.

Elle se tourna enfin, tandis que le paysan s'en allait, vers M. de Beaulieu et le chevalier de Valognes :

— Messieurs, dit-elle, ne trouvez-vous pas que c'est un véritable affront que vous fait là mon cousin Lucien ?

— C'est tellement ma pensée, répondit le flegmatique chevalier, que je pars dès ce soir.

— Et moi aussi, dit M. de Beaulieu.

— A votre aise, Messieurs, dit froidement Lucien.

— Et moi, dit Mlle Aurore, je vais retourner à la Billardière et prier mon père de s'excuser auprès de ma tante. Venez-vous, Messieurs?

Et Mlle Aurore ne daigna même pas saluer son cousin.

— Comme il vous plaira, ma cousine, dit Lucien.

Puis, s'adressant au piqueur :

— Toi, dit-il, couple tes chiens et rentre à Beaurepaire.

Sur ces derniers mots, le jeune gentilhomme salua, donna un coup d'éperon et s'éloigna au petit trot de son cheval, remontant vers la forêt et l'allée de la *Femme-Morte*.

Mlle Aurore le suivit des yeux.

— Quand on pense, dit-elle avec un accent de haine dédaigneuse, que c'est là le mari qu'on rêve pour moi... Jamais !

— Il n'y pense pas plus que vous, chère comtessse, ricana le chevalier.

Aurore tressaillit.

— Il a d'autres amours, ajouta Michel de Valognes avec un sourire ironique.

Aurore pâlit, mais elle ne répondit pas.

M. de Valognes se pencha alors à l'oreille de son compagnon :

— Le comte nous a traités du haut en bas, pardieu! dit-il, mais je vous jure que cela lui coûtera cher.

Et tous trois se remirent en route, non pour regagner la forêt, mais pour aller prendre la route de Sully-la-Chapelle.

III

Faisons maintenant plus ample connaissance avec les différents personnages que nous venons d'entrevoir.

Lucien s'appelait le comte des Mazures.

Mlle Aurore, fille unique et cousine germaine de Lucien, portait un titre assez rare dans la noblesse française.

Elle avait été créée comtesse en Bavière, en récompense des services de son père, longtemps attaché à la maison bavaroise, et qui n'était revenu d'Allemagne que depuis quelques années.

Lucien et sa mère, la vicomtesse douairière des Mazures, étaient venus habiter le château de Beaurepaire au commencement de 1781; il y avait, par conséquent, un peu plus de six ans.

C'était ce même château de Beaurepaire qui avait été brûlé l'hiver précédent, c'est-à-dire au début de cette histoire, et dont il n'était resté que les quatre murs.

Le comte et la comtesse des Mazures avaient, dit-on, péri dans les flammes avec leur unique enfant.

Alentour du château, il y avait un vaste domaine, et ce domaine arrivait, par héritage, au vicomte et au chevalier des Mazures, frères du défunt.

Le vicomte était mort, laissant une veuve et un fils, celui-là même qui devait s'appeler par la suite le comte Lucien des Mazures.

Le chevalier, longtemps au service de la Bavière, nous venons de le dire, était pareillement venu avec sa fille recueillir sa part de succession.

Tous étaient étrangers au pays, le comte défunt ayant acheté cette terre de Beaurepaire l'année qui précéda l'incendie mystérieux que nous avons raconté.

La veuve du vicomte et son fils eurent le château.

Le chevalier, qui était veneur passionné, se fit construire, à un quart de lieue de distance, un pied-à-terre sur la lisière même de la forêt.

Bien que la terre de Beaurepaire fût considérable et estimée à plus d'un million, le bruit courut alors que les héritiers du gentilhomme mort dans les flammes avaient éprouvé de vifs mécomptes, qu'ils avaient cherché vainement une cassette en fer qui, selon eux, devait contenir des sommes considérables en billets de caisse.

Mais le temps avait effacé peu à peu toutes ces rumeurs, éteint tout ces bruits, et, à l'époque où nous sommes parvenus, les deux branches de la maison des Mazures menaient un assez grand train et étaient fort bien vues dans la province.

Mlle Aurore surtout enchaînait tous les cœurs par sa beauté hardie, ses goûts un peu masculins, son esprit mordant et plein de finesse, et plus d'un gentillâtre de la contrée soupirait en songeant que le bruit courait depuis longtemps déjà que la belle chasseresse échangerait au premier jour son titre de comtesse en Bavière pour celui de comtesse française en épousant son jeune cousin Lucien des Mazures.

Il y avait cependant encore au-dessus de ces existence menées au grand soleil, comme un petit nuage, comme un point noir plein de mystère.

Lucien allait souvent à la Billardière.

— C'était le nom du petit castel bâti par le chevalier. — Mlle Aurore plus souvent encore à Beaurepaire.

Mais ni la mère de Lucien, ni le chevalier ne se visitaient jamais, et ils évitaient même avec soin de se rencontrer, et si pareille chose leur advenait, par aventure, ils se saluaient froidement et comme des étrangers.

A part cela, on menait assez joyeuse vie dans les deux châteaux.

Lucien invitait beaucoup de monde à ses chasses, et jusqu'au printemps dernier, on n'avait pas vu un jeune homme plus gai et plus énamouré de la vie.

Les paysans l'adoraient presque autant qu'ils haïssaient Mlle Aurore, qui était fière et hautaine.

Cependant, depuis quelques mois, un revirement presque subit s'était opéré chez Lucien.

Sa gaîté s'était subitement changée en mélancolie, son ardent amour de la chasse avait paru faire place à des préoccupations plus graves.

Il s'était montré plus froid, plus réservé avec sa cousine, jusque-là compagne inséparable de ses plaisirs.

Aurore, à qui tout le monde parlait d'amour, en avait conclu que Lucien devenait homme, que sa beauté souveraine l'impressionnait au plus haut point et qu'il l'aimait avec passion.

La jeune comtesse des Mazures aurait volontiers, du reste, joué avec cet amour comme un chat avec une souris.

Résignée dès longtemps à devenir la femme de Lucien, mais habituée à le voir plier devant elle, elle le tenait en médiocre estime, le jugeait faible et naïf, et se promettait de le réduire au servage le plus complet le lendemain de leur mariage.

On comprendra donc aisément quel avait été son étonnement en voyant Lucien lui résister tout à coup.

L'esclave osait se révolter et lui parler haut.

La colère qui avait sur-le-champ envahi le cœur de Mlle Aurore parut d'un bon augure à MM. de Beaulieu et de Valognes.

C'étaient deux petits hobereaux des environs, très-amoureux tous les deux de Mlle Aurore, et qui saisissaient volontiers l'occasion de briller aux dépens de Lucien.

Le plus intelligent des deux, la plus forte tête, comme l'on dirait de nos jours, était, sans contredit, le chevalier Michel de Valognes.

C'était un grand garçon taillé en hercule, aux cheveux rouges, au visage flegmatique, à l'œil bleu sans chaleur.

Le beau sang-froid qu'il avait toujours à son service faisait de lui un tireur remarquable, et ce mérite lui avait valu l'amitié de Lucien.

Après le départ de ce dernier, Mlle Aurore, rouge de honte et de dépit, avait poussé son cheval en avant, le fouettant d'une main fiévreuse, si bien que le noble animal, irrité de cette injuste correction, était parti à fond de train, laissant bien loin derrière lui les honnêtes percherons des deux gentilshommes de province, que leurs cavaliers éperonraient cependant sans relâche.

— Ma foi! mon cher, dit alors le chevalier en se tournant à demi sur sa selle, la comtesse finira bien par s'arrêter, du moins je l'imagine; mais vouloir la suivre est folie, car nos chevaux sont épuisés.

— Cela est vrai, dit M. de Beaulieu.

— Et puisqu'elle nous laisse seuls, si vous voulez, nous allons en profiter.

— Comment l'entendez-vous?

— Nous allons causer.

— Ah! fit M. de Beaulieu, qui ne comprenait pas encore.

Le chevalier reprit :

— Jouons cartes sur table, baron.

— Je ne demande pas mieux.

— Vous êtes amoureux de la comtesse?

— Amoureux fou, chevalier.

— C'est comme moi, baron.

— Ah! fit M. de Beaulieu en regardant de travers son compagnon.

— Eh bien! écoutez-moi, baron, au lieu de me faire ces vilains yeux. Je gage que nous allons nous entendre.

— Comment cela?

— Ecoutez-moi bien. Vous pas plus que moi n'avions, il y a une heure, la moindre chance d'être écoutés.

— Vous croyez?

— J'en suis sûr.

— Et maintenant?

— Attendez donc, et suivez bien mon raisonnement.

— Parlez...

— Votre baronnie est fort hypothéquée, et il en faudrait bien une douzaine pour produire le revenu de Beaurepaire.

— Je ne dis pas non.

— Je ne suis pas riche non plus, poursuivit Michel de Valognes, et nous ne pourrions guère lutter... Cependant, en nous entendant bien... en nous liguant...

— Que voulez-vous dire?

— Je crois que nous pourrions brouiller Mlle Aurore et son cousin... mais là... les brouiller à tout jamais.

— Bon!

— Ce qui ferait la partie belle.

— Oui, dit M. de Beaulieu, mais comme elle ne pourrait nous épouser tous les deux...

— J'avais prévu cette observation.

— Ah! vraiment?

— Et je vais vous répondre. Ruinons d'abord les espérances de Lucien.

— Et puis ?

— Et puis, dame! chacun pour soi.

— Au fait, dit M. de Beaulieu, vous avez raison. Mais...

— Mais quoi?

— Comment croyez-vous arriver à ce résultat?

— Lucien est amoureux.

— De sa cousine, parbleu !

— Non.

A cette brève réponse, le baron fit un véritable soubresaut sur sa selle.

— Et de qui donc? fit-il.

— Avez-vous jamais rôdé aux environs du couvent?

— J'y suis allé vingt fois en ma vie pour le moins.

— Alors vous connaissez Dagobert?

— Parbleu ! Il m'a souvent ferré mon cheval.

— Avez-vous remarqué quelquefois au fond de la forge une jeune fille... une petite paysanne, une orpheline, dont Dagobert est le parrain et qu'il a adoptée?

— Ma foi, oui, dit M. de Beaulieu. C'est même une fort jolie fille. Eh bien?

— En bien ! Lucien en est amoureux.

— Plaisantez-vous ?

— Non, de par Dieu !

— Et sa cousine l'ignore ?

— Absolument. Aussi, si vous le voulez, nous le lui apprendrons dès ce soir. Je connais la belle comtesse, elle est fière, hautaine, implacable. Elle ressentira pour son cousin une subite et insurmontable aversion.

— Bah ! les parents arrangeront cela tôt ou tard.

— Vous vous trompez... Aurore est maîtresse absolue de ses volontés et de sa main.

— Dieu vous entende ! soupira le baron.

Comme ils parlaient ainsi, ils venaient de sortir des terres labourées au milieu desquelles la jeune amazone avait cherché son chemin et qu'une étroite bande de bois séparait de la route.

La route, si l'on peut appeler ainsi une voie boueuse et défoncée, était de l'autre côté de la lisière du bois, et les deux jeunes gens aperçurent Mlle Aurore qui les attendait au milieu.

— Je vous demande pardon, Messieurs, leur dit-elle, je devrais me souvenir que mon cheval va plus vite que les vôtres.

— Chère comtessse, dit le chevalier, nous avons essayé vainement de vous rejoindre.

— Aussi, vous ai-je attendus. Savez-vous par où ont passé les chiens ?

— Mais, dit le chevalier, La Branche les a couplés, d'après l'ordre de son maître. Il a mis le cerf en travers de son cheval, et il a gagné probablement la route des bois Thomas qui mène en droite ligne à Beaurepaire.

— Et Lucien ?

Le chevalier eut un mauvais sourire.

— Ce chemin-là est trop court pour lui, dit-il.

— Hein? fit l'amazone.

— Pour s'en retourner à Beaurepaire, le comte en connaît un autre plus long, mais plus agréable.

— Que voulez-vous dire, chevalier ?

— Oh! comtesse, fit M. de Beaulieu en souriant, Michel est une mauvaise langue... ne l'écoutez pas.

La jeune fille fronçait les sourcils.

— Messieurs, dit-elle, je n'ai jamais pu deviner les énigmes, et je vous prie, chevalier, de vous expliquer plus nettement. Quel est le chemin dont vous parlez ?

— Celui du couvent, comtesse !

— Comment ! non-seulement il est philosophe, mais il est dévot aussi? dit Mlle Aurore avec un sourire dédaigneux.

— Ce n'est pas tout à fait cela.

— Qu'est-ce donc.

— Il y a un excellent forgeron à la porte du couvent.

— Ah! son cheval est donc déferré?

— Il se déferre très-souvent, comtesse.

— Je ne vous comprends pas, chevalier.

— Dagobert, le forgeron, a une jolie filleule, comtesse.

Cette fois, M{^lle} Aurore pâlit; tout son sang afflua à son cœur, et elle regarda le chevalier avec des yeux effarés.

— Plaisantez-vous donc, Monsieur? dit-elle.

— Non, comtesse. Lucien, notre ami, votre cousin... votre... fiancé... est amoureux d'une petite paysanne que dans la contrée l'on appelle la Pupille des moines.

M{^lle} Aurore eut un cri étouffé.

Sa fierté patricienne se révolta, son visage pâle s'empourpra, son œil eut une gerbe d'éclairs.

— Ah! je vous jure bien, Messieurs, dit-elle, que si pareille chose était vraie, je ne serais jamais comtesse des Mazures!

— Cela est vrai, Madame, dit le chevalier, et je vous en donnerai la preuve.

— Quand? fit l'altière jeune fille.

— Quand vous voudrez.

— Eh bien! tout de suite alors, dit-elle.

Et son visage exprima une telle indignation, que les deux rivaux de Lucien sentirent une douce joie pénétrer dans leur cœur.

IV

Pendant ce temps, en effet, le comte Lucien des Mazures, que cette singulière altercation avec sa cousine et les deux gentilshommes avait quelque peu ému, s'en allait par la Cour-Dieu.

Il prit une ligne de forêt transversale qu'on appelait la route des Trois-Thomas, trouva un faux chemin vers le milieu et poussa son cheval sous bois.

Mais il n'avait pas fait cent pas à travers les broussailles, qu'il entendit courir derrière lui.

Il se retourna et reconnut Benoît, qu'il avait perdu de vue il y avait environ une heure, lorsque le cerf avait pris la plaine.

Benoît arrivait en bondissant, selon son habitude.

— D'où sors-tu donc? lui demanda Lucien.

— Ah! monsieur le comte, répondit le bossu, vous pensez bien que je ne veux pas me faire écharper par les gens de Sully.

— Comment cela?

— S'ils savaient que j'étais avec vous et Mlle Aurore, ils me feraient un mauvais parti.

— Et pourquoi ça?

— Mais, dame! parce qu'ils en veulent à Mlle Aurore.

— Ah! et à moi aussi?

— Oh! non, monsieur le comte, dit vivement Benoît, pas à vous, je vous jure.

— Et pourquoi en veut-on à ma cousine?

— Parce qu'elle est dure au pauvre monde. Aussi voyez-vous, monsieur le comte, poursuivit Benoît, quand vous chasserez seul, vous pouvez compter sur moi, si vous avez besoin d'un coup de main; mais quand vous chasserez avec Mlle Aurore, non.

L'enfant parlait avec une brutale franchise.

— Alors, dit Lucien qui avait mis son cheval au pas et s'appuyait sur le pommeau de sa selle, j'ai bien fait d'intervenir tout à l'heure?

— C'est-à-dire, monsieur le comte, répondit Benoît, que vous avez évité de grands malheurs, peut-être.

— Vraiment? fit Lucien.

— L'homme que vous avez sauvé du fouet du piqueur se nomme Jacques Brizou; c'est un des notables de Sully. Le dimanche, au cabaret, il fait des discours contre les nobles et contre les prêtres, et on l'écoute. Il dit que les prêtres font payer la religion; il prétend que les nobles font avoir au peuple beaucoup de misère.

— Ah! il dit tout cela? fit Lucien devenu pensif.

— Si on l'avait fouetté, il aurait bien pu se venger, allez!

— Et comment cela?

A cette question directe, Benoît tressaillit.

— Après ça, murmura-t-il, c'est peut-être des vanteries... il n'oserait pas...

Lucien comprit que Benoît n'osait pas dire toute sa pensée.

— Voyons, mon garçon, lui dit-il, explique-toi, tu sais qu'on peut tout me dire.

— Oh! ça, c'est vrai.

— De quoi se vantait ce Jacques Brizou?

— Je vais vous dire, monsieur Lucien, continua Benoît qui, marchant côte à côte avec le cheval du jeune homme, posa familièrement sa main sur sa croupe, voyez-vous, il y a des nobles qui sont aimés des pauvres et d'autres qui ne le sont pas.

Je sais bien des gens qui se retireraient le pain de la bouche pour vous; mais j'en sais d'autres aussi qui mettraient volontiers le feu au château de la Billardière.

— Pourquoi?

— Parce que Mlle Aurore et son père n'aiment pas le peuple.

Lucien ne répondit pas.

Mais comme Benoît avait son franc parler avec lui, il continua :

— Dans nos pays, voyez-vous, les gens de la maréchaussée, les gardes et les piqueurs auront beau faire, ils ne nous empêcheront pas d'être braconniers. Qu'est-ce que vous voulez? Jamais le paysan ne comprendra que le gibier qui voyage toute la nuit, que le cerf qui fait dix lieues sans s'arrêter, le bouquin qui change de forêt à l'époque des amours, la bécasse qui passe les mers, ont un maître.

Quand le noble dit que le gibier lui appartient, il a peut-être raison, mais jamais nous ne le comprendrons.

Le paysan est né colleteur dans les pays forestiers; vous pouvez l'envoyer aux galères, allez! quand il sera de retour, ça ne l'empêchera pas d'aller tuer un sanglier à l'affût.

Nous avons par ici des nobles qui sont nés dans le pays et leurs pères aussi, et qui sont seigneurs depuis des cent et des cent ans.

Ce n'est pas ceux-là qui nous chagrinent; au contraire! et on leur donne volontiers un coup de main, s'ils en ont besoin.

Ce n'est pas non plus dom Jérôme, le prieur du couvent, qui ferait de la peine à un braconnier.

Mais nous avons des nobles qui sont tout nouveaux dans le pays...

— Comme moi, interrompit Lucien.

— Oh! vous, on vous aime, dit Benoît, parce que vous êtes un bon enfant, comme ils disent.

— Mais ils n'aiment pas ma cousine Aurore?

— Point du tout.

— Et mon oncle le chevalier?

— Encore moins; car il a fait mettre en prison, depuis un an, plus de six braconniers, et Jacques Brizou disait l'autre dimanche au cabaret de Sully qu'il faudrait en finir avec les seigneurs de la Billardière un jour ou l'autre.

— Qu'entendait-il donc par là?

— Il entendait qu'on mettrait le feu au château.

Lucien ne s'indigna pas; il demeura tout pensif et courba la tête.

Benoît avait fait sa petite confidence, et il n'avait plus rien à dire.

Tous deux arrivèrent à cette clairière dans laquelle le cerf avait fait un brusque retour.

— Adieu, monsieur Lucien, dit alors le bossu.

— Tu me quittes?

— C'est-à-dire que je vas rentrer en forêt.

— Tu ne viens pas jusqu'à la Cour-Dieu?

— D'abord, je n'y ai rien à faire; et puis...

Benoît se gratta l'oreille.

— Et puis, acheva-t-il, c'est bien assez que les moines ne me disent jamais rien, ce n'est pas la peine d'aller les narguer...

Lucien se prit à sourire.

— Ah! mon drôle! fit-il, tu ne me dis que la moitié de la vérité.

Benoît sourit à son tour.

— Ça, c'est vrai, monsieur le comte, dit-il, j'ai un

sac de bécasses là-bas, sous un tas de bourrées, au bout de la route.

— Oh! oh!

— Je vas les chercher et je m'en irai à Ingrannes à travers bois. Je sais bien que les moines ne diraient rien; mais c'est égal, autant ne pas les leur faire voir.

— Ah! petit drôle! fit Lucien.

Il fouilla dans sa poche, en tira un écu et le tendit à Benoît.

Mais Benoît le refusa avec dignité.

— Non, dit-il, quand j'appuie vos chiens, voyez-vous, c'est pour mon plaisir; par conséquent, vous ne me devez rien.

Lucien n'insista pas.

— Que vas-tu faire de tes bécasses? dit-il.

— Je les vendrai au poulailler d'Ingrannes.

— Combien?

— Huit sous pièce.

— Eh bien! apporte-les ce soir à Beaurepaire, je te les achèterai, moi.

— Oh! bien volontiers, monsieur Lucien. Alors je m'en vas aller avec vous jusqu'à la Cour-Dieu.

Et Benoît eut un malin sourire sur ses lèvres minces.

— Car, il n'y a pas à dire, fit-il, faut que vous preniez ce chemin-là...

Lucien fit un mouvement brusque sur sa selle.

— Mais, poursuivit Benoît, n'oubliez pas mes conseils, Monsieur, ne vous frottez pas à Dagobert.

— Vraiment! dit Lucien, qui s'efforça de sourire, je ne sais pas ce que tu veux dire avec ton Dagobert.

— Suffit! je m'entends !

La clairière était coupée par un large fossé creusé pour l'écoulement des eaux.

Benoît le franchit d'un bond.

Quant à Lucien, il fut obligé de rassembler son cheval et de le faire sauter.

Alors Benoît s'écria :

— Ah! décidément, monsieur Lucien, vous avez une seule chance, et vous ne voudriez point passer par la Cour-Dieu, qu'il faudrait y aller maintenant.

— Pourquoi donc?

— Mais parce que votre cheval est déferré d'un pied.

— Lequel?

— Le pied montoir du devant.

— Ah! c'est juste, fit Lucien, qui s'aperçut alors que son cheval boitait légèrement.

Au bout de la clairière, il y avait un rideau de futaie sans profondeur, au milieu duquel courait un sentier.

Le cavalier et le piéton s'engagèrent dans ce sentier, et peu après ils débouchaient dans ce large hémicycle défriché par les moines, que la forêt entourait de tous côtés et au milieu duquel s'élevait le couvent.

La terre était dure et elle était nue.

Lucien et Benoît prirent alors à travers champs pour arriver à la forge.

Par extraordinaire, aucun filet de fumée ne s'élevait au-dessus du toit, le feu paraissait éteint.

— Faut que Dagobert n'y soit pas, dit Benoît dont le malicieux sourire reparut.

— Tu crois?

— A moins qu'il ne travaille dans le couvent!

— Ah!

— Sans cela nous entendrions son marteau d'ici.

Et, en effet, Lucien et Benoît arrivèrent à la porte de la forge dont un des volets était fermé.

— Hé, Dagobert? cria Benoît.

Dagobert ne répondit pas.

Mais Lucien sentit tout à coup son cœur battre à outrance, car la fenêtre de la chambre supérieure s'ouvrit, et une créature idéale de beauté s'y montra, disant :

— Mon parrain n'y est pas.

C'était mam'zelle Jeanne, la jeune fille mystérieuse, sur laquelle le forgeron veillait comme un dragon sur un trésor, et qu'on appelait dans la contrée la Pupille des moines.

Elle aperçut Lucien, qui avait respectueusement ôté son chapeau, et un léger incarnat colora son front et ses joues.

— Où est donc Dagobert, mam'zelle? dit Benoît.

— Avez-vous besoin de lui?

— Oui, dit Lucien, mon cheval est déferré.

— Il se déferre souvent, votre cheval, Monsieur, répondit-elle avec un sourire mutin.

A son tour, Lucien se sentit rougir.

— Alors, reprit Benoît, qui vint au secours du questionneur, Dagobert n'y est pas?

— Il est au couvent, répondit Jeanne. Dom Jérôme l'a fait demander.

— Alors, fit Lucien, je vais l'attendre.

Mam'zelle Jeanne referma la fenêtre et disparut un moment; mais le bruit de son pas léger se fit bientôt entendre dans l'escalier.

Elle descendit dans la forge, et, entre-bâillant la porte, elle dit à Lucien :

— Entrez vous chauffer, Monsieur, car vous devez avoir froid, le temps est dur.

En même temps ses petites mains blanches saisirent la corde du soufflet gigantesque et le mirent en mouvement.

Puis, avec une pince en fer, elle remua le charbon couvert de cendres et bientôt le charbon s'alluma.

Benoît s'en était allé sonner hardiment à la porte du couvent.

— Qu'est-ce que tu veux, mon garçon? lui dit le frère portier.

— Dagobert est ici?

— Oui.

— Pourrait-on le voir?

— Non, car il est en grande conférence avec dom Jérôme. Qu'est-ce que tu lui veux?

— C'est pour qu'il ferre un cheval.

— Oh! dit le portier, si ce n'est que cela, il est inutile de le déranger, mon garçon. Dom Jérôme, qui est malade, l'a fait venir. Il lui parle de choses excessivement sérieuses.

Benoît retourna à la forge.

Lucien avait attaché son cheval à la porte, et, assis sur l'enclume, il causait avec la jolie filleule de Dagobert, peu pressé de voir arriver le forgeron.

Benoît le bossu les contempla et murmura à part lui :

— Ils sont pourtant bien gentils tous les deux. On dirait qu'ils sont faits l'un pour l'autre.

V

Pénétrons maintenant à l'intérieur du couvent, et voyons pourquoi dom Jérôme avait fait venir Dagobert.

Le prieur était malade.

Vert et robuste jusque-là, il s'était senti tout à coup atteint d'un mal inconnu, mystérieux, qui se traduisait par une sorte d'anéantissement physique et moral.

Depuis un mois environ, dom Jérôme n'était plus que l'ombre de lui-même.

Il accomplissait bien encore tous ses devoirs de moine et de supérieur, mais, à la fin de chaque journée, il paraissait encore plus faible et plus brisé que la veille.

Quelquefois, à l'heure de midi, si le soleil était tiède et l'air doux, dom Jérome sortait du couvent et se traînait jusqu'à la forge de Dagobert. Là, il contemplait avec une sorte d'extase la jeune et belle pupille du couvent, la prétendue filleule du forgeron.

Alors, comme si ce radieux visage eût eu le pouvoir d'évoquer pour le vieillard tout un monde de souvenirs, son œil éteint se ranimait, un sourire mélancolique venait à ses lèvres, un éclair de jeunesse ranimait tout son visage.

Or, ce jour-là, le soleil s'était montré radieux. Cependant dom Jérôme n'était point venu à la forge.

Dagobert l'avait attendu toute l'après-midi.

Enfin, vers quatre heures du soir, un moine était venu chercher Dagobert.

— Sa Grâce, lui avait-il dit, est souffrante encore plus que de coutume aujourd'hui, et elle vous mande auprès d'elle, ayant d'importantes choses à vous dire.

Dagobert avait suivi le moine.

Il avait trouvé dom Jérôme assis dans sa cellule, auprès de la fenêtre qui donnait sur le préau, suivant d'un œil mélancolique un dernier rayon de soleil qui tremblotait au-dessus des toits.

Le prieur fit signe au moine de le laisser seul avec Dagobert.

— Votre Grâce est donc plus souffrante aujourd'hui? dit le forgeron.

— Je me sens plus faible, répondit dom Jérôme. Cependant, je connais mon mal, et sais bien que je ne suis pas en danger de mort.

— Ah! dit le forgeron qui eut un accent de joie.

— Je t'ai fait venir, mon garçon ! poursuivit dom Jérôme, parce que je veux causer avec toi de choses très-importantes. Assieds-toi.

Dagobert, qui s'était tenu debout jusque-là, obéit.

— Tu devines, n'est-ce pas, qu'il s'agit de Jeanne?

— Oui, fit le forgeron d'un signe de tête.

Et il attendit.

— Le mal dont je souffre, reprit dom Jérôme, est une fièvre lente que j'ai gagnée pendant ma jeunesse dans les pays lointains, au temps où j'étais soldat.

Durant de longues années, ce mal m'avait laissé en repos.

Une fois cependant, il y a quinze ou vingt ans, un de ses retours m'atteignit. J'ai même été malade pendant plus de six mois; mais j'étais alors un simple moine et nul n'y fit attention.

Cette fois, je suis le prieur-abbé; tous les yeux sont fixés sur moi, et chacun s'étonne de me voir ainsi dépérir.

Cependant, mon ami, poursuivit le prieur, moines ou laïques, les hommes sont toujours hommes.

Depuis qu'ils me voient ainsi languissant et brisé, plusieurs de mes moines songent à me succéder, et de sourdes ambitions s'agitent dans le silence du cloître et l'ombre des cellules. Plusieurs, j'en suis sûr, ont déjà en imagination coiffé ma mitre et passé à leur doigt mon anneau pastoral.

Le moine est un homme, il est soumis aux passions humaines, ajouta dom Jérôme avec un sourire plein d'indulgence.

Pourtant, mon ami, si je dois mourir, ce ne sera pas du mal dont je souffre, et j'ai la ferme espérance de vivre longtemps encore pour le service de Dieu, la prospérité de mon couvent et le bonheur de l'enfant qui nous a été confiée.

Dagobert leva sur le moine un regard anxieux.

— C'est pour te parler d'elle, poursuivit dom Jérôme, que je t'ai fait venir. Quel âge-t-elle maintenant?

— Environ dix-sept ans, répondit le forgeron.

— Nous avons donc encore trois années à attendre pour nous conformer aux volontés de mon pauvre ami, murmura dom Jérôme comme se parlant à lui-même.

Mais Dagobert l'entendit et le regarda d'un air respectueusement interrogateur.

— Trois ans! reprit dom Jérôme, c'est quelquefois trois siècles!

Peut-on savoir ce qui se passera d'ici à trois ans?

Voilà sept ans qu'*il* est parti, continua-t-il, faisant allusion au gentilhomme qui avait laissé Jeanne à Dagobert.

Hélas! puisqu'il n'est pas revenu, c'est qu'il est mort. A quoi bon alors attendre plus longtemps?

Il faut donc nous préparer à un grand voyage, mon ami.

— Je suis prêt à suivre Votre Grâce au bout du monde, répondit Dagobert.

— Non pas au bout du monde, mais à Paris, reprit dom Jérôme.

Tu le sais, un prieur-abbé ne peut quitter son couvent sans la double autorisation de son supérieur et de l'évêque de son diocèse.

J'ai fait cette demande, et je pense qu'elle me sera accordée.

Dans un mois, si je ne me trompe sur mon mal, mes forces commenceront à revenir, et je pourrai me mettre en route.

— Et nous enmènerons la demoiselle? dit Dagobert.

— Sans doute. Nous irons chercher sa fortune d'abord, et ensuite...

Dagobert tressaillit, car dom Jérôme s'était subitement arrêté.

— Ensuite? dit le forgeron dont la voix s'altéra légèrement.

Dom Jérôme était devenu tout rêveur :

— Jeanne, dit-il enfin, est une fille de grande naissance, et elle sera certainement fort riche.

— Ah! fit le pauvre Dagobert.

— Il ne manquera pas de beaux gentilshommes

loyaux et braves qui se disputeront sa main... car il faudra songer à la marier, mon ami, à lui trouver un protecteur digne d'elle...

— Sans doute, fit Dagobert d'une voix étranglée.

— Et dis-moi, continua dom Jérôme, ne vois-tu pas déjà rôder, par-ci par-là, à l'entour du couvent, de jeunes et brillants cavaliers qui, sous prétexte de chasser ou de te faire ferrer leurs chevaux...

Dagobert tressaillit et un nuage passa sur son front.

— Pourquoi te troubles-tu? demanda dom Jérôme avec étonnement.

Quelques gouttes de sueur venaient au front de Dagobert.

— Votre Grâce a raison, dit-il enfin, plus d'un gentilhomme vient rôder autour de ma forge, moins pour faire ferrer son cheval que pour regarder la demoiselle... Un surtout...

— Ah! fit dom Jérôme, un surtout?

— Oui, monseigneur.

— Jeune?

— Vingt ans.

— Beau?

— Oui, dit encore Dagobert.

— Riche, sans doute?

— Je le crois.

— Et noble?

— On l'appelle le comte des Mazures.

Ce fut un coup de théâtre.

Dom Jérôme se leva de son fauteuil où le mal le clouait; il se leva violemment, l'œil en feu, et une indignation subite éclata sur son visage, qui retrouva en ce moment toute sa virilité d'autrefois.

— Quel nom as-tu prononcé là? s'écria-t-il.

— Le comte des Mazures, répéta Dagobert stupéfait.

— Oh! le misérable! dit dom Jérôme.

Cette épithète était tellement en désaccord avec la réputation dont Lucien jouissait dans la contrée, que Dagobert protesta tout court :

— Il est impossible, dit-il, que Votre Grâce ne fasse pas quelque méprise. Le comte Lucien des Mazures est un jeune homme doux et bon que tout le monde aime, et pour qui l'on se ferait tuer volontiers.

Et Dagobert, dans sa rude franchise, se mit à faire l'éloge de Lucien, à raconter tout ce qu'il savait de son caractère, de ses mœurs, de ses habitudes, ajoutant d'une voix émue :

— Certes, monseigneur, hier encore, si vous m'aviez dit : La demoiselle sera riche autant qu'elle est noble, et il lui faut chercher un époux, j'aurais répondu : Celui qui l'aime et qui est digne d'elle....

— Il l'aime! exclama dom Jérôme.

— Je le crois, balbutia Dagobert.

— Mais où l'a-t-il vue? où l'a-t-il rencontrée? demanda dom Jérôme avec une animation croissante.

— Eh! monseigneur, répondit Dagobert, quand je travaille et que je suis tout seul, la demoiselle descend de sa chambre; elle vient s'asseoir dans un coin de la forge, elle jase avec moi comme un petit merle, et ce n'est pas d'aujourd'hui, comme vous pensez bien, car voilà sept années qu'elle vit sous mon toit.

— Après? après? fit dom Jérôme d'une voix pleine d'angoisse.

— Dame! un jour, il y a six mois de cela, un jeune homme est venu faire ferrer son cheval. C'était M. Lucien. La demoiselle était dans la forge. Ils se sont vus, ils ont causé. Puis, le jeune homme est revenu quinze jours après, puis encore la semaine qui a suivi... Que voulez-vous que j'y fasse?

— Rien, dit dom Jérôme.

Puis, après un moment de silence :

— Maintenant, dit-il, écoute-moi bien.

— Oui, monseigneur.

— Tu n'es qu'un paysan et un forgeron, mon pauvre Dagobert, mais tu es un honnête homme.

— Ça, je m'en vante.

6.

— Un abîme creusé par les préjugés sociaux existe entre toi et Jeanne...

Dagobert ne répondit pas.

— Eh bien! poursuivit dom Jérôme, j'aimerais mieux la voir devenir la femme de Dagobert le forgeron que celle du comte des Mazures.

— Mais..., balbutia Dagobert frémissant.

— Toute cette race a du sang sur les mains, acheva dom Jérôme, avec un accent d'horreur.

Et comme Dagobert jetait un cri, le moine reprit :

— J'ai quitté le monde, j'ai offert à Dieu ce qu'il me laissait de vie, je suis devenu prêtre, et un prêtre ne doit avoir que des sentiments d'indulgence, d'amour et de charité. Eh bien! malgré moi, en t'écoutant, je sens le vieil homme reparaître en moi et parler plus haut que le prêtre.

Dagobert, Dagobert! écoute-moi, continua dom Jérôme d'une voix fiévreuse, la demoiselle n'est plus en sûreté chez toi. Si le comte des Mazures y revient, et dusses-tu lui fendre la tête avec ton marteau...

— Ah! monseigneur, dit Dagobert, je vous jure que ce mot-là me suffit.

Dom Jérôme joignit les mains.

— Mon Dieu! murmura-t-il, rendez-moi donc un peu de force; faites que, pour la dernière fois de ma vie, je puisse encore monter à cheval et aller à Paris. Après, mon Dieu, quand j'aurai rempli la promesse faite à mon vieux frère d'armes, je reviendrai m'ensevelir ici.

Dagobert le regardait toujours, et une angoisse indicible lui serrait le cœur.

— Qu'as-tu fait de la bague? lui demanda dom Jérôme.

— La voilà, répondit Dagobert.

Et il tendit sa main gauche, à l'annulaire de laquelle il avait passé le joyau.

Mais au premier coup d'œil, ce n'était plus un anneau d'or.

C'était une bague de fer bruni.

Et comme dom Jérôme lui en témoignait sa surprise :

— Le meilleur moyen de ne jamais la perdre, dit-il, était de la mettre à mon doigt. Seulement, un pauvre diable comme moi, ayant un anneau d'or, eût attiré l'attention et éveillé la curiosité. Je l'ai laissée noircir dans ma forge et une couche de fumée couvre les armoiries.

Dom Jérôme fit un signe de tête pour approuver ce qu'avait fait Dagobert.

— Maintenant, lui dit-il, tu m'as entendu et compris, n'est-ce pas?

— Oui, monseigneur.

— Dans un mois, au plus tard, nous nous mettrons en route.

— Oui, monseigneur.

— Et d'ici là veille sur Jeanne.

— Oh! comptez sur moi.

Et l'œil de Dagobert eut un éclair de dévouement et de fidélité.

Le forgeron s'en alla.

Comme il arrivait à la grille du couvent, le frère portier lui dit :

— On a besoin de toi, Dagobert.

— Où cela?

— A la forge.

Le cœur de Dagobert se prit à battre.

Quand il fut hors du couvent, il vit un cheval attaché à la devanture de la forge.

Un homme était auprès.

Dagobert reconnut Benoît le bossu et le cheval de Lucien.

Alors, la haine au front, il entra brusquement dans la forge.

Lucien était assis auprès de Jeanne rougissante.

VI

Rejoignons maintenant la comtesse Aurore, que nous avons laissée en compagnie du baron Nestor de

Beaulieu et du chevalier Michel de Valognes, sur la route de Sully-la-Chapelle.

Pâle et frémissante de colère, Aurore demandait au chevalier la preuve de ce qu'il avançait.

Le chevalier avait répondu :

— Cette preuve, je suis prêt à vous la donner, comtesse.

— Sur-le-champ?

— Sur-le-champ.

— Alors, dit l'altière jeune fille, parlez, je vous écoute.

— Ce n'est point une parole, c'est un fait qui sera ma réponse, dit le chevalier.

— Un fait?

— Oui.

— Expliquez-vous, Monsieur?

— Comtesse, reprit M. de Valognes, si vous voyiez Lucien entrer à la forge de la Cour-Dieu, seriez-vous convaincue?

— Oui et non.

— Ah!

— Sans doute, reprit Aurore. Il peut bien se faire qu'en effet le cheval de Lucien soit déferré.

— Mais si, tandis que le forgeron ajustera le fer et posera le pied du cheval, si vous voyiez Lucien assis dans la forge, causant avec la donzelle et lui faisant les doux yeux...

— Oh! alors, je ne douterais plus, répondit Aurore, dont les yeux étaient pleins d'éclairs.

— C'est là, précisément, ce que je veux vous montrer.

— Comment cela?

Le chevalier tira sa montre.

— Il est quatre heures et demie, dit-il. Dans une demi-heure, il sera nuit.

— Après?

— Vous savez où est placée la forge?

— Oui, en face du couvent.

— Sur la droite du chemin qui vient de Sully.

— Exact, fit le baron de Beaulieu.

— Entre le chemin et les prés qui s'étendent à l'est du couvent, poursuivit le chevalier, il y a une étroite bande de bois.

— Je vois aussi cela d'ici, fit la comtesse.

— Cette bande de bois, continua M. de Valognes, s'étend presque jusqu'à la forge. Du dernier arbre à la porte, il n'y a pas cent mètres de distance.

— Bon!

— Supposez maintenant, comtesse, que nous rebroussions chemin.

— Et que nous nous dirigions vers la Cour-Dieu?

— Justement. A un quart de lieue, nous quittons la route et nous entrons dans cette petite enceinte de bois dont je vous parlais.

Il y a au milieu un faux chemin assez large pour qu'on y puisse passer à cheval.

— Fort bien.

— Le sol est sablonneux et les sabots de nos montures ne résonneront pas dessus.

— Continuez, dit froidement la comtesse Aurore.

— Voici donc ce que je vous propose : nous allons prendre le chemin de la Cour-Dieu jusqu'à cette enceinte de bois dans laquelle nous entrerons.

Quand nous serons au milieu, nous attacherons nos chevaux, et nous nous glisserons d'arbre en arbre, de touffe en touffe jusqu'à la lisière du bois qui fait face à la forge. Alors vous verrez, comtesse, si je vous ai menti.

— J'accepte, répondit Aurore, qui avait en ce moment des tempêtes dans le cœur.

M. Nestor de Beaulieu et le chevalier échangèrent alors un regard de triomphe.

La comtesse Aurore avait déjà tourné bride et elle galopait dans la direction de la Cour-Dieu.

— Ah ça, mon cher, dit alors le baron qui avait rangé son cheval tête à tête de celui du chevalier, vous êtes donc bien sûr de votre fait?

— Très-sûr.

— Vous croyez que le cheval de Lucien est déferré?

— Je n'en sais rien, mais je suis certain qu'il est à la forge.

— Dieu vous entende !

— D'ailleurs, dit le chevalier, qui ne risque rien, n'a rien.

Aurore avait remis son cheval au galop.

De l'endroit où les deux gentilshommes l'avaient rejoint et qui était tout près du petit village de Sully, à l'enceinte de bois dont avait parlé le chevalier, il n'y avait pas la distance d'une demi-heure.

Ce fut un trajet de dix minutes.

La route courait au milieu de la forêt, et tout à coup elle fit un coude qui permettait d'apercevoir dans le lointain les bâtiments et le clocher du couvent.

Le chevalier avait décrit les lieux avec une merveilleuse exactitude.

A cent mètres du coude que formait la route, on trouva le faux chemin indiqué.

Alors le chevalier entra le premier sous bois, écartant patiemment les branches d'arbre avec son fouet.

Bientôt il ne fut plus possible de trotter, et, peu après, le chevalier s'arrêta et dit :

— Il faut laisser nos chevaux ici.

La comtesse mit pied à terre.

Il n'était pas nuit encore, mais le crépuscule descendait sur la forêt, et si le chevalier n'eût guidé ses deux compagnons, ils n'eussent certainement pas trouvé leur chemin facilement.

Enfin, il arriva le premier à la lisière du bois, et se retournant il dit à Aurore :

— Voyez, comtesse.

Aurore s'approcha, et, appuyée à un tronc d'arbre, elle vit distinctement, aux dernières clartés du jour, le cheval de Lucien attaché à la porte de la forge, dont elle était séparée par une distance d'à peine cent pas.

La forge ne fonctionnait pas. Dagobert était encore au couvent.

Cependant Aurore crut voir confusément un homme et une femme assis dans la forge.

— Oh! nous avons le temps, dit le chevalier; il n'est pas près de partir. Attendons la nuit.

En novembre, la nuit arrive rapidement et tout d'un coup.

Il n'y avait pas dix minutes que la comtesse et ses compagnons étaient cachés derrière les derniers arbres de la forêt que les dernières lueurs du crépuscule s'éteignirent.

Alors la forge s'éclaira, et la comtesse put voir distinctement ce qui se passait à l'intérieur.

Tandis que Benoît le bossu se tenait respectueusement à l'extérieur, auprès du cheval, Lucien était assis auprès de la jeune fille et causait avec elle.

La comtesse sentit tout son sang affluer à son cœur, et ses doigts crispés se mirent à froisser le manche de sa cravache.

— Eh bien! dit le chevalier, doutez-vous encore maintenant?

— Non, non, dit-elle avec un accent de haine; mais je me vengerai cruellement... soyez tranquille!

— Comtesse, dit à son tour M. de Beaulieu, maintenant que vous avez vu, je crois que nous ferions bien de rejoindre nos chevaux.

— Non, dit-elle d'un ton impérieux, je veux voir encore... je veux voir jusqu'au bout.

. . . .

Ce fut en ce moment-là que Dagobert sortit du couvent, chancela à la vue du cheval de Lucien, sentit un nuage passer sur son front, puis entra dans la forge comme un ouragan.

A sa vue, Jeanne rougit plus encore...

Quant à Lucien, il pâlit légèrement et se leva avec une certaine vivacité.

— Mon bon Dagobert, dit-il, voici plus d'une heure que je t'attends... j'ai encore besoin de tes services.

La physionomie ouverte du jeune homme, son accent un peu ému bouleversèrent Dagobert.

— Monsieur le comte, dit-il, je n'ai plus de fers, et il est trop tard pour en forger un.

— Ah! fit le jeune homme avec indifférence.

— Mais, poursuivit Dagobert, il y a à Sully un excellent maréchal, et qui est mieux outillé que moi. C'est à une lieue d'ici. Passez-y. Ça ne vous détournera pas beaucoup.

La voix de Dagobert tremblait tandis qu'il parlait ainsi, et Lucien qui, en toute autre circonstance, se fut étonné peut-être, Lucien baissait la tête.

— A propos, monsieur le comte, dit encore Dagobert, puisque je vous trouve, je vais vous faire une commission.

— A moi?

— Une commission que j'ai pour vous, répéta Dagobert.

Et il fit un pas vers la porte.

Ce que voyant, Jeanne, qui était toute tremblante aussi, comprit que Dagobert ne voulait pas parler devant elle, et elle se dirigea en toute hâte vers l'escalier.

Dagobert la suivit des yeux.

Mais, quand elle eut disparu, il revint vers Lucien qui était pâle d'émotion.

— Monsieur le comte, lui dit-il, ce n'est pas précisément une commission que j'ai à vous faire.

— Ah! qu'est-ce à dire?

— C'est un bon conseil que j'ai à vous donner.

La fierté aristocratique de Lucien se révolta.

— Par exemple! dit-il, voilà qui est curieux.

— Curieux ou non, dit Dagobert, il faudra que vous m'écoutiez, monsieur le comte.

Le forgeron avait dans la voix un accent d'autorité qui domina un instant le jeune homme.

— Voyons, dit-il, je t'écoute, Dagobert.

— Vous avez un mauvais cheval, monsieur le comte.

— Tu crois?

— Et vous ferez bien d'en changer.

— Pourquoi?

— Parce qu'il use trop de fers.

Lucien se redressa.

— C'est-à-dire, fit-il, que tu trouves peut-être que je viens trop souvent ici?

— Je ne voulais pas vous le dire, monsieur le comte.

Le forgeron, en parlant ainsi, évitait de regarder Lucien en face.

Mais le jeune homme l'entendit et reprit d'une voix ferme :

— Ecoute-moi, Dagobert, je suis jeune, je suis noble, je suis riche...

— Je sais tout cela, monsieur le comte.

— Et j'aime ta filleule.

Dagobert dit encore :

— Je le sais.

— Je ne suis pas de mon siècle, poursuivit Lucien. Je méprise les préjugés de ma caste. Je veux épouser la femme que j'aime.

Dagobert ne répondit pas.

— Autant te dire cela aujourd'hui que demain, continua le jeune homme. Veux-tu que je fasse ta filleule comtesse ?

Il s'attendait à voir tomber Dagobert à ses genoux. Il n'en fut rien.

Le forgeron, tandis que Lucien parlait, s'était appuyé à son enclume et, machinalement, il avait saisi son marteau.

Aux derniers mots de Lucien, il s'empara de cet outil formidable et le fit pirouetter au-dessus de sa tête.

— Monsieur le comte, dit-il, écoutez-moi, écoutez-moi bien : ma filleule n'est pas faite pour vous. Je ne suis qu'un pauvre forgeron et vous êtes un grand seigneur ; mais je suis dans ma maison comme mon père y était avant moi, mais je ne suis pas votre vassal et je ne vous dois point obéissance. Je vous prie... et je vous défends au besoin de remettre jamais les pieds ici.

— Dagobert.

— C'est mon dernier mot, dit le forgeron.

Et brandissant toujours son marteau, il ajouta d'une voix sourde et sans éclats :

— Monsieur le comte, vous m'avez entendu. Je vous jure que si vous insistiez pour rester, tout noble que vous êtes et tout manant que je suis, je vous assommerais!...

Il avait dit cela à voix basse, si basse même que Jeanne, qui cependant était aux aguets dans sa chambre, n'avait rien entendu.

— Sortez! ajouta-t-il.

Lucien était pâle de colère et de honte.

— Il ne bougeait pas.

— Mais partez donc! répéta le forgeron, qui décrivit un moulinet terrible avec son marteau au-dessus de sa tête.

VII

Lucien était gentilhomme; il avait l'orgueil de caste.

Il sentit donc, aux menaces de Dagobert, le rouge de la honte lui monter au visage, et il porta la main à son couteau de chasse, qui remplaçait en ce moment son épée.

Dagobert eut un éblouissement.

Avant que Lucien eût dégaîné, le forgeron avait jeté son marteau, fait un bon sur le gentilhomme et l'avait saisi par le milieu du corps.

On le sait, Dagobert était d'une force herculéenne et proportionnée à sa haute taille.

On disait volontiers dans le pays : « Fort comme Dagobert. »

Il appréhenda donc Lucien des Mazures à la taille, l'enleva de terre comme il eût fait du plus petit de ses marteaux, et le serra si fort que le jeune homme en perdit la respiration et ne put crier.

Sortir de la forge, placer Lucien sur son cheval, lui mettre la bride à la main, en lui disant :

— Mais allez-vous-en donc ! fut pour le forgeron l'histoire de dix secondes.

Ahuri, meurtri, sans voix, sans haleine, Lucien se trouva donc en selle avant d'être revenu de sa stupeur.

Benoît le bossu, épouvanté du visage bouleversé de Dagobert, se mit à lâcher le cheval, sur la croupe duquel, en même temps qu'il plaçait Lucien en selle, le forgeron appliqua une claque vigoureuse qui produisit l'effet d'un coup de fouet.

Le cheval, qui était chatouilleux, se cabra à demi et bondit en avant.

La nécessité de conserver l'équilibre força Lucien à prendre son assiette ordinaire, et il se trouva à trente pas de la forge, avant d'avoir même pu tirer son couteau de chasse.

Dagobert était déjà rentré dans la forge et il en fermait la porte.

Alors un sentiment de rage indéfinissable s'empara de Lucien. Malgré Benoît, qui lui disait :

— Il faut vous en aller, monsieur le comte.

Malgré le sentiment de son impuissance, Lucien était tellement furieux qu'il fit faire volte-face à son cheval et revint vers la forge, en disant :

— Manant, tu ne périras que de ma main.

Dagobert avait fermé sa porte.

Une bonne porte de chêne, toute parsemée de gros boulons et derrière laquelle s'arc-boutaient à l'intérieur deux belles barres de fer.

Néanmoins, le jeune homme hors de lui se mit à frapper du pommeau de son couteau de chasse en criant :

— Ouvre, misérable, ouvre ! ou je te ferai périr sous le bâton.

Ce ne fut pas la porte qui s'ouvrit, mais une fenêtre.

La fenêtre de la chambre de Jeanne.

La jeune fille s'y montra et d'une voix désolée, elle cria à Lucien :

— Monsieur le comte, au nom du ciel, allez-vous-en et n'exaspérez pas mon parrain.

— Non, Mademoiselle, répondit Lucien avec emportement, votre parrain m'a outragé, alors que je lui disais que je vous aime... et que je voulais...

Jeanne n'en entendit pas davantage.

Toute rouge et toute confuse, elle avait refermé picipitamment la fenêtre.

Mais, au même instant, une autre fenêtre s'était ouverte.

La fenêtre de la chambre de Dagobert.

Et le forgeron cria à Lucien :

— Monsieur le comte, vous n'êtes pas dans votre bon sens. Allez-vous-en !

— Je te ferai périr sous le bâton ! répéta Lucien hors de lui ; je mettrai le feu à ta maison...

— C'est vous qui avez le feu dans la tête, répliqua Dagobert, et je vais vous éteindre.

— Gare là-dessous, monsieur Lucien ! cria Benoît le bossu, qui vit Dagobert disparaître un moment, puis revenir à la fenêtre un broc de terre à la main.

Mais Lucien n'eut pas le temps de se garer.

Le broc était plein d'eau, et son contenu, versé par les mains de Dagobert, tomba comme une douche salutaire sur la tête échauffée du noble comte.

Lucien se calma presque subitement.

Il jeta un cri d'étonnement plutôt que de colère et obéit à cette première sensation désagréable qu'on

7.

éprouve au contact d'un corps glacé, qu'il soit solide ou liquide.

Cependant, il est probable que ce dernier procédé de Dagobert ne lui eût pas fait lâcher pied, si un éclat de rire n'eût traversé l'espace et ne fût venu jusqu'à lui ;

Un éclat de rire moqueur, strident, qui paraissait venir de la lisière du bois.

Et Lucien sentit ses cheveux inondés d'eau glacée se hérisser subitement.

L'éclat de rire n'était qu'un prélude.

Bientôt des ombres s'agitèrent à la lisière du bois et les éclats de rire redoublèrent.

Ce fut comme un dérivatif, et Lucien tourna toute sa fureur vers cet endroit.

Il mit son cheval au galop à travers les terres.

Soudain il se fit une lueur au bord de la forêt.

Une de ces torches que les chasseurs avaient coutume de porter, soit à l'arçon de leur selle, soit dans leurs fontes, s'éclaira tout à coup.

Et Lucien s'arrêta, la rage au cœur, la honte au front.

A la lueur de la torche, il venait d'apercevoir sa belle cousine la comtesse Aurore, assise sous un arbre, en compagnie du chevalier et du baron.

C'était ce dernier qui avait allumé la torche et la tenait à la main.

La comtesse riait d'un rire nerveux où perçaient le dédain et la colère.

— Vrai Dieu ! mon cousin, dit-elle, vous ressuscitez à ravir, à vous tout seul, les romans de la chevalerie. Vous faites le siége d'un château fort, à la seule fin d'enlever une belle damoiselle, c'est du pur moyen âge, cela !...

Puis, riant de plus belle :

— Il est vrai, poursuivit la comtesse, que le château fort est une simple forge et la damoiselle une petite gardeuse d'oies ou de moutons. Bravo, mon cousin ?

Et sur cette dernière raillerie, la comtesse s'enfonça dans le bois, et ses deux compagnons la suivirent.

Alors, fou de colère, Lucien s'élança à leur poursuite, n'écoutant plus Benoît qui l'avertissait que le bois était très-fourré sur le bord des terres, et que son cheval y passerait difficilement.

Guidé par la clarté de la torche que le baron emportait, Lucien poussa son cheval.

Celui-ci se rua au milieu des épines, cherchant un chemin et ne parvenant qu'à faire une trouée.

Durant près d'un quart d'heure, embarrassé dans des broussailles, dans des branches d'arbre et des ronces, au milieu d'une obscurité presque complète,

Lucien, ivre de rage, essaya de rejoindre la comtesse et ses compagnons.

Mais ceux-ci avaient regagné par un sentier l'endroit où ils avaient laissé leurs chevaux.

Lucien ne s'était pas encore dégagé, qu'avec un dernier éclat de rire de la comtesse, lui arriva le bruit retentissant du galop des chevaux, qui avaient regagné la route de Sully.

— Oh! dit-il, on ne se bat pas avec une femme, mais on se bat avec un homme, et le chevalier Michel de Valognes fera connaissance avec mon couteau de chasse.

Il avait fini par sortir des broussailles, en y laissant une partie de ses vêtements mis en lambeaux, et le cheval avait trouvé le sentier suivi par la comtesse.

Lucien gagna donc la route.

Une fois là, et bien que son cheval fut déferré et boiteux, il lui mit l'éperon au flanc.

La route faisait un coude, nous l'avons dit déjà.

Parvenu à ce coude, Lucien vit briller dans l'éloignement la torche de M. de Beaulieu qui galopait en avant, comme un coureur.

Et, à la lueur de cette torche, Lucien vit distinctement sa cousine, et le chevalier chevauchant côte à côte.

Benoît le bossu ne l'avait point quitté.

Il avait sans cesse bondi à côté de lui, essayant parfois de le calmer.

— Monsieur Lucien, disait-il, monsieur Lucien... arrêtez-vous, que je vous parle.

Lucien finit par entendre cette voix.

Il se retourna et dit :

— Que veux-tu ?

— Est-ce que vous allez courir après eux ?

— Certainement.

— Il ne faut pas faire cela, monsieur Lucien.

— Pourquoi donc ?

— Mais, dit le bossu, qui était plein de sagesse, parce que la colère est mauvaise conseillère.

— Ah ! tu crois ?

— C'est bien sûr, allez ! monsieur Lucien...

La voix grave et mélancolique de Benoît fit tressaillir Lucien, et ramena presque subitement un peu de calme et de présence d'esprit dans son cœur et dans son cerveau.

— Tenez, monsieur Lucien, reprit Benoît, voici la route des bois Thomas.

Au lieu de nous en aller par Sully ; allons-nous-en droit à Beaurepaire par les bois. Je sais bien que votre cheval est déferré ; mais vous le tiendrez sur l'herbe, et il ne se gravera pas le sabot plus qu'il ne le ferait sur la route d'ici à Sully.

— Tu m'accompagneras donc ? dit Lucien.

Oui, parce que je veux jaser un brin avec vous, monsieur Lucien.

Benoît avait subitemement pris un certain ascendant sur le jeune gentilhomme.

— C'est une soirée de malheur, voyez-vous, monsieur Lucien, continua le bossu lorsqu'ils eurent quitté la route pour prendre le chemin de la forêt; et tout cela ne serait pas arrivé si vous m'aviez écouté voici deux heures.

Lucien ne répondit pas, tant il sentit la justesse de ce reproche.

Le bossu s'était de nouveau placé à la gauche du gentilhomme, lequel, renonçant à poursuivre sa cousine, avait, en prenant un autre chemin, mis son cheval au pas.

— Je ne connais pas M. de Beaulieu, reprit Benoît. Je n'ai donc pas de mal à en dire. Mais je connais M. le chevalier de Valognes.

— Ah ! fit Lucien.

— C'est un méchant homme.

— Tu crois ?

— Et qui est amoureux de mam'zelle Aurore.

Lucien tressaillit.

— C'est lui qui aura tout dit à la comtesse.

— Quoi donc ?

— Que vous alliez souvent rôder autour de la forge de Dagobert.

A ce nom, la colère apaisée de Lucien se réveilla.

— Oh! celui-là, dit-il, je le châtierai.

Benoît n'était qu'un pauvre garçon, né dans les bois et allant pieds nus.

Néanmoins il eut le courage de ne pas être de l'avis d'un gentilhomme.

— Si vous faites cela, monsieur Lucien, dit-il, vous aurez tort.

— Tort, dis-tu?

— Dagobert est dans son droit...

— Oh! par exemple!

— Dagobert est un paysan comme moi, voyez-vous, monsieur Lucien, mais nous avons notre honneur tout comme les nobles. Vous voulez séduire sa filleule...

A ces mots, Lucien fit un brusque mouvement sur sa selle et faillit perdre l'équilibre.

— Ah! tu crois cela? fit-il.

— Pardine!

— Eh bien! tu te trompes, Benoît.

— Oh! monsieur Lucien...

— J'aime Jeanne...

— Ah! vous voyez...

— Mais je n'en veux pas faire ma maîtresse...

Benoît tressaillit à son tour et regarda Lucien comme s'il eût vainement cherché le sens mystérieux de ses paroles.

— Écoute, reprit le jeune homme, je n'ai pas de préjugés de race, moi; Jeanne est belle, elle est vertueuse, je l'aime et j'en veux faire ma femme.

Benoît étouffa un cri d'étonnement.

— Et c'est au moment où je lui disais cela, continua Lucien, que Dagobert m'a traité comme tu as vu...

— Êtes-vous bien sûr qu'il vous ait entendu?

— Sans doute.

— Qu'il vous ait compris?

— Je parlais clairement, ce me semble.

— C'est drôle tout de même ça, fit Benoît.

Et le bossu tomba en rêverie profonde.

Puis tout à coup, relevant la tête :

— Écoutez, monsieur Lucien, dit-il, je sais bien que Dagobert a mal agi, si c'est comme vous le dites, et qu'il s'est mis dans un mauvais cas; mais c'est égal, il faut que vous me fassiez une promesse.

— Laquelle?

— De ne pas porter plainte contre lui, et de ne rien faire que vous ne m'ayez revu.

— Que veux-tu donc faire?

— Je vais aller trouver Dagobert.

— Et puis?

— Et nous nous expliquerons.

— Ah!

— Et je serai demain matin à Beaurepaire, et je

vous dirai ce qu'il en est. Me le promettez-vous?

— Soit.

— A demain donc?

— A demain, répondit Lucien.

Le bossu lâcha la croupe du cheval sur laquelle il s'appuyait.

— Au revoir, monsieur Lucien, dit-il encore.

Et il s'éloigna, redescendant en courant la ligne forestière des bois Thomas.

VIII

Dès lors, Lucien se trouva seul en forêt.

La nuit était obscure, bien que les étoiles brillassent au ciel.

Le silence profond qui règne dans les grands bois plongea le jeune homme en une sorte de torpeur mélancolique.

Il avait épuisé tout ce qu'il avait de colère dans le cœur, et le système nerveux se détendait.

Il sentit alors des larmes lui venir aux yeux.

Il se vit humilié, il crut entendre retentir encore à son oreille les éclats de rire moqueurs de la comtesse Aurore et des deux gentilshommes.

Et puis il songea à Jeanne.

A Jeanne qui l'avait supplié de s'en aller, à Jeanne

qui avait brusquement refermé sa fenêtre lorsqu'il avait osé lui dire :

« Je vous aime. »

Comme Benoît le bossu, il ne put s'empêcher de se dire, tandis que son cheval s'en allait au pas, que la journée avait été mauvaise.

Il s'était brouillé avec sa cousine. Mieux que cela, il était ridicule à ses yeux.

Il s'était vu jeter à la porte de la forge par Dagobert. Et lui, gentilhomme, il avait été appréhendé au corps par un manant.

Sur qui vengerait-il donc tant d'affronts ?

Sur Aurore ?

Mais Aurore était, après tout, dans son droit. N'était-il pas lâche et traître à ses yeux ? Depuis des années, ne le considérait-elle pas comme son mari futur ?

Se vengerait-il sur Dagobert ?

Mais alors il creuserait de plus en plus l'abîme qui le séparait de Jeanne.

Il se souvint alors des paroles de Benoît qui lui avait dit :

— Monsieur le chevalier Michel de Valognes est un méchant homme.

En effet, c'était assurément le chevalier à qui, dans un moment d'expansion, il avait fait quelque confidence, qui avait amené la comtesse Aurore près de la forge.

Et Lucien, qui cherchait une victime, se dit :

— Dès demain, j'irai demander raison au chevalier, et s'il refuse de me satisfaire, je le souffletterai.

Cette résolution prise, Lucien se sentit plus calme.

Et puis il se souvint de l'étonnement qu'avait manifesté Benoît lorsqu'il lui avait dit que Dagobert l'avait repoussé, même après qu'il lui avait demandé la main de Jeanne.

— Etes-vous sûr qu'il ait compris ? avait dit Benoît.

Et Lucien, à son tour, se posa cette question.

Et certes, il pouvait le faire, après tout, car, à cette époque, c'était chose inouïe de voir un noble épouser une pauvre fille des champs, et il se pouvait fort bien que Dagobert eût pensé que Lucien se moquait de lui.

Et Lucien se prit à espérer de merveilleux résultats de la mission délicate dont Benoît s'était chargé.

Il était jeune, il était riche, il avait la conviction qu'il ne déplaisait pas à Jeanne. Sa mère l'adorait, et il ne doutait pas qu'elle ne consentît à cette union. Que lui importait le reste, si Jeanne était à lui !

Il haïssait maintenant la comtesse Aurore et se

souciait fort peu de ce qu'elle pourrait dire et faire.

Enfin, s'il avait les rieurs contre lui, il ne les aurait pas longtemps, car il se vengerait d'eux sur le chevalier Michel de Valognes.

Pendant que cette réaction s'opérait peu à peu dans son esprit, Lucien avait fait du chemin.

Son cheval, comme tous les percherons, avait le pas allongé. Il était descendu dans cette partie de la forêt qui forme une sorte d'entonnoir et qu'on appelle les Malzigues.

Malgré l'obscurité de la nuit, Lucien aperçut un poteau indicateur au milieu d'un rond-point.

A ce rond-point aboutissaient quatre routes.

L'une venait de Sully, l'autre de Chambon, une troisième de la Cour-Dieu, et la quatrième du château de Beaurepaire, qui n'était plus distant que d'une demi-lieue.

Comme il arrivait sur le poteau, le jeune comte des Mazures tressaillit.

Une masse noire venait de se mouvoir tout à côté.

Lucien avança encore, et il reconnut un homme à cheval.

— Holà ! cria-t-il en portant la main à sa fonte, dans laquelle était une carabine.

— Mon cher comte, répondit une voix railleuse, n'ayez aucune crainte, je ne suis pas un malfaiteur.

Lucien eut un mouvement de joie sauvage.

Il avait reconnu cette voix.

C'était la voix du chevalier de Valognes.

Et le chevalier poussa son cheval à la rencontre de celui de Lucien.

— Ah! c'est vous? fit ce dernier dont la voix se prit à trembler de colère.

— C'est moi, mon cher comte.

— Vous avez pris, ce me semble, un singulier chemin.

— En le prenant, je savais que je vous rencontrerais.

— En vérité!

— Car j'ai un message pour vous...

— Et de qui?

— Vous le devinez, n'est-ce pas?

— Peut-être.

— C'est un message de la comtesse.

— Verbal ou écrit?

— Ecrit, mon cher. Elle s'est fait un pupitre du pommeau de sa selle, le baron l'a éclairée avec une torche, et je lui ai donné une feuille arrachée à mes tablettes. Le billet est au crayon, mais d'une écriture fort lisible.

— Donnez, fit dédaigneusement Lucien, je le lirai quand j'y verrai clair.

— Oh! dit le chevalier, j'ai une torche dans ma fonte. Si vous le désirez, je vais battre le briquet.

— C'est parfaitement inutile, répondit Lucien, d'autant plus que j'ai à vous parler...

— A moi ?

— Oui, chevalier, et de choses beaucoup plus pressées.

— Vraiment !

— Chevalier, reprit Lucien, j'ai à vous dire que vous êtes un lâche !

L'apostrophe était rude ; mais elle ne déconcerta pas M. de Valognes.

— Et pourquoi donc suis-je un lâche ? demanda-t-il froidement.

— Un lâche et un traître ! dit Lucien.

— Si c'est une provocation, mon cher comte, dit le chevalier sans se départir de son calme, vous prenez mal votre temps, et elle est même inutile.

— Vous ne vous battrez pas ?

— Au contraire. Par conséquent, je trouve qu'il est bien inutile de m'outrager. Demain, je serai à vos ordres.

— Non pas demain, dit Lucien, mais tout de suite.

— Allons donc !

— Tout de suite, vous dis-je, fit le comte, dont la colère allait croissant.

— Ici, sans témoins ?

— Parfaitement.

— Mais nous sommes sans épées, mon cher.

— Nous avons nos couteaux de chasse.

— C'est un duel de boucher que vous me proposez...

— C'est un duel à mort, répondit Lucien.

— Mon cher comte, dit le chevalier, avez-vous réfléchi à une chose?

— Laquelle?

— C'est que celui de nous deux qui tuera l'autre sera certainement accusé de l'avoir assassiné!

Lucien tressaillit.

— Ah! vous croyez? fit-il.

— Sans doute, car après ce qui s'est passé en forêt, on conçoit que nous devons nous haïr.

— Vous en convenez?

— Je vous ai vu dans une position ridicule...

— C'est pour effacer ce ridicule qu'il me faut votre vie.

— Soit. Mais si vous me tuez, votre cousine ne manquera pas de dire que vous m'avez assassiné pour vous venger de la lettre de rupture qu'elle vous écrivait et dont je m'étais chargé. Si, au contraire, c'est moi qui vous tue, mon cher comte...

— Eh bien?

— On dira bien autre chose...

— Que dira-t-on?

— Que j'étais amoureux de la comtesse et que je me suis débarrassé d'un rival...

Les objections du chevalier étaient d'une telle justesse, que Lucien en fut frappé.

— Eh bien, soit, dit-il. A demain. Vous amènerez vos témoins, j'aurai les miens.

— Et dans quel endroit vous plaît-il nous égorger? demanda le chevalier qui avait toujours l'accent railleur.

— Ici, chevalier.

— Au fait, l'endroit est charmant. Seulement, vous pensez bien que je ne vais pas y coucher pour vous attendre, et comme le chemin que vous suivez est également le mien, nous allons faire route ensemble.

— Les chemins sont à tout le monde, dit sèchement le jeune comte des Mazures.

Et il rangea son cheval d'un côté, sur la ligne forestière, tandis que le chevalier côtoyait le fossé opposé.

Tous deux continuèrent leur route au pas, sans se presser, comme il convient à deux hommes qui, dans quelques heures, mettront l'épée à la main.

Depuis que Benoît le bossu avait quitté Lucien, celui-ci était allé constamment au pas.

Le bossu, nous l'avons dit, courait comme un dératé, et il connaissait tous les chemins de forêt qui abrégent la distance. Au lieu de redescendre la ligne des bois Thomas jusqu'à la route de Sully, il s'était jeté dans un sentier qui tombait directement dans la vente en exploitation, traversait les terres du couvent et aboutissait à la forge.

Il ne lui avait pas fallu un quart d'heure pour franchir cette distance.

Dagobert avait rouvert la devanture de sa forge, et il s'était remis à travailler fort tranquillement et comme si rien d'extraordinaire ne s'était passé.

Benoît était entré.

— Ah! te voilà, garnement? lui dit le forgeron.

— Pourquoi me parles-tu mal, Dagobert? lui dit le bossu. Je ne t'ai jamais fait de mal.

— Non, mais tu étais avec ce comte de malheur que j'ai jeté à la porte.

— Et tu as eu bien tort, Dagobert.

— Ah! tu crois?

— Certainement, dit Benoît, car c'est un brave jeune homme, bon et pas fier, M. Lucien.

— Je ne dis pas non.

— Et qui aime mam'zelle Jeanne...

— Tais-toi!

Et l'œil de Dagobert étincela de colère.

— A preuve qu'il veut l'épouser, dit encore Benoît.

Il s'attendait à une exclamation de Dagobert. Il

s'imaginait que le forgeron allait manifester soit de l'étonnement, soit de l'incrédulité.

Rien de tout cela n'arriva. Dagobert continua à battre son fer.

— Je te dis qu'il veut l'épouser, répéta Benoît stupéfait de ce calme.

— Je le sais, dit froidement Dagobert.

— Eh bien?

— Eh bien! je ne veux pas, moi.

— Tu... ne... veux pas?

— Non.

— Mais... c'est de la folie!...

Dagobert quitta son marteau, remit le morceau de fer dans la forge, s'approcha de Benoît, lui posa sa large main sur l'épaule et lui dit :

— Regarde-moi et écoute-moi bien. Jamais M. le comte des Mazures ne sera le mari de Jeanne.

— Mais... pourquoi?

— Parce que non-seulement je ne le veux pas mais parce que quelqu'un de plus haut placé que moi, en qui j'ai foi comme en Dieu, ne le veut pas, non plus.

— Et... ce quelqu'un...

— C'est dom Jérôme, répondit Dagobert.

Et comme Benoît demeurait stupéfait, Dagobert lui dit encore :

— Je suis sûr que c'est le comte qui t'envoie.

— Oui, dit Benoît.

— Eh bien ! maintenant que tu m'as entendu, va lui porter ma réponse.

Et Dagobert prit Benoît par les épaules et le poussa hors de la forge.

Alors le bossu ahuri s'en alla par où il était revenu, franchissant les fossés, sautant les jeunes taillis, se coulant dans les épines et les broussailles. Il se remit à la poursuite de Lucien, et quand il arriva au haut du coteau qui domine les Malzigues, la lune se levait à l'horizon, et Benoît aperçut dans le fond, à un quart de lieue de distance, le comte Lucien des Mazures qui continuait son chemin vers Beaurepaire.

— Il faut que je le rejoigne ! se dit-il.

Et il précipita sa course, aussi rapide déjà que celle du chevreuil qui bondit devant les chiens.

IX

En hiver, la terre a une grande sonorité, surtout la nuit.

Benoît le bossu était encore à un quart de lieue de distance que Lucien l'entendit courir.

Il se retourna et le vit, aux rayons de la lune, arpentant la route, bond par bond.

Alors son cœur se prit à battre violemment.

Pourquoi donc Benoît courait-il après lui?

Il arrêta brusquement son cheval.

M. de Valognes se tourna à demi sur sa selle et le regarda du coin de l'œil.

Mais comme ils n'avaient plus échangé une parole depuis qu'ils étaient convenus de se battre, le chevalier ne pouvait, en bonne conscience, demander à M. des Mazures pourquoi il s'arrêtait.

Seulement, il ralentit imperceptiblement l'allure de son propre cheval, et, tournant la tête, il reconnut dans cet être bondissant Benoît le bossu.

— Hé! murmura le chevalier avec son mauvais sourire, depuis que l'Amour n'a plus de carquois, il a pris un bossu pour messager.

Benoît venait de rejoindre Lucien.

Celui-ci, pâle, immobile sur sa selle, était si ému qu'il n'osa prendre la parole le premier.

— Monsieur Lucien, dit Benoît qui était un peu essoufflé, j'ai pensé que je vous rattraperais, c'est pour ça que je suis venu.

Et Benoît, qui était non moins ému, s'arrêta, attendant que le jeune comte le questionnât.

— N'était-il pas convenu que tu viendrais demain au château? dit Lucien.

— C'est ma foi bien vrai, ça, Monsieur.

— Quand tu aurais vu Dagobert?

— Toujours vrai, monsieur Lucien.

— Alors..... pourquoi cours-tu après moi?

— Mais parce que..... je l'ai vu...

— Tu as vu Dagobert?

Et la voix de Lucien s'altéra.

Benoît baissa la tête.

— Oui, Monsieur, dit-il, je l'ai vu.

— Ah!

Et tout tremblant, Lucien attendit.

Voyant qu'il ne le questionnait plus, Benoît fit un effort et se décida à parler.

— Voyez-vous, monsieur Lucien, dit-il, Dagobert pense comme moi.

— Et que penses-tu, toi?

— Que mam'zelle Jeanne et vous... Eh bien...

— Eh bien! quoi?

— Ça ne peut pas aller.

— C'est-à-dire qu'il refuse?

Benoît fit un signe de tête affirmatif.

— Et quelle raison ose-t-il donc donner pour cela? fit Lucien d'un ton de hauteur.

— Dame! il dit...

Et Benoît hésita encore.

— De quel droit, poursuivit Lucien, s'échauffant, se permet-il de faire obstacle à ce qui peut être le bonheur de sa filleule, continua le comte des Ma-

8.

zures, dont la voix s'enfla de nouveau sous la pression d'une colère croissante.

— Il dit, répondit Benoît, que ce n'est pas à lui à disposer de la main de sa filleule.

— Ah! ah!

— Q'au-dessus de lui il y a quelqu'un qui...

— Et ce quelqu'un...?

— C'est dom Jérôme.

— Le prieur du couvent?

— Oui, monsieur Lucien.

La surprise qu'éprouva Lucien à cette révélation fit diversion à sa colère.

— Vraiment, dit-il, cela dépend de dom Jérôme?

— Oui.

L'espérance revint au cœur de Lucien.

— Alors, dit-il, tout ira bien.

— Ah! fit Benoît.

— Je ne connais pas ce moine, poursuit M. des Mazures, mais on dit tout bas que c'est un homme du monde, un gentilhomme qu'un chagrin d'amour a jeté dans la vie monastique. J'irai le trouver... Je lui parlerai de mon amour... Je me jetterai à ses genoux s'il le faut...

Benoît secoua la tête.

— Monsieur Lucien, dit-il, il ne faut pas vous faire des illusions, croyez-moi.

— Et pourquoi donc ce moine me refuserait-il?

— Je ne sais pas, répondit Benoît ; mais c'est lui qui ne veut pas, toujours.

— Comment, lui ?

— C'est Dagobert qui le dit. Et vous pouvez m'en croire, Dagobert ne ment jamais.

— Ah ! Dagobert dit cela ?

— Oui, Monsieur.

M. des Mazures était pâle et frémissant.

— Voyez-vous, Monsieur, continua Benoît, je ne suis qu'un paysan, mais j'ai ma petite *jugeotte* tout comme un autre, et j'ai bien vu...

— Qu'as-tu vu ?

— Que pour que Dagobert se mît ainsi en fureur, lui qui est un vrai mouton, je crois qu'on lui a parlé... qu'on lui a donné des ordres...

— Qui donc peut donner des ordres à Dagobert ?

— Dom Jérôme.

— Ah !

— Quand nous sommes arrivés à la forge, vous savez que Dagobert était au couvent.

— Sans doute.

— Il était chez dom Jérôme. Et quand il est sorti, ce n'était plus le même homme. Lui qui est toujours doux et calme...

— Benoît, interrompit brusquement Lucien, dont mille pensées heurtaient en ce moment le cerveau bouleversé, écoute-moi.

— Parlez, monsieur le comte.

— Veux-tu te charger d'un message pour dom Jérôme ?

— Certainement, Monsieur.

— Aller le trouver, ce soir même, et lui dire que je le supplie de me recevoir demain matin, à l'issue de la messe ?

— Je ne demande pas mieux, mais...

— Mais quoi ?

— Il faut que vous me donniez un message écrit, car nous n'entrons pas au couvent comme nous voulons, nous autres pauvres diables. Ils ont beau marcher nu-pieds, les moines, ils sont encore plus fiers que les nobles.

Cette demande de message écrit fit tressaillir Lucien. Il n'avait ni plume, ni encre, ni papier.

— En outre, poursuivit Benoît, passé neuf heures, vous-même n'entreriez pas au couvent, monsieur le comte.

Lucien tira sa montre.

Il était huit heures passées.

De deux choses l'une : ou il fallait renoncer à envoyer le message le soir même, ou il fallait que ce message partît à l'instant, car jamais Lucien n'aurait le temps d'emmener Benoît à Beaurepaire, et de le renvoyer ensuite à la Cour-Dieu.

De toutes les passions humaines, celle qui fait le plus de concessions, même honteuses, c'est l'amour.

Une demi-heure auparavant, Lucien avait voulu tuer le chevalier.

Maintenant, il se souvenait que le chevalier avait un crayon et un carnet dans sa poche et une torche dans sa fonte.

Et Lucien fut au désespoir d'avoir provoqué le chevalier.

Mais du regret au désir de réparer une faute, il n'y a pas loin.

Lucien songeait à Jeanne, et il pensa à demander un service à son ennemi.

Le chevalier n'était pas loin.

Il s'en était allé au tout petit pas, se retournant de temps en temps, et cherchant dans son esprit ce que pouvait dire Benoît à Lucien.

Ce dernier prit sa trompe et fit un appel.

Au bruit, le chevalier s'arrêta.

Alors Lucien mit son cheval au galop, et Benoît le suivit.

— Monsieur, dit Lucien, nous devons nous couper la gorge demain matin, n'est-ce pas ?

— Puisque vous voulez bien me faire cet honneur, ricana le chevalier.

— Mais comme vous êtes un galant homme,

reprit Lucien, je n'hésite pas à vous demander un service.

— Parlez, Monsieur.

— Vous avez un crayon ?

— Oui, comte.

— Et du papier ?

— Mon carnet renferme encore quelques feuillets blancs.

— M'en pourriez-vous donner un et me prêter votre crayon ?

— De grand cœur, dit le chevalier, et je vais même allumer ma torche.

— Oh ! répondit Lucien, c'est inutile. Grâce à la lune, on y voit maintenant comme en plein jour.

— Comme vous voudrez, dit le chevalier.

Et il tendit son carnet à Lucien qui avait rangé son cheval auprès du sien, laissa flotter la bride sur le cou de l'animal, se fit de sa selle un pupitre et se mit à écrire le billet suivant :

« Le comte Lucien des Mazures, habitant le château de Beaurepaire, désirerait entretenir Sa Grâce dom Jérôme, le prieur-abbé du couvent de la Cour-Dieu, le plus tôt possible, d'une affaire de la plus haute importance.

« Il ose espérer que dom Jérôme ne refusera pas

de le recevoir demain matin, à l'issue des offices, et il a l'honneur de se dire

« de Sa Grâce le prieur-abbé

« le très-humble et très-obéissant

« serviteur et frère en Dieu.

« Lucien DES MAZURES. »

Ce billet écrit, Lucien le plia et le remit à Benoît.

Benoît, pendant qu'il écrivait, avait regardé M. de Valognes, sur les lèvres minces duquel glissait un mauvais sourire.

En toute autre circonstance, il eût même éprouvé une vague terreur de voir Lucien en sa compagnie.

Mais Lucien avait dit qu'ils se devaient battre le lendemain, et cette perspective, au lieu d'effrayer le bossu, le rassura, au contraire.

— Va, lui dit Lucien, et demain rapporte-moi la réponse de bon matin.

— Je serai à Beaurepaire au petit jour, répondit le bossu.

Et il partit en courant.

Alors le comte des Mazures rendit le carnet à M. de Valognes, en lui disant :

— Mille grâces, Monsieur.

— Oh ! tout à votre service, répondit courtoisement le chevalier.

Et ils se remirent à chevaucher côte à côte.

Le silence se rétablit pendant quelques minutes entre les deux adversaires.

Puis tout-à-coup le chevalier le rompit.

— Monsieur le comte, dit-il, j'ai eu l'honneur de vous rendre un service tout à l'heure.

— Dont je vous suis reconnaissant mille fois, Monsieur, répondit Lucien.

— Voulez-vous me promettre de vous donner le moyen de vous acquitter ?

— J'en serai ravi.

— Sur-le-champ...

— Pourvu que vous ne me demandiez pas de vous tendre la main...

— Ah! certes non, et notre rencontre tient plus que jamais.

— Alors, parlez, Monsieur.

— J'ai horreur de la solitude, Monsieur.

— Ah! vraiment !

— Et du silence.

— Je ne l'aime pas non plus.

— Nous avons encore un bout de chemin à faire ensemble, je crois.

— Environ une demi-lieue.

— Si vous le voulez, nous causerons.

— Soit !

— Oh ! de ce que vous voudrez, dit le chevalier.

— Cela m'est indifférent.

— Du couvent de la Cour-Dieu et de ce prieur romanesque qu'on appelle dom Jérôme...

Lucien tressaillit.

— Je crois que je le tiens ! pensa le chevalier.

Et il poussa son cheval près de celui du comte.

X

— Mon cher comte, dit alors le chevalier, vous m'avez traité de lâche, par conséquent, rien ne saurait plus empêcher notre rencontre de demain matin. Cependant, comme il n'est pas d'usage de se donner des explications réciproques lorsqu'on a l'épée à la main, qu'en outre on ne sait pas ce qui peut advenir, j'aime autant vous raconter ce qui s'est passé.

— Parlez, dit Lucien avec indifférence.

— J'ai été peut-être indiscret avec la comtesse, mais j'ai cédé à un mouvement d'humeur qui, vous en conviendrez, était bien légitime.

— Soit, dit Lucien, qui était en train de faire des concessions pour l'amour de la belle Jeanne.

— Vous nous avez traités de fort haut, votre cousine, le baron et moi, à propos de ce paysan, poursuivit le chevalier.

Alors, dans un accès de colère, je me suis écrié :

« Voilà pourtant où mène la fréquentation du forgeron de la Cour-Dieu. »

— Ah! vous avez dit cela? fit Lucien.

— Cela uniquement, mon cher comte.

Mais la comtesse est curieuse.

— Ah!

— Elle a voulu savoir pourquoi vous fréquentiez le forgeron.

Et le baron, qui est un bélître, et à qui j'avais beau faire des signes, s'est hâté d'ajouter : Pardine, c'est à cause de la jolie fille que Dagobert tient en chartre privée.

— Il a dit cela, le baron ?

— Oui, c'est un niais.

— Et qu'a répondu ma cousine ?

— Elle a juré que cela ne pouvait être, et je disais comme elle; mais cet imbécile de baron répondait qu'il parierait volontiers cent louis que vous étiez, à cette heure même, aux pieds de mam'zelle Jeanne.

Alors la comtesse s'est écriée :

« — Et je tiens le pari. »

Quoique j'aie pu dire ou faire, il a fallu obéir à la comtesse et la suivre. Vous savez le reste.

— Vraiment! dit Lucien, les choses se sont passées ainsi?

— J'ai l'honneur de vous l'affirmer.

— Alors, monsieur, dit Lucien, je suis au désespoir de ma conduite envers vous.

— Peuh! mon cher, fit le chevalier, il y a les martyrs de l'amour, pourquoi n'y aurait-il pas les martyrs de l'amitié?

— Monsieur...

— Je regrette, poursuivit le chevalier, que vous nous ayez fait à tous deux cette situation bizarre, car j'aurais pu vous donner un bon conseil.

Lucien eut un élan de générosité.

— Et si je retirais l'expression mal sonnante dont je me suis servi? dit-il.

— Monsieur... fit à son tour le chevalier.

— Si je vous priais de me donner la main...

— Ah! ma foi, mon cher comte, dit le chevalier, vous me demandez la paix de si bonne grâce que je ne puis vous refuser.

Et il prit la main de Lucien et la serra énergiquement.

Puis, il ajouta en souriant :

— Personne n'ayant été témoin de notre querelle, nous n'avons d'explications à donner à personne.

— C'est ma foi vrai, dit le comte.

— Ainsi, nous revoilà amis?

— Parbleu!

— Alors, on peut parler à cœur ouvert?

— Sans doute.

— Eh bien! reprit le chevalier, tutoyons-nous donc comme le passé.

— Soit, tutoyons-nous.

— Tu es donc bien amoureux de la petite ?

— Oh! fit Lucien.

— Mais, cher ami, tu risques de rompre ton mariage.

— Avec qui?

— Avec Aurore, qui t'a déjà écrit une lettre *à cheval*, c'est le cas de le dire, et sans jeu de mots. Mais la colère des femmes ne tient pas du reste.

— Mon cher, répondit Lucien, que la colère de ma cousine tienne ou non...

— Eh bien?

— Cela m'est égal.

— Bah! on dit cela...

— Je ne l'aime pas... je ne l'aimerai jamais... et je ne serai pas son mari.

— Mais, malheureux, tu aimes donc Jeanne à en perdre la tête ?

— Je l'ai perdue, puisque je veux l'épouser.

— Tu es fou !

— Non, je veux être heureux, voilà tout.

— Une fille de rien !

— Que m'importe!

— Ma foi! mon cher, dit le chevalier en riant, tu

ès le maître de ta destinée après tout. Seulement, tu aurais dû prendre cette belle résolution un peu plus tôt.

— Comment cela ?

— Tu n'aurais pas reçu un sceau d'eau sur la tête.

— Mais, mon cher, répondit naïvement Lucien, c'est à la suite de ma demande en mariage que ce rustre de Dagobert m'a rudoyé ainsi.

— Mon ami, dit froidement le chevalier, pince-moi le bras, je crois que je suis endormi et que je rêve...

— Tu ne rêves pas et je viens de te dire la vérité.

— Mais alors, fit le chevalier, quelle raison donne donc ce rustre pour refuser l'honneur inespéré que que tu veux bien lui faire ?

— Il dit que ce n'est pas lui qui dispose de la main de sa filleule.

— Qui donc alors ?

— Dom Jérôme.

— Ah diable ! fit le chevalier, je comprends tout alors, mon ami.

— Tu comprends tout ?

— Oui.

— Et selon toi....

— Selon moi, dom Jérôme refusera l'honneur de

ton alliance avec encore plus d'obstination que Dagobert.

— Mais pourquoi ?

Le chevalier Michel de Valognes était un esprit infernal.

Personne mieux que lui ne s'entendait à ourdir la plus ténébreuse des intrigues, à imaginer la plus odieuse des fables.

— Tu me demandes pourquoi ? dit-il.

— Sans doute.

— Ne trouves-tu pas que Jeanne est bien jolie...

— Belle question !

— Qu'elle a les mains bien blanches, les attaches bien fines, les pieds bien petits ?

— Où veux-tu en venir ?

— Ne t'es-tu pas souvent dit qu'il était bien extraordinaire que le peuple possédât une créature si accomplie...

— Eh bien ?

— Eh bien, je soupçonne que la prétendue filleule de Dagobert pourrait bien être une fille de bonne maison.

— Ah ! mon ami, si tu disais vrai ! fit Lucien, qui jeta un cri de joie.

— Dont les moines ont acaparé la fortune.

— Oh ! fit le jeune comte avec emportement, si cela était...

— Eh bien ! que ferais-tu ?

— Je la prendrais sous ma protection...

— Bon !

— Et je revendiquerais son héritage.

— Mais, pour cela, il faudrait être son mari.

— Je le serai.

— Jamais, si tu t'adresses à dom Jérôme, qui ne veut pas rendre le bien volé, et trouve plus commode de la marier à un paysan.

— Mais, enfin, s'écria Lucien, j'aime Jeanne, et je veux l'épouser.

— C'est tout-à-fait impossible, si tu suis la marche commencée.

— Que faut-il donc faire ?

— Laisse-moi te questionner encore. Qu'as-tu écrit à dom Jérôme ?

— Je lui ai demandé une entrevue.

— Je gage qu'il te la refusera.

— Oh ! par exemple !

— Attends à demain... et... s'il refuse...

— Eh bien ?

— Je te donnererai le moyen d'épouser Jeanne si elle te plaît.

— Ah ! mon ami, fit Lucien, qui tendit la main une seconde fois au chevalier.

— Chut ! fit celui-ci. Nous voici au château. La comtesse ta mère n'est pas encore, que je sache, dans tes confidences; et mes petits services ne te seront pas inutiles, je présume, pour la préparer à ce petit événement. Remettons donc à demain la suite de cette conversation.

En effet, la ligne de forêt que les deux cavaliers suivaient s'était brusquement ouverte et les tourelles de Beaurepaire se détachaient en vigueur sur le ciel étoilé, à une demi-portée de fusil.

Le piqueur Labranche avait précédé son jeune maître au château et n'avait pas manqué de raconter dans tous ses détails l'aventure du cerf tué par Jacques Brizou d'un coup de serpe, et la brouille qui s'en était suivie entre Lucien et sa cousine.

Cette histoire était montée de la cuisine à l'antichambre et de l'antichambre elle était parvenue jusqu'à la comtesse.

Mais la mère de Lucien ne s'était pas effrayée de cette querelle, qu'elle considérait comme une bouderie d'amour, et elle n'avait attaché aucune importance au billet plein de froideur que la jeune comtesse en Bavière lui avait adressé pour l'avertir qu'elle ne dînerait pas à Beaurepaire ce jour-là.

La comtesse reçut donc son fils comme à l'ordinaire et fit un excellent accueil au chevalier.

Pendant le souper, Lucien s'efforça d'être gai, prétexta ensuite une grande fatigue et se retira de bonne heure dans sa chambre, tant il avait hâte d'être au lendemain.

. . . .

Le lendemain, en effet, bien avant le point du jour, Lucien était sur pied, attendant Benoît.

Benoît ne se fit pas désirer trop longtemps.

Aux premières clartés de l'aube, Lucien le vit apparaître dans l'allée forestière et il courut à sa rencontre.

Benoît apportait un billet du prieur.

Ce billet disait :

« Monsieur le comte,

« Je suis souffrant, hors d'état de recevoir personne, et je ne pense pas d'ailleurs que nous ayons la moindre affaire à traiter ensemble, à moins qu'il ne s'agisse des intérêts du couvent, et, en ce cas, je vous prierai de voir le frère économe, qui a mes pleins pouvoirs.

« DOM JÉROME. »

— Tu avais raison, dit Lucien, qui revint au château le cœur plein de rage.

Et il tendit la lettre au chevalier.

Celui-ci la lui rendit après l'avoir lue, et lui dit :

— Veux-tu toujours de mon moyen ?

— Oh certes.

— Tu es bien décidé a épouser Jeanne?

— Plus que jamais.

— C'est bien simple. Enlève-la.

— L'enlever !

— Sans doute.

— Mais dom Jérôme...

— Nous choisirons le moment où les moines chantent les Matines.

— Mais Dagobert?

— Oh! celui-là, dit le chevalier, je m'en charge.

— Comment?

— Je le supprimerai quand tu voudras.

— Un crime!

— Non, dit froidement le chevalier. Mais je le ferai disparaître pendant huit jours, et en huit jours tu auras bien le temps d'emmener la petite à Paris et de l'epouser devant le premier prêtre de bonne volonté que tu trouveras...

Et le chevalier eut alors un rire de démon qui vient d'acheter une âme.

Le comte Lucien des Mazures lui appartenait désormais . . . .
. . . .

XI

Revenons à présent à Mlle Aurore des Mazures que nous avons laissée galopant vers la route de Sully, en compagnie du chevalier de Valognes et du baron Hector de Beaulieu.

Arrivée à Sully, la jeune fille, qui n'avait pas encore prononcé un mot depuis qu'elle avait quitté cette étroite bande de bois qui lui avait permis d'arriver près de la forge, la jeune fille, disons-nous, s'était brusquement tournée vers le chevalier en lui disant :

— Je vais vous charger d'un message pour mon beau cousin le comte Lucien des Mazures.

Le chevalier, on le sait, avait fourni galamment une feuille de son calepin et un crayon, et à la lueur d'une torche, la fière et dédaigneuse comtesse avait écrit à son cousin une lettre de rupture bien en règle.

Puis, le chevalier était parti, emportant ce message, et nous savons ce qui s'était passé entre lui et Lucien.

Quant à Mlle Aurore, elle avait pris un chemin en forêt au-dessous de Sully, et, accompagnée du baron, elle s'était dirigée vers la Billardière.

Toujours silencieuse et farouche, elle écoutait néanmoins les bavardages du baron, qui croyait servir sa propre cause en daubant sur Lucien de la belle manière, et qui, de fil en aiguille, s'était mis à raconter l'histoire de la pupille des moines.

Non point, sans doute, l'histoire vraie, mais celle que l'on racontait dans le pays, où l'on avait été quelque peu étonné de voir, un beau matin, une filleule à Dagobert, qui n'en avait soufflé mot jusque-là.

Plusieurs histoires plus ou moins absurdes avaient couru alors, et parmi elles une qui faisait de Jeanne un péché mignon de l'abbé, cet abbé titulaire qu'on n'avait jamais vu et que dom Jérôme remplaçait.

Mlle Aurore écouta tout ce verbiage sans répondre.

Une heure après, le baron et elle arrivaient à un carrefour de forêt où quatre routes aboutissaient.

A l'extrémité de l'une d'elles brillaient les lumières qui éclairaient la façade du petit manoir de la Billardière. Une autre, qui infléchissait au nord-ouest, conduisait tout droit à Beaulieu, la demeure du baron.

Pendant tout le trajet, le baron s'était bercé d'un secret espoir.

Du moment où Aurore renonçait à dîner à Beaurepaire et les avait entraînés à sa suite, lui et le chevalier, elle ne pouvait, pensait-il, ne pas lui offrir l'hospitalité de la Billardière.

Et caressant cette douce perspective, le baron s'était promis de prendre le plus possible les devants sur son auxiliaire et rival le chevalier.

Mais M. de Beaulieu fut complétement déçu.

Arrivée au poteau du carrefour, Aurore s'arrêta et lui tendit la main :

— Baron, dit-elle, mille remercîments. Vous voyez d'ici les tourelles de la Billardière. Ne serais-je ni une amazone, ni une chasseresse que je pourrais encore faire toute seule ce petit bout de chemin. Bonsoir donc, et bonne nuit.

Et avant même que le baron désappointé eût songé à insister pour la reconduire jusqu'à la porte du château, elle poussa son cheval en avant.

Elle était loin déjà, que le baron était encore bouche béante à la même place.

Aurore avait la rage au cœur.

Pour elle, Lucien était le dernier des hommes, du moment où il n'avait pas été terrassé par sa beauté souveraine; il était indigne de vivre, dès lors qu'il avait osé lever les yeux sur une autre femme.

Et quelle femme !

Une fille inconnue, sans naissance, élevée à la diable entre un forgeron et des moines.

C'était à ses yeux, odieux et grotesque.

Cependant les natures les plus entières, les plus impérieuses, ne sont pas toujours dépourvues des sentiments de justice.

Grâce à la lueur flamboyante de la forge, Aurore avait vu fort distinctement la filleule du forgeron.

Et Aurore s'était avoué à elle-même qu'elle était fort belle.

Elle avait même éprouvé comme une volupté sauvage à se graver ses traits dans sa mémoire.

Dans le court trajet qu'elle avait à faire entre le carrefour de forêt et le manoir paternel, elle ferma dix fois les yeux, tandis que son cheval galopait, et dix fois elle vit reparaître dans son cerveau le frais visage de Jeanne et ses long cheveux dorés.

Enfin le cheval s'arrêta à la grille du jardin à l'anglaise qui servait de parc à la Billardière.

Alors Aurore prit sa petite trompe à pavillon d'argent qui pendait à sa ceinture et se mit à sonner.

Au bruit, les domestiques accoururent.

En même temps, une fenêtre du premier étage s'ouvrit, encadra une tête de vieillard, et une voix aigre et cassée cria :

— Qu'est-ce donc? Comment! vous voilà de retour, Aurore?

— Oui, mon père, répondit la comtesse.

— Vous ne dînez donc pas à Beaurepaire?

— Non, dit Aurore.

— Pourquoi?

— C'est encore un de ces caprices comme vous m'en reprochez si souvent, mon père.

Aurore, à ces mots, eut un frais éclat de rire, se laissa glisser à terre, après avoir jeté la bride à un valet, entra dans le vestibule en relevant son amazone et monta lestement à l'appartement du chevalier.

Le chevalier était de fort méchante humeur.

En proie à un accès de goutte, un pied en pantoufle, et à demi couché sur une chaise longue, il reçut sa fille assez mal.

— Vous savez, lui dit-il, que lorsque je suis souffrant, j'aime à vivre seul. Vous deviez dîner à Beaurepaire. Pourquoi ce revirement subit?

Aurore, debout devant son père, attendit patiemment qu'il eût jeté au vent son humeur chagrine.

— Mon père, dit-elle, c'est précisément parce que vous êtes souffrant que je suis revenue.

Un sourire d'incrédulité passa sur les lèvres minces du chevalier des Mazures, petit vieillard au regard malicieux et cruel, et dont le visage ravagé exprimait le scepticisme le plus absolu:

— Vous ne m'avez pas habitué, comtesse, dit-il, à tant d'amour filial...

— Mon père...

— Dites-moi plutôt que, pour une raison ou pour une autre, il ne vous a pas plu d'aller à Beaurepaire ce soir, et je vous croirai.

Aurore eut à son tour un sourire :

— Il y a du vrai dans cela, dit-elle.

— Ah ! vous voyez bien.

— J'ai eu une petite querelle avec Lucien.

— Peuh ! fit le vieillard, querelle d'amoureux.

Un éclair passa dans les yeux d'Aurore.

Elle s'assit au bas de la chaise longue de son père et poursuivit :

— A ce propos-là, mon père, je désire causer sérieusement avec vous.

— Ah ! fit le vieillard.

— Tenez-vous beaucoup à ce que j'épouse Lucien?

Le chevalier des Mazures fit un véritable soubresaut sur sa chaise longue.

— Mais, dit-il, je ne me suis même jamais posé la question.

— Plaît-il ?

— Il est si naturel que Lucien et vous réunissiez de nouveau la fortune de notre maison.

— Cependant, dit brusquement la jeune fille, voilà qui est impossible.

— Hein?

— Je ne veux pas épouser Lucien.

— Bah! répondit tranquillement le chevalier, je connais cela. Votre mère, qui était dame d'honneur de la reine de Bavière avant notre mariage, disait absolument la même chose, chaque fois que je lui avais déplu.

— Mon père, dit froidement Aurore, regardez-moi bien.

— Bon! je vous regarde.

— Sur la mémoire de ma mère que vous évoquez en ce moment, je vous jure... que jamais Lucien ne sera mon époux.

Cette fois, le chevalier étouffa un cri d'étonnement et presque de colère.

— Parlez-vous donc sérieusement? dit-il.

— Très-sérieusement.

— Prenez garde...

— Je hais Lucien et je le méprise, ajouta la comtesse.

— Mais que s'est-il donc passé? que vous a-t-il fait?

Et la voix du chevalier tremblait d'une subite émotion.

— Lucien ne m'aime pas...

— En êtes-vous sûre?

— Il aime une autre femme.

— Oh! par exemple! s'écria le chevalier, voilà qui serait un crime impardonnable.

— Eh bien ! le crime est commis.

— C'est impossible !

— C'est la vérité, mon père.

Le chevalier haussa les épaules.

— A vingt lieues à la ronde, dit-il, dans tous les châteaux qui nous environnent, je ne connais que des laiderons.

— Aussi n'est-ce pas dans un château que Lucien est allé chercher ses amours.

— Et où cela donc, s'il vous plaît?

— Dans une forge.

— Hein ?

— Oui, répéta Aurore d'une voix irritée, ma rivale est la filleule d'un forgeron...

Cette fois le chevalier partit d'un grand éclat de rire.

— Ah ! ma chère enfant, dit-il, si c'est pour me raconter de pareilles sornettes que vous n'êtes pas allé, ce soir, dîner à Beaurepaire...

— Mais vous ne me croyez donc pas? s'écria la comtesse.

— Au contraire.

— Eh bien ?

— Eh bien ! cela prouve, fit le chevalier avec le cynisme d'un vieux débauché, que Lucien est le fils de son père, et, par conséquent, mon neveu.

— Je ne comprends pas...

— Vous êtes la divinité qui doit enchaîner Lucien pour toujours ; mais en attendant que vous ayez forgé ses fers, continua le mythologique chevalier, il prend quelques distractions.

— Est-elle jolie, cette forgeronne ?

Et le chevalier riait de plus belle.

Aurore était pâle de colère, et elle déchirait son gant de daim du bout des dents.

— Mais, ma chère, poursuivit le chevalier, la chose est toute simple... Il s'amuse, ce garçon... c'est de son âge... Quand vous vous marierez, il donnera un millier d'écus à cette petite, et son garde-chasse l'épousera.

Ce langage d'un père à sa fille était si révoltant, que la comtesse sortit indignée de l'appartement et alla s'enfermer chez elle.

Là, elle écrivit un billet à la comtesse des Mazures, sonna, donna l'ordre qu'un domestique à cheval le portât à Beaurepaire, et se fit servir à souper dans sa chambre.

Aurore n'avait jamais eu pour son père qu'une médiocre estime.

Elle savait vaguement que le chevalier avait eu une jeunesse orageuse à l'excès, et quelques mots échappés à la comtesae sa tante, qui persistait à ne le vouloir point voir, lui avaient souvent donné à penser qu'il avait plus d'une mauvaise action sur la conscience.

En croyant la consoler, son père venait de la froisser cruellement:

Elle haïssait déjà Lucien; elle éprouva une subite aversion pour son père.

— Mais de quelle race suis-je donc? se dit-elle, assaillie par mille souvenirs confus de sa première enfance.

Elle se rappela alors qu'elle était toute petite lorsque un soir, à Munich, un homme était entré dans le salon paternel.

Le chevalier habitait le château royal.

Cet homme, qui était vêtu de noir, était allé droit à son père et lui avait parlé haut, le chapeau sur sa tête, d'un ton de colère et de mépris.

Elle se souvenait encore que le chevalier avait appelé cet homme « mon père »; et que cet homme était sorti en lui disant :

— Je vous renie. Nous n'avons plus rien de commun ensemble.

Elle était si petite alors que ni cet inconnu, ni son père n'avaient pris garde qu'elle jouait dans un coin du salon.

Ce souvenir, longtemps effacé, reparaissait tout à coup vivant et limpide dans l'esprit d'Aurore.

Et l'altière jeune fille se dit :

— Mon père me doit une confession, il me la fera.

Et, comme un ouragan, elle retourna chez le chevalier des Mazures, qui n'avait point quitté sa chaise longue.

— Ah! vous voilà! fit-il en la voyant reparaître. Eh bien! êtes-vous calmée?

— Mon père, dit froidement Aurore, je suis arrivée à un âge où on doit tout savoir. Vous me l'avez prouvé tout à l'heure.

— Que voulez-vous donc savoir, ma chère?

— Je veux savoir pourquoi ma tante et vous évitez sans cesse de vous rencontrer?

Cette fois, Aurore vit son père pâlir et faire un brusque haut-le-corps.

— J'attends, dit-elle avec une froideur impérieuse.

XII

La comtesse Aurore était calme, froide et résolue, et son attitude amena chez son père un léger froncement de sourcil.

Le chevalier avait déjà pâli à la brusque question de sa fille.

Il s'était soulevé à demi sur sa bergère et la regardait avec une sorte d'effarement.

Aurore attendait toujours.

Mais bientôt il redevint maître de lui; un sourire moqueur glissa sur ses lèvres, sa voix retrouva ce timbre sec, mordant et plein d'amère raillerie qui lui était familier.

— Ma belle amie, dit-il à sa fille, savez-vous que vous me faites là une question qui m'embarrasse fort?

— En vérité! fit Aurore.

— Votre tante, ma chère belle-sœur, poursuivit le chevalier, est une femme d'une humeur bizarre.

— Ah! fit Aurore.

— Elle ne m'aime pas... et, comme je sais que mes visites lui seraient importunes, je ne lui en fais jamais.

— Mon père, dit froidement Aurore, si j'étais une petite fille de dix ans, cette réponse pourrait me satisfaire.

— Mais, comme vous en avez dix-huit, elle ne vous satisfait qu'à demi.

— Et même pas du tout, mon père.

— Alors, que vous dirai-je? ricana le chevalier.

— La vérité, dit Aurore.

— Soit, ma chère enfant: La comtesse votre tante ne m'aime ni ne m'estime.

— Pourquoi?

— Parce que j'ai été mauvais sujet dans ma jeunesse.

— C'est là l'unique raison ?

— Dame !

Aurore haussa imperceptiblement les épaules.

— Mon père, reprit-elle, je vois que je ne vous ai pas posé nettement la question. Vous plaît-il de causer sérieusement ?

— Mais sans doute, dit le chevalier d'un ton de persiflage.

— Vous m'avez élevée dans cette idée que j'épouserais un jour mon cousin Lucien.

— Oui, certes.

— La comtesse a habitué Lucien à me considérer comme sa femme.

— Eh bien ?

— Cependant la comtesse et vous évitez de vous voir, de vous rencontrer.

— Qu'est-ce que cela prouve ?

— Il y a mieux, dit Aurore, cette aversion que ma tante semble avoir pour vous, vous l'avez aussi.

— Moi ?

— Au nom de ma tante, il vous arrive quelquefois de pâlir.

— Ah ! par exemple !

— Tenez, mon père, dit encore la comtesse Aurore, voulez-vous toute ma pensée ?

— Je vous écoute.

— Eh bien ! il y a entre la comtesse des Mazures et vous un secret...

— Vous êtes folle.

— Un secret terrible... Peut-être même...

— Peut-être quoi? fit le chevalier qui ne souriait plus, et dont les lèvres minces se crispaient.

— Pardonnez-moi, mon père, dit Aurore, car je ne voudrais pas m'écarter du respect que je vous dois... et cependant un mot brûle mes lèvres...

— Laissez-le donc tomber, ricana le chevalier.

— Eh bien, entre la comtesse et vous, il y a peut-être plus qu'un secret.

— Pourquoi ne dites-vous pas un crime? s'écria le chevalier frémissant.

Aurore baissa la tête et ne répondit pas.

C'était avouer que son père avait prononcé lui-même ce mot qui lui brûlait les lèvres, avait-elle dit.

Il y eut entre eux quelques secondes de silence qui parurent longues comme un siècle.

Enfin le chevalier le rompit le premier :

— Aurore, dit-il, il ne me plaît pas de vous donner des explications. Quand vous serez mariée...

— Mon père, répondit Aurore, je ne veux pas épouser Lucien.

— Soit. Mais enfin vous vous marierez un jour.

— Peut-être.

— Ce jour-là, quand vous aurez quitté votre nom pour prendre celui de votre époux, eh bien! nous reprendrons cette conversation.

— Mon père!

— Ah! prenez garde! fit le chevalier, je prendrais votre insistance pour un manque de respect.

Et sa main s'allongea vivement vers le cordon d'une sonnette.

Au même instant, la porte s'ouvrit, et le valet de chambre du chevalier entra.

— Benjamin, lui dit le chevalier, éclaire mademoiselle et reviens ensuite pour me mettre au lit. Je suis encore plus souffrant aujourd'hui que de coutume.

Par ce moyen violent, le chevalier avait mis fin à l'entretien.

Mais le valet qui était un vieillard et qui avait vu naître Aurore, regarda furtivement la jeune fille ; il remarqua son air agité, ses yeux pleins d'éclairs, ses mains frémissantes, et il devina une partie de la vérité.

— Bonsoir, Aurore, dit le chevalier, voyant qu'Aurore ne bougeait pas.

— Bonsoir, mon père, dit-elle.

Et elle sortit lentement, et, pour la première fois peut-être, elle oublia de tendre son front au chevalier.

Benjamin la reconduisit jusque dans l'antichambre.

Puis il se mit à la regarder si tristement, qu'elle ne put s'empêcher de tressaillir.

Aurore rentra chez elle, plus agitée encore peut-être par le regard mélancolique du vieux serviteur que par les dénégations de son père.

S'il y avait dans la vie du chevalier un mystère, ce mystère Benjamin le connaissait.

Benjamin était Allemand.

Il s'appelait Fritz de son vrai nom; mais en France, où il était venu à la suite du père et de la mère d'Aurore, il avait pris celui de Benjamin pour obéir à un caprice de son maître.

La mère d'Aurore était Allemande aussi, nous l'avons dit, et Benjamin était déjà attaché à son service lorsqu'elle avait épousé le chevalier des Mazures.

Aurore était enfant quand sa mère mourut.

Elle se la rappelait à peine.

Mais elle était en veine de reminiscences, ce soir-là, et les souvenirs de sa plus extrême jeunesse lui revenaient en foule. Elle se rappela donc, rentrée chez elle, que Benjamin avait bien pleuré, quand sa mère était morte.

Elle crut se souvenir aussi que Benjamin avait eu un jour une véritable altercation avec le chevalier;

et que, chose inouïe chez un domestique, il avait répondu à son maître ces paroles :

— Non, monsieur, je ne m'en irai pas. Madame, à son lit de mort, m'a ordonné de ne jamais quitter son enfant.

Et, en effet, Benjamin était resté.

Enfin, Aurore se rappelait encore que, dans sa première enfance, Benjamin avait pour elle une véritable adoration ; puis que, peu à peu, son affection avait paru se refroidir et décroître à mesure qu'elle passait de l'enfance à l'adolescence.

Pourquoi ce revirement ?

Aurore n'avait jamais songé à se l'expliquer, et Benjamin lui était parfaitement indifférent depuis longues années.

Mais, ce soir-là, la comtesse Aurore était décidée à sonder plus d'un mystère ; elle voulait fouiller dans le passé, chercher la cause et l'explication de l'aversion qui existait entre son père et la châtelaine de Beaurepaire, sa tante, et faire luire un peu de clarté au milieu de ces ténèbres qui paraissaient l'envelopper.

Elle ne songeait plus à Lucien ; et, chose bizarre ! elle pensait à sa mère qu'elle avait à peine connue, dont elle ne prononçait presque jamais le nom, et dont son père, à elle, ne lui parlait jamais non plus.

Aurore s'enferma donc dans sa chambre et attendit.

Elle attendit que le bruit des portes lui apprît que son père était couché, et que Benjamin sortait de son appartement pour redescendre aux offices.

Alors, elle se glissa sur le palier de l'escalier, et au moment où le vieux valet le traversait, elle le prit par le bras et lui dit :

— Suis-moi !

Benjamin ne répondit pas, et entra dans la chambre d'Aurore qui referma la porte.

Puis, il se tint respectueusement debout devant elle.

— Benjamin, dit la comtesse, assieds-toi...

— Mademoiselle...

— Assieds-toi, car je veux causer avec toi longuement.

Benjamin obéit.

— Tu as connu ma mère, reprit-elle.

— Oui, je l'ai connue ! dit le vieillard, qui fut pris d'une subite émotion.

Et Aurore vit une larme briller dans ses yeux.

— Pourquoi ne me parles-tu jamais d'elle?

— Mais, mademoiselle...

— Pourquoi toi, qui m'adorais quand j'étais enfant, es-tu devenu froid et réservé avec moi?

Benjamin baissa la tête et se tut.

— Enfin, dit Aurore, pourquoi mon père et ma tante évitent-ils de se voir?

A cette dernière question, Benjamin tressaillit et se prit à trembler.

— Mais, mademoiselle, dit-il, pourquoi me demandez-vous tout cela?

— Parce que, répondit Aurore avec un accent d'énergie qui impressionna vivement le vieux serviteur, je veux tout savoir. Dis, pourquoi ne me parles-tu jamais de ma mère?.... réponds... je le veux!...

Soudain Benjamin redressa la tête; il eut comme un éclair dans le regard, et son visage exprima une volonté subite.

— Mademoiselle, dit-il, votre mère n'avait qu'un ami quand elle a quitté ce monde, c'était moi.

— Et elle t'a chargé de veiller sur moi?

— Oui.

— Et c'est pour cela qu'un jour où mon père te congédiait...

— Ah! vous vous souvenez...

— Oui, je me souviens.

— Eh bien! dit Benjamin, votre mère m'avait donné une mission à remplir, et si je n'ai pas accompli cette mission, si l'adoration que j'avais pour vous a paru s'affaiblir... si je me suis enfin peu à peu strictement renfermé dans mes fonctions d'humble valet, c'était...

Benjamin s'arrêta.

— C'était? insista Aurore.

— C'était, dit-il, qu'il me semblait que vous n'étiez pas la fille de votre mère.

— Que veux-tu dire?

— Votre mère était un ange...

— Et moi, dit Aurore, je suis devenue altière, impérieuse, cruelle à mes heures, dure au pauvre monde, comme disent les gens de ce pays.

Benjamin ne répondit pas.

— Eh bien! dit Aurore, si je faisais un retour sur moi-même, si je devenais meilleure, si j'essayais de ressembler à ma mère...

Et sa voix était pleine de larmes.

Benjamin jeta un cri et tomba aux genoux de la comtesse.

— Oh! dit-il, en ce moment vous avez la voix de votre mère...

— Et je veux avoir son cœur, dit Aurore. Tu avais une mission, dis-tu?

— Oui, mademoiselle.

— Cette mission, remplis la.

Benjamin se releva, puis il se dirigea vers la porte.

— Où vas-tu? dit Aurore.

— Attendez-moi, dit Benjamin.

Et il sortit.

Aurore l'entendit monter l'escalier qui conduisait à l'étage supérieur où se trouvait sa chambre.

Cinq minutes après, il était de retour et portait dans ses mains un petit coffret en bois de cèdre qu'il posa devant la jeune fille.

— Voilà, dit-il, ce que votre mère m'a recommandé de vous remettre, à son lit de mort, quand vous seriez devenue femme.

Et il lui tendit une clé.

Aurore ouvrit le coffret d'une main tremblante.

Il contenait des papiers et un médaillon.

Ce dernier objet attira d'abord son attention. Elle le prit et le regarda.

Le médaillon renfermait un portrait de femme en miniature.

Et la comtesse Aurore jeta un cri.

— Ah! mon Dieu, fit-elle, suis-je folle?

Le portrait ressemblait à cette tête de jeune fille qu'elle avait entrevue quelques instants, à la lueur d'une forge.

On eût dit que la filleule de Dagobert avait posé devant le peintre.

— Ciel! dit-elle, quel est ce portrait? Parle, Benjamin...

Mais Benjamin ne répondit pas.

Il s'était discrètement retiré après avoir remis le coffret à sa jeune maîtresse.

XIII

Trois jours s'étaient écoulés, et ces trois jours étaient pleins de mystères, si nous en croyons ce qui se passait au château de Beaurepaire, habité par la comtesse des Mazures et son fils Lucien.

La comtesse n'avait attaché qu'une importance médiocre à la querelle survenue entre le jeune comte et sa cousine Aurore.

Elle avait même supposé que, le lendemain, Lucien n'aurait rien de plus pressé que de monter à cheval et de courir à la Billardière pour obtenir son pardon.

Mais Lucien ne bougea pas.

La comtesse attendit encore.

Le lendemain Lucien et le chevalier Michel de Valognes, qui, au lieu de s'en retourner chez lui, était resté à Beaurepaire, sur les instances de son hôte, Lucien et le chevalier, disons-nous, étaient en habit de chasse, la trompe à l'épaule et le couteau à la ceinture.

— Bon ! pensa la comtesse, qui abritée derrière

ses rideaux, les vit monter à cheval, ils vont passer à la Billardière et la paix se fera.

La comtesse des Mazures se trompait encore.

Le soir, Lucien revint seul.

Le chevalier s'en était retourné dans sa gentilhommière, qui était située sur de maigres terres, de l'autre côté de la forêt.

Tous deux avaient chassé un cerf, l'avaient forcé, servi d'une balle, et Lucien rapportait le massacre et sa nappe.

Les chiens avaient fait leur affaire du reste.

La comtesse, tandis que son fils changeait de costume dans son appartement, s'enquit auprès du piqueur du rôle qu'avait joué Mlle Aurore dans cet exploit cynégétique, et le piqueur lui répondit que la jeune comtesse en Bavière n'assistait même pas à la chasse.

Alors Mme des Mazures manda Lucien auprès d'elle.

Lucien arriva.

La comtesse lui indiqua un siége auprès de son fauteuil en lui disant :

— Nous avons une heure devant nous avant le dîner, et je veux en profiter pour causer avec vous.

Alors Lucien regarda sa mère et lui trouva une attitude plus solennelle que de coutume.

La comtesse était une femme jeune encore.

Elle avait à peine quarante-cinq ans, et sa beauté avait triomphé du temps et de ses ravages.

Grande, mince, les cheveux blonds et les yeux noirs, elle avait quelque chose de dédaigneux et de hautain dans le sourire, et une expression de froide volonté dans le regard.

Comme son beau-frère, le chevalier des Mazures, elle paraissait souvent en proie à des souvenirs pénibles, et il y avait en elle quelque chose de mystérieux et de fatal.

Cependant, pas plus que sa cousine Aurore ne s'était souciée longtemps des demi-étrangetés du chevalier son père, Lucien ne s'était jamais trop inquiété jusque-là de certaines bizarreries d'humeur qui semblaient affecter sa mère à des époques déterminées et comme périodiques.

Lucien s'assit, et il regarda la comtesse :

— Mon enfant, dit celle-ci, vous avez vingt ans, et le moment est venu de parler raison entre nous.

— Mais, ma mère, dit Lucien en souriant vous avez un air solennel qui m'effraye...

— Vraiment?

— De quoi donc allez-vous me parler?

— De votre prochain établissement.

Lucien tressaillit.

— Vous vous êtes querellé fort sottement avec Aurore il y a deux jours, poursuivit la comtesse.

Lucien ne répondit pas.

— Cependant, continua Mme des Mazures, vous savez qu'Aurore doit être votre femme.

— Ah ! fit Lucien.

— Aurore vous aime...

— Je ne crois pas, ma mère.

— Bah ! dit Mme des Mazures ; elle vous aura écrit sans doute qu'elle vous détestait.

— Non ma mère.

— Alors, sur quoi fondez-vous cette conviction qu'Aurore ne vous aime pas ?

— Sur le billet que voici :

Et Lucien tendit à sa mère le billet au crayon écrit par Aurore et confié au chevalier de Valognes.

Ce billet était conçu en ces termes :

« Mon cousin,

» Vous comprenez comme moi qu'il est inutile de jouer plus longtemps entre nous une comédie qui finirait par être aussi odieuse que ridicule.

» Renoncez à ma main, car je ne saurais vous aimer, et vivons désormais en bons cousins.

» Votre cousine dévouée,

» AURORE »

— C'est une lettre de dépit, dit la comtesse.

— Peut-être, dit Lucien, mais elle renferme une chose vraie.

— Laquelle?

— C'est qu'Aurore ne m'aime pas.

— Quelle niaiserie!

— Pas plus que je ne l'aime, dit Lucien.

Cette fois la comtesse fit un brusque mouvement et regarda son fils avec étonnement.

Lucien avait parlé froidement, d'une voix sans colère.

— Ah çà, s'écria-t-elle, que signifient ces étranges paroles, mon fils?

— Elles sont l'expression de la vérité, ma mère.

— Etes-vous fou?

— Je n'aime ni ne hais Aurore; seulement, je ne veux pas l'épouser.

— Pourquoi?

Lucien garda le silence.

Ce silence trompa la comtesse.

— Je le vois, dit-elle, il va me falloir vous donner des explications pénibles.

A son tour, Lucien regarda sa mère et ne comprit pas.

— Vous vous étonnez sans doute, reprit cette dernière, que je tienne à vous voir épouser votre cousine, alors que je ne puis me défendre pour son père d'une insurmontable aversion.

— En effet, dit Lucien qui crut avoir trouvé dans ces derniers mots un motif de retarder une explication directe, cela m'a paru toujours au moins étrange, ma mère.

— Je vois qu'il est temps de parler, dit la comtesse.

— Je vous écoute, ma mère.

— Votre père avait deux frères, poursuivit la comtesse.

— Je le sais.

— Le père d'Aurore et le comte, qui était l'aîné de sa maison.

Les des Mazures étaient de petits gentilshommes, mon ami; ils avaient des parchemins et peu d'argent...

— Cependant, ma mère.

— Attendez...

Le comte des Mazures, le frère aîné de votre père, fit un mariage princier. Sa femme, une grande dame allemande, lui apporta une fortune considérable.

Il y a sept ans, bien après votre père, par conséquent, le comte, sa femme et leur enfant ont péri dans les décombres fumants de ce château où nous sommes et que nous avons rebâti.

— Et nous avons hérité de sa fortune? fit Lucien.

— Oui et non.

— Je ne comprends pas, ma mère.

— Attendez... Les hommes de loi qui ont inventorié la fortune de votre oncle ont toujours prétendu que les trois quarts de cette fortune, consistant en numéraire, en billets de caisse et en rentes sur différents États, la Prusse et la Bavière, par exemple, étaient contenus dans une cassette de fer.

— Ah ! vraiment ?

— Cependant cette cassette n'a été retrouvée nulle part, et il ne nous est resté que les terres du domaine de Beaurepaire.

— Que nous avons partagées avec mon oncle le chevalier ?

— Précisément.

— Qu'est donc devenue cette cassette ?

— Attendez encore... Le comte des Mazures, votre oncle, avait un hôtel à Paris, dans la rue de l'Abbaye.

— Bon !

— Tandis qu'il était ici, un voleur s'introduisit dans cet hôtel, et un vieux suisse qui en était le gardien, et que le voleur, assisté de deux complices, garrotta et bâillonna, crut le reconnaître, en dépit du masque qu'il portait.

— Et le voleur aurait enlevé la cassette ?

— Je le crois.

— Mais, ma mère, dit Lucien, quel rapport cela peut-il avoir avec...

— Avec l'aversion que je témoigne à votre oncle ?

— Oui.

— Eh bien! le voleur, c'était lui.

Lucien se leva stupéfait du siége où il était assis.

— Ah! ma mère, dit-il, ce que vous dites là est-il possible ?

— Que voulez-vous donc que soit devenue la cassette, en admettant que le suisse de l'hôtel se soit trompé ?

— Vous voyez donc bien, ma mère, reprit Lucien après un silence, que je ne puis pas épouser Aurore.

— Pourquoi ?

— Parce que, selon vous, son père est un misérable.

La comtesse haussa les épaules.

— Mon fils, dit-elle, c'est précisément pour que cette fortune vous revienne un jour, et ce jour n'est pas loin, car le chevalier est usé jusqu'à la corde, vieux avant l'âge, et sera étouffé prochainement par un accès de goutte...

La comtesse n'acheva pas.

Une vive indignation s'était peinte sur le visage de son fils.

— Ma mère, dit-il, Dieu m'est témoin que j'ai pour vous le plus grand respect; laissez-moi donc croire qu'en me racontant cette histoire, en me parlant d'une alliance encore possible entre ma cousine et moi, vous avez voulu m'éprouver.

Et il salua sa mère, et fit un pas de retraite.

La comtesse ne répondit rien.

Peut-être comprenait-elle qu'elle était allée trop loin d'un seul coup.

— Puisqu'il en est ainsi, fit-elle, ne parlons plus de ce projet d'alliance, au moins pour le moment.

— Pas plus aujourd'hui que jamais, dit Lucien froidement.

Les deux battants de la porte s'ouvrirent et un domestique dit :

— Madame la comtesse est servie.

— Allons dîner, dit Mme des Mazures, à qui son fils présenta la main.

La mère et le fils dînèrent en tête-à-tête, parlèrent à peine, et la comtesse, prétextant une légère migraine, se retira de bonne heure dans son appartement.

— J'ai eu tort, murmura-t-elle alors à mi-voix, de laisser Lucien livré à lui-même. Sa nature chevaleresque a pris le dessus ; la lecture des philosophes a continué l'œuvre.

Cet imbécile a des préjugés à l'endroit de l'argent, et j'ai commis une bévue de lui parler de son oncle.

Heureusement, Aurore reparaîtra, et tout s'arrangera.

Comme elle faisait cette réflexion, une portière se souleva et Toinon entra.

Qu'était-ce que Toinon ?

Un être bizarre, une femme au visage presque noir, éclairé par deux grands yeux pers, et dont les cheveux blancs étaient crépus comme ceux d'une négresse. Toinon était d'origine bohémienne, à n'en pas douter. Depuis quinze ans, elle était au service de la comtesse en qualité de femme de chambre, et elle paraissait exercer sur elle un empire mystérieux.

D'où venait-elle ?

En quel lieu la comtesse l'avait-elle attachée à sa personne ?

Voilà ce que nul ne savait.

Les autres domestiques tremblaient devant elle.

Lucien lui-même ne pouvait se défendre à la vue de cette femme d'une superstitieuse terreur.

Mais la comtesse ne se pouvait passer d'elle.

Quand Toinon avait rempli ses devoirs de femme de chambre, elle devenait dame de compagnie et faisait la lecture à la comtesse.

Souvent la bohémienne et la grande dame demeuraient enfermées ensemble pendant de longues heures.

La comtesse, voyant entrer Toinon, lui dit :

— As-tu vu Lucien ?

— Oui, Madame, il se promène dans le parc et paraît d'assez méchante humeur. Je gage que madame lui a fait des confidences.

— C'est vrai.

— Qu'elle lui a raconté ses idées à propos du chevalier.

— Oui, fit la comtesse d'un signe de tête.

— Madame a eu tort.

— Mais...

— Attendu que rien n'est plus faux.

— Ah ! fit la comtesse.

— Le chevalier a les mêmes idées...

— Que veux-tu dire ?

— Et s'il tient tant à marier Mlle Aurore avec M. Lucien, c'est qu'il croit que c'est Mme la comtesse qui a mis la main sur la cassette.

La comtesse ébahie regarda la bohémienne...

XIV

Après les dernières paroles de Toinon la bohémienne, il y eut un moment de silence entre elle et sa maîtresse.

La comtesse des Mazures dit enfin :

— Oui, tu m'as déjà dit cela. Mais comment me le prouverais-tu?

— Que le chevalier croit exactement de madame ce que madame la comtesse croit de lui?

— Oui.

— C'est une preuve que vous demandez? dit Toinon, qui s'assit alors, et prit avec sa maîtresse un langage plus familier.

— Sans doute.

— Eh bien! le chevalier me l'a dit.

— A toi?

— Oui, Madame. Ne m'avez-vous pas envoyée à la Billardière il y a huit jours?

— En effet.

— J'allais porter un billet à Mlle Aurore. Elle était à la chasse, et c'est le chevalier qui m'a reçue. Jamais il ne s'était montré aussi aimable pour moi. Il m'a fait asseoir, comme madame la comtesse a quelquefois la bonté de le faire.

Puis il m'a fait une foule de questions.

— Vraiment? dit la comtesse.

« — Sais-tu, Toinon, m'a-t-il dit, que pour une femme qui a tant d'argent, ta maîtresse vit simplement. Peste! on ne fait pas de folies à Beaurepaire.

« — Mais, monsieur le chevalier, ai-je répondu, Mme la comtesse n'est pas plus riche que vous. Nous avons eu la moitié de la fortune, comme vous, et rien de plus.

« — Tarare! m'a-t-il dit en haussant les épaules. Et la cassette? Enfin, ma fille trouvera tout cela... »

— En vérité! interrompit la comtesse des Mazures, il t'a dit cela?

— Oui, Madame.

— Et son accent était sincère?

— Oh! très-sincère.

La comtesse fronçait le sourcil; elle tomba même en une rêverie profonde.

— Mais, dit-elle enfin, s'il en était ainsi, je ne tiendrais nullement à ce que mon fils épousât Aurore. Il y a de plus riches héritières dans le pays qui seraient ravies de se le disputer.

— Sans compter, reprit Toinon, que Mlle Aurore a un caractère impérieux et méchant, et qu'elle rendra M. Lucien très-malheureux.

— Tu crois?

— Oh! j'en suis sûre.

Mais ce n'était point l'idée du bonheur ou du malheur futur de son fils qui préoccupait la comtesse.

— Où donc est cette cassette, murmura-t-elle enfin, si le chevalier ne l'a pas volée?

Alors, à cette question directe, les grands yeux

noirs de Toinon la bohémienne brillèrent comme des charbons ardents.

— Ah ! dit-elle, si j'étais sûre que madame m'écoutât jusqu'au bout...

— Parle.

— Je crois que je nommerais sûrement le voleur.

— Tu le connais ?

— C'est le comte des Mazures lui-même.

— Le frère aîné du chevalier et de feu mon mari !

— Oui, Madame.

— Tu es folle ! Le comte a péri avec sa femme et son enfant dans l'incendie du château.

— Ceci est bien certain, dit Toinon.

— Et à moins que la cassette n'ait brûlé avec son contenu, ce qui n'est pas probable...

Un sourire mystérieux passa sur les lèvres de la bohémienne.

— Êtes-vous bien sûre, dit-elle, que l'enfant ait péri ?

La comtesse tressaillit.

— Que veux-tu donc qu'elle soit devenue ? fit-elle.

— On a retrouvé le corps carbonisé du comte dans les décombres, et celui de la comtesse. Mais on n'a pas retrouvé celui de la petite fille, dit Toinon.

— Qui donc l'aurait sauvée ?

— Je ne sais pas...

— Et puis quel rapport cela pourrait-il avoir...

— Avec la cassette?

— Oui.

Toinon eut encore un sourire infernal.

— Mais, Madame, dit-elle, qui vous dit que la cassette n'est pas la dot de l'enfant?

Cette fois, un cri échappa à la comtesse.

— Vrai! dit-elle, tu crois cela?

— Oui, Madame.

— Mais tu crois donc aussi que le comte s'est fait volontairement périr?

— J'en ai la conviction.

— Alors qui donc aurait sauvé sa fille?

Mais à peine la comtesse eut-elle fait cette question, qu'un nom monta de son cœur à ses lèvres, qu'un souvenir, rapide comme l'éclair, traversa son cerveau.

— Oh! dit-elle, si c'était lui!...

Ce nom, Toinon le devina plutôt qu'elle ne l'entendit.

— Raoul! dit-elle, M. Raoul de Maurelière!

— Tais-toi!

— On vous a dit qu'il était mort, Madame, qu'il avait été tué en Amérique, n'est-ce pas?

— Oui.

— Eh bien, je ne le crois pas...

Un frisson parcourut tout le corps de la comtesse.

— Ne prononce plus ce nom, dit-elle, ne le prononce plus !

— Pourquoi ?

— Il nous porterait malheur.

Toinon se prélassait en ce moment dans un fauteuil placé vis-à-vis de la comtesse.

— Oh ! Madame, fit-elle avec son rire sauvage, il n'y a que la peur et le remords qui portent malheur.

— Tais-toi !

— Et si nous avons tué la mère, il se peut bien que ceux qui se souvenaient d'elle aient voulu sauver l'enfant.

En ce moment, il n'y avait plus entre ces deux femmes ni servante ni maîtresse ; il n'y avait plus que deux complices liées par un souvenir terrible et mystérieux, le souvenir d'un crime ; et c'était la grande dame qui tremblait, tandis que la bohémienne conservait un calme infernal.

Quelques gouttes de sueur perlaient au front de la comtesse, et son visage était livide.

Enfin elle parut faire un violent effort sur elle-même, et, regardant la bohémienne :

— Je crois, dit-elle, que nous nous alarmons à tort, vois-tu, Toinon.

— Vous croyez, Madame.

— Raoul est mort.

— Soit !

— D'ailleurs, il n'était pas dans ce pays à l'époque de l'incendie.

— Voilà encore où vous vous trompez, dit Toinon.

La comtesse se leva avec vivacité, et elle attacha sur sa servante un regard ardent.

— Comment sais-tu donc le contraire? fit-elle.

— Madame se souvient-elle du vieux Jacques?

— Ce bûcheron qui est mort l'an dernier et qui a toujours prétendu que c'était le comte qui avait mis le feu au château?

— Oui, Madame.

— Eh bien?

— Le vieux Jacques m'a raconté qu'un cavalier, la veille de l'incendie, s'était arrêté chez lui.

— Ah!

— Il avait attaché son cheval à un arbre dans la forêt, s'était chauffé dans la hutte du bûcheron, avait partagé son maigre repas, attendu la nuit qui était arrivée très-obscure, puis était reparti en s'informant du chemin qu'il avait à suivre pour aller au château de Beaurepaire.

— Qu'est-ce que cela prouve? dit la comtesse.

— La nuit suivante, poursuivit Toinon, le vieux Jacques, qui avait travaillé loin dans la forêt et regagnait sa hutte par un sentier, entendit le galop précipité d'un cheval.

Puis il vit un cavalier qui courait à travers bois et avait un enfant en croupe.

— Et... ce cavalier...

— La nuit était noire, il ne put le reconnaître. Mais il reconnut le cheval qui était blanc.

Le tremblement nerveux qui s'était déjà emparé de la comtesse la reprit.

— Oh! murmura-t-elle, le châtiment viendrait-il donc quelque jour?

— Je ne crois pas à Dieu, dit la bohémienne. Ceux qui sont punis sont des maladroits qui ont eux-mêmes préparé leur châtiment.

— Va-t'en, démon, dit la comtesse. En ce moment, tu me fais horreur.

Mais Toinon ne bougea pas.

— Puisque madame la comtesse, dit-elle, me fait l'honneur de causer avec moi aujourd'hui, pourquoi ne me laisserait-elle point lui dire tout ce que je sais?

Et elle attachait sur Mme des Mazures ses grands yeux ardents.

La comtesse parut se résigner.

— Parle donc, dit-elle.

— Madame la comtesse a eu tort de faire part à son fils de ses soupçons sur le chevalier des Mazures.

— Oui, dit la comtesse, car maintenant il ne voudra plus entendre parler d'Aurore. Mais, si ce que tu me dis est vrai, peu m'importe!

— Madame la comtesse se trompe encore, reprit la bohémienne d'une voix railleuse.

— Comment cela?

— M. Lucien n'avait pas besoin des confidences de madame la comtesse pour refuser la main de sa cousine.

— Que veux-tu dire?

— Si l'on ne peut pas courir deux lièvres à la fois, on peut moins encore aimer deux femmes.

— Eh bien?

— M. Lucien est amoureux.

La comtesse étouffa une nouvelle exclamation d'étonnement.

— Madame la comtesse aurait pourtant dû s'en apercevoir depuis un mois ou deux. M. Lucien est triste, mélancolique, préoccupé.

— Mais de qui donc est-il amoureux? s'écria la comtesse des Mazures.

— Ah! fit Toinon, voilà ce que je ne saurais dire à madame, car elle a sans cesse besoin de moi, et comme je ne quitte jamais le château, je ne sais que ce qu'on vient me raconter.

Tout ce que je puis dire, c'est que M. Lucien, qui chasse tous les jours, rentre presque toujours une heure ou deux après le piqueur et les chiens.

— Qu'est-ce que cela prouve?

— Dame! fit Toinon, je ne sais pas, moi; mais je

suppose que M. Lucien a des rendez-vous quelque part d'abord; ensuite...

La bohémienne s'arrêta.

— Ensuite? fit la comtesse.

— Il est fort possible aussi que M. le chevalier de Valognes en sache plus long que moi.

— Le chevalier?

— Oui, Madame, si j'en juge par deux mots que j'ai entendus ce matin au moment où M. Lucien et lui montaient à cheval.

— Ah! et que disaient-ils?

— C'est M. le chevalier qui parlait.

— Eh bien?

« — Fiez-vous à moi, disait-il à M. Lucien, et vous verrez que tout ira bien. » — J'ai pensé qu'il s'agissait des amours de M. Lucien.

— Toinon, dit la comtesse, laisse-moi, et pas un mot de tout ceci.

— Madame sait bien, répondit Toinon, que je suis un véritable *tombeau des secrets*.

Et elle s'en alla ricanant toujours.

. . . .

Le lendemain, Lucien ne chassa pas.

Sa mère lui dit :

— Mon enfant, je ne vous veux pas contrarier; puisque vous n'aimez pas Aurore, il n'en sera plus question.

Et elle l'embrassa tendrement.

— Ah! ma mère, dit Lucien avec émotion, je savais bien que vous étiez la meilleure des femmes!

Et comme il parlait ainsi, le chevalier de Valognes entra.

Mme des Mazures eut un battement de cœur.

— Oh! pensa-t-elle, il faudra bien qu'il parle, celui-là!...

XV

Le chevalier de Valognes était allé faire un tour à son manoir, qui était une pauvre bicoque; il s'était assuré que ses quatre chiens briquets étaient en bonne santé, ses trois serviteurs vivants, avait empoché une dizaine de pistoles apportées par son unique fermier, en avance sur le prochain loyer. Puis, remontant à cheval, il s'était hâté de revenir à Beaurepaire, où la cuisine était meilleure que chez lui. C'était, par conséquent, l'heure du dîner, celle où le chevalier arrivait.

Il échangea un regard rapide avec Lucien.

Mme des Mazures surprit le regard.

— Décidément, se dit-elle, il est dans les confidences de mon fils.

Lucien se montra d'assez belle humeur pendant le dîner.

Néanmoins, il parla peu, et toutes les questions indirectes que put lui faire la comtesse le trouvèrent impassible et impénétrable.

— Chevalier, dit-il après le repas, et comme le chevalier donnait la main à la comtesse pour retourner au salon, nous chassons demain, n'est-ce pas ?

— Je suis venu tout exprès, répondit le chevalier. Nous avons une portée de louveteaux dans la forêt, à une lieue d'ici.

— En quel endroit ?

— Je ne le sais pas au juste, mais ton piqueur est parfaitement renseigné.

— En ce cas, dit Lucien, je vais demander des renseignements à La Branche.

— Chevalier, dit alors la comtesse, ferez-vous ma partie d'échecs ?

— Comment donc, Madame ! répondit respectueusement M. de Valognes.

La comtesse sonna Toinon, et la bohémienne entra et dressa l'échiquier devant la cheminée.

Lucien, quoique gentilhomme, n'avait jamais eu la patience d'apprendre le noble jeu d'échecs.

Aussi, le moyen le plus sûr de l'exiler du salon de sa mère était de demander l'échiquier.

La comtesse était donc bien certaine que Lucien

la laisserait tête-à-tête avec le chevalier et se garderait bien de revenir.

L'échiquier dressé, Toinon partie, la comtesse regarda le chevalier.

— Monsieur de Valognes, dit-elle, vous êtes l'ami de mon fils.

— Ah ! Madame, répondit le chevalier, pouvez-vous en douter.

— C'est précisément parce que je n'en doute pas que j'ai voulu causer tête-à-tête avec vous pendant quelques minutes.

Et la comtesse plaçait d'un air distrait les pièces sur l'échiquier.

— Bon ! pensa le chevalier, nous y voilà ; la comtesse a eu vent de quelque chose.

Et il prit un air étonné et attendit.

La comtesse pensa qu'il était nécessaire de brusquer la situation.

— Chevalier, dit-elle, non-seulement vous êtes l'ami de mon fils, mais vous êtes son confident.

— Madame...

— Il vous confie ses peines et ses plaisirs, et vous êtes dans tous les secrets de son cœur.

— Je sais, en effet, dit le chevalier, qu'il est en froid avec Mlle Aurore, sa cousine.

— Dites brouillé, chevalier.

— Peuh ! fit M. de Valognes, c'est là une brouille sans gravité, Madame.

— De plus, poursuivit la comtesse, il est amoureux.

Le chevalier ne sourcilla pas.

— Et je veux savoir de qui.

— Mais, Madame...

La comtesse regarda fixement son interlocuteur.

— Mon cher chevalier, dit-elle, je ne suis pas une mère tyrannique et n'ai nulle envie de violenter mon fils pour qu'il épouse sa cousine.

— Ah! fit le chevalier, qui éprouva un soulagement intérieur.

— Il épousera qui il voudra, continua Mme dès Mazures, mais encore faut-il que ce qu'il fera ait le sens commun.

— Diable ! pensa le chevalier.

— Vous savez bien, reprit la comtesse, que nous avons dans le voisinage quelques jolies filles de petite noblesse et de maigre fortune, parmi lesquelles je ne voudrais pas choisir ma bru.

Le chevalier ne répondit pas.

— J'aimerais mieux voir mon fils amoureux de quelque fille de rien, car ces passions-là ne sont pas dangereuses...

Le chevalier tressaillit.

— Si mon fils a trouvé quelque beauté des champs

qui lui tienne au cœur, quelque fille de tabellion ou de bailli, je ne m'en occuperai plus, mon cher chevalier. Mon cœur de mère sera tranquille. Je vous prie donc, au nom de l'amitié qui vous lie à mon fils, de me dire la vérité.

Un sourire vint aux lèvres du chevalier.

— Madame la comtesse, dit-il, j'étais fort inquiet tout à l'heure.

— Pourquoi cela, Monsieur ?

— Vous me demandiez l'aveu d'un grand secret, et cet aveu pouvait être une trahison.

— Je ne vous comprends pas...

— Supposez qu'au lieu de la mère intelligente et pleine d'indulgence qui me fait l'honneur de m'interroger, j'eusse trouvé une de ces femmes pétries de puritanisme...

— Oh ! fit la comtesse avec un dédaigneux sourire, je suis de la cour, moi, et non de la province.

— Dans le cas que je suppose, Madame, continua le chevalier, j'eusse refusé de parler plutôt que de trahir Lucien.

— Mais comme ce cas n'existe pas.

— Je vais vous avouer le mal, Madame, et vous verrez qu'il n'est pas bien grand.

A son tour, la comtesse respira.

— Madame, poursuivit le chevalier, Lucien est réellement amoureux.

— Mais de qui?

— De la nièce ou de la pupille, je ne sais pas au juste, d'un brave homme de forgeron.

La comtesse partit d'un éclat de rire.

— Qu'on appelle Dagobert.

— Peste! fit la comtesse, un joli nom qu'a ce forgeron...

— La petite a seize ans, poursuivit le chevalier; elle est fort jolie...

— Il ne manquerait plus qu'elle ne le fût pas, en vérité.

— Et Lucien en perd un peu la tête.

— Allons! chevalier, dit la comtesse, vous me rassurez, et je vous remercie; j'ai été fort inquiète, je vous l'avoue.

— Eh! Madame, ricana le chevalier, je vous jure que Lucien est très-sérieusement épris.

— C'est l'affaire de quelques pistoles, répondit-elle avec un cynisme du plus grand ton. Mais contez-moi donc cela tout au long, chevalier, cela m'amusera fort.

— Volontiers, Madame.

— Où est ce forgeron?

— Il a sa maison située en face du couvent de la Cour-Dieu, à deux lieues d'ici.

— Bon, fit la comtesse, j'y suis. N'est-ce pas un forgeron qui représente une dynastie?

— Justement.

— Et il a une fille ?

— Non, une nièce.

— J'aime mieux cela. Mais la petite, alors, est sous la protection des moines ?

— Un peu...

— Oh ! oh ! fit la comtesse, Lucien va s'attirer toutes les foudres de l'Eglise.

— Hé ! Madame, dit le chevalier, ne riez pas...

La comtesse le regarda.

— Je vous disais tout à l'heure que la jeune fille était ou la nièce, ou la pupille, ou peut-être la filleule du forgeron Dagobert.

— Comment, vous ne le savez pas au juste ?

— Moi pas plus que personne.

— Que me chantez-vous là, chevalier ?

— C'est un des petits mystères de la vie de Dagobert.

— Plaît-il ?

— Dagobert n'est pas marié. Il y a sept ou huit ans, il cherchait femme dans le pays environnant, lorsque tout à coup il parut renoncer à ce projet.

— Bah !

— En revanche, on vit un beau matin une charmante petite fille installée chez lui.

La comtesse, à ces mots, tressaillit légèrement ; mais le chevalier n'y prit garde et continua :

— D'où venait la petite fille ? Voilà ce que personne n'a su, ce que Dagobert n'a jamais dit, mais ce qu'on croit avoir deviné.

— Ah ! vraiment ?

— Elle pourrait bien être un péché de jeunesse de dom Jérôme.

— Qu'est-ce que dom Jérôme ? demanda la comtesse.

— C'est le prieur-abbé. Encore une existence romanesque, si l'on en croit la légende.

— Et vous dites, chevalier, fit la comtesse, qu'il y a sept ou huit ans de cela ?

— Oui, Madame.

— Et c'est de cette petite fille que mon fils est amoureux ?

— Amoureux fou... au point...

Le chevalier hésita.

— Achevez donc, Monsieur, dit la comtesse.

— Ne m'a-t-il pas dit, hier, qu'il songeait à l'épouser ?

La comtesse partit d'un nouvel éclat de rire.

— Mais, poursuivit le chevalier qui était en veine de confidences, il est vrai que le dépit s'en mêlait.

— Comment cela ?

Le chevalier était en train de trahir Lucien pour la plus grande réussite de ses mystérieux projets ; il alla donc de l'avant et dit :

— Lucien a eu, voici deux jours, un petit désagrément à la forge.

— Lequel ?

— Dagobert a trouvé qu'il faisait ferrer son cheval trop souvent.

— Ah ! ah !

— Et il l'a presque jeté dehors.

— L'insolent !

— Alors, dit le chevalier, Lucien a voulu s'adresser aux moines, mais il a été encore plus mal reçu.

— Par dom Jérôme ?

— C'est-à-dire qu'il n'a pas été reçu du tout, car dom Jérôme lui a refusé l'audience qu'il demandait.

— En vérité, chevalier, dit la comtesse, tout ce que vous me racontez là m'amuse fort.

— Vraiment, Madame !

— Ainsi, cette petite est jolie ?

— A croquer.

— Et on ne sait d'où elle vient ?

— Il y a trois versions.

— Voyons.

— Dagobert dit que c'est sa nièce.

— Prou !

— Les gens d'Ingrannes, le village voisin, l'appellent le *péché* de dom Jérôme.

— Fort bien. Et la troisième version ?

— C'est celle des bûcherons de la forêt.

— Que disent-ils ?

— Qu'une nuit, un cavalier est venu heurter à la porte de Dagobert...

La comtesse tressaillit de nouveau.

— Qu'il avait une petite fille en croupe, et que c'est cette petite fille que Dagobert a élevée et dont votre fils est amoureux.

— Mais... le cavalier ?...

— Il est reparti et on ne l'a jamais revu.

La comtesse demeura impassible.

— Mais, dit-elle, tout cela est fort romanesque, mon cher chevalier.

— En effet, Madame.

— Et sauf le mariage...

— Oh ! dit le chevalier en riant, vous pensez bien, Madame, que lorsque nous en serons là...

— Eh bien ?

— Nous tournerons la difficulté.

— Comment ?

— Nous supprimerons Dagobert au besoin.

— Ah ! ah !

— Nous tromperons la surveillance de dom Jérôme.

— Et vous enlèverez la donzelle ? fit Mme des Mazures qui paraissait trouver la chose toute naturelle.

— Oui, Madame.

— Mon cher chevalier, reprit la comtesse, tout cela est fort joli en théorie, mais... en pratique...

— Eh bien! Madame?

— Vous ne connaissez pas mon fils... il est un peu niais, un peu chevaleresque...

— Oui, dit le chevalier, mais je suis là, moi...

Et il eut un sourire qui frappa la comtesse.

Elle devina en lui un auxiliaire que le ciel ou plutôt l'enfer lui envoyait.

— C'est vrai, dit-elle, vous êtes son ami.

— Vous n'en sauriez douter, Madame.

— Et vous veillerez sur lui?

— Nuit et jour.

— Mon amitié vous est acquise, chevalier.

Et la comtesse tendit sa main à M. de Valognes qui la porta respectueusement à ses lèvres.

Puis elle reprit :

— Lucien est un grand enfant qu'il faut servir un peu malgré lui.

— Cela est vrai, Madame.

— C'est ce que nous ferons tous deux, n'est-ce pas?

Le chevalier s'inclina.

— Mais, ajouta la comtesse, ne m'avez-vous pas dit aussi que le supérieur du couvent... Comment l'appelez-vous.

— Dom Jérôme.

— Etait aussi un personnage romanesque?

— Oui, Madame.

— Contez-moi donc ça, chevalier, dit Mme des Mazures. Cela m'amuse très-fort, toute ces histoires...

Et elle se renversa nonchalamment dans son fauteuil et attendit l'histoire de dom Jérôme.

XVI

Le chevalier Michel de Valognes s'était assuré d'une chose, c'est que la comtesse des Mazures, esprit fort et sans préjugés, ne trouvait rien à redire aux amourettes de son fils, et il avait fait la réflexion suivante :

— Du moment où elle sera complice de son fils, elle achèvera de le brouiller avec Aurore.

Or, comme c'était tout ce que voulait le chevalier, il pouvait satisfaire toutes les curiosités de la comtesse.

— Ma foi! Madame, dit-il, nous habitons le pays du commérage par excellence. A six lieues à la ronde, tout le monde s'occupe de chacun, et les matrones de l'Orléanais ont la plus belle langue affilée et venimeuse qu'on puisse voir.

Je ne vous réponds donc pas de l'authenticité de l'histoire, mais je vais vous la dire telle qu'on la racontait dans mon enfance, car il y a près de vingt ans qu'il est question de dom Jérôme.

— J'écoute, répéta la comtesse.

— Dom Jérôme, dont on ignore le nom de famille, est arrivé, dit-on, à la Cour-Dieu par une nuit d'hiver et une pluie battante, à cheval, accompagné d'un vieux domestique.

— Voilà qui déjà est assez pittoresque, dit la comtesse.

— On les avait vus passer le soir à Fay-aux-Loges.

Ils s'étaient arrêtés un moment pour faire souffler leurs chevaux, et le vieux domestique avait même bu un verre de vin.

Cet homme pleurait silencieusement.

Quant à son maître, qui était alors dans toute la force de l'âge, il paraissait triste, mais profondément résigné.

Au moment de quitter l'auberge, il demanda une lampe qu'on s'empressa de lui donner.

Le vieux serviteur alla chercher, dans la fonte de la selle de son maître, une petite boîte qu'il lui apporta.

Cette boîte était pleine de lettres, et parmi ces lettres il y avait une mèche de cheveux.

Le chevalier brûla les lettres l'une après l'autre, puis la mèche de cheveux.

Il se croyait seul dans la pièce où il s'était enfermé pour cette mystérieuse besogne, mais les gens de l'auberge avaient regardé par le trou de la serrure.

Quand il eut fini, il remonta à cheval et partit.

Vers le milieu de la nuit, le domestique revint seul avec les deux chevaux.

Il pleurait à chaudes larmes.

D'abord il fut muet à toutes les questions qu'on lui adressa.

Puis, vaincu par la douleur, il finit par avouer que son maître, en proie à un violent chagrin d'amour, était allé s'ensevelir tout vivant au couvent de la Cour-Dieu.

Le lendemain, le domestique repartit, et jamais on ne le revit. Mais dix années après, il y eut un incendie à Fay-aux-Loges.

Ce fut précisément l'auberge qui brûla.

— Vous savez, Madame, dit le chevalier en regardant la comtesse, que les moines ont rendu de grands services depuis que des bandes incendiaires parcourent les campagnes. Partout où le feu prend, les moines accourent.

Or, la femme de l'aubergiste de Fay jeta un grand

cri quand elle vit à leur tête le prieur-abbé qu'on appelait dom Jérôme.

— Ah! fit la comtesse.

— Bien que ses cheveux et sa barbe eussent blanchi, elle reconnut dans le prieur-abbé le cavalier qui avait brûlé des lettres de femme et une mèche de cheveux dans son auberge.

La comtesse interrompit le chevalier.

— Et c'est là, dit-elle, tout ce qu'on sait?

— Oui, Madame.

— Ainsi l'on ignore le nom que dom Jérôme portait dans le monde?

— Oui. Seulement, ceux qui le virent passer, la nuit où il se rendit au couvent, croient se souvenir que le vieux domestique l'appelait familièrement, parfois, monsieur Amaury.

— Amaury! exclama la comtesse.

— Oui, Madame.

Le chevalier remarqua une légère pâleur subitement répandue sur les traits de la comtesse.

— L'auriez-vous donc connu, Madame? dit-il.

— Oh! répondit la comtesse qui se reprit à sourire, il y a tant de gens du nom d'Amaury. En effet, je me souviens d'un mousquetaire du feu roi, fort joli garçon, et qui avait un succès prodigieux dans les ruelles de la cour.

— Et qui portait ce nom d'Amaury?

— Oui, mais ce ne peut être dom Jérôme, car celui dont je parle n'avait jamais aimé que fort légèrement, et ne croyait pas plus à Dieu qu'au diable.

En parlant ainsi, la comtesse avait retrouvé son calme et sa sérénité ordinaires.

— Mon cher chevalier, reprit-elle, tout ce que vous m'avez appris ce soir m'a fort amusée, surtout l'histoire des amours de mon fils Lucien.

— En vérité, Madame...

— Mais je vous avoue que si vous ne m'aviez promis de veiller sur lui, je serais un peu effrayée... Il est capable de tout, ce niais-là...

— Heureusement, Madame, je serai là.

— Vous me le promettez?

— Foi de gentilhomme!

— Ah! il faut que vous me fassiez une autre promesse!

— Parlez, Madame.

— C'est de ne pas lui dire un mot de notre conversation de ce soir.

— Je vous le jure, Madame.

— C'est bien.

— Et tenez, de peur qu'il ne soupçonne vos confidences, je crois que vous feriez bien de le rejoindre; il doit être dans le parc ou dans le jardin, se promenant au clair de lune en rêvant à ses amours.

— Je vais le retrouver, Madame.

Le chevalier baisa respectueusement la main de la comtesse et sortit.

Alors celle-ci sonna vivement et d'une main furieuse.

Toinon parut.

— Toinon, dit la comtesse d'une voix émue, je crois que tu ne t'étais pas trompée.

— En quoi, Madame?

— La fille du comte des Mazures n'est pas morte.

— Ah! je le jurerais.

— Mais sais-tu où elle est?

— Non, Madame.

— Eh bien, elle est à deux lieues d'ici, élevée par un forgeron, à la porte du couvent de la Cour-Dieu.

— Est-ce possible, Madame?

— Et c'est elle dont mon fils est amoureux!

— Ah!

Et Toinon eut un frémissement par tout le corps.

— Ecoute encore, poursuivit la comtesse, dont l'émotion allait croissant, sais-tu quel est le supérieur de la Cour-Dieu?

— Dom Jérôme, dit Toinon.

— Oui, mais dom Jérôme avait un autre nom dans le monde.

— Ah!

— Il s'appelait Amaury.

— Eh bien? dit la bohémienne.

— Ah! c'est juste, dit la comtesse, tu étais trop jeune, toi; tu ne peux pas l'avoir connu; mais si c'est l'Amaury que je crois...

— Eh bien ?

— Il était l'ami intime de Raoul, et... il l'a... aimée.

— Qui?

— *Elle.*

— Toinon fronça le sourcil.

— Maintenant, reprit la comtesse, si la fille du comte est cette petite qu'élève le forgeron de la Cour-Dieu, il est hors de doute que dom Jérôme et l'Amaury que je crois ne font qu'un.

— Après? fit Toinon.

— Alors, ce n'est pas le forgeron; c'est dom Jérôme qui a la cassette.

— C'est certain.

— Et cette cassette, dit la comtesse dont les yeux s'illuminèrent d'un éclair de cupidité, il nous la faut!

— Mais, Madame, dit Toinon, qui vous a dit tout cela?

— M. de Valognes.

— Il sait que la fille du comte n'est pas morte!

La comtesse haussa les épaules.

— Non, dit-elle, ce n'est pas cela; il ne sait rien, hormis une chose, c'est que le forgeron a élevé une petite fille qu'on lui a confiée il y a sept ou huit ans.

— C'est bien cela.

— Et que c'est cette petite fille dont mon fils est amoureux.

— Madame, dit Toinon, si vous pouvez vous passer de mes services ce soir et demain matin...

— Que feras-tu?

— Je saurai bien vous dire au retour si c'est ou non la fille du comte.

— Tu iras à la Cour-Dieu?

— Oui, certes.

— Mais sous quel prétexte?

— J'en ai un bien simple. La route de Pithiviers passe devant la porte du couvent.

— Bien.

— Je vais emmener avec moi Mathurin le jardinier, qui attellera son âne à sa carriole.

— En chemin, l'âne se déferrera.

— Et tu le feras ferrer à la Cour-Dieu?

— Précisément. Seulement, ajouta Toinon, il faut, pour Mathurin lui-même, que j'aie l'air d'aller faire quelque chose à Pithiviers.

— Il n'est pas difficile de te donner une mission. Tu as toute ma confiance; je te charge d'aller toucher pour moi une somme de mille livres que le tabellion de ce pays tient à ma disposition, pour solde d'intérêts échus. Tu partiras dès demain matin, n'est-ce pas?

— Non, Madame, je partirai ce soir.

Et Toinon regarda la pendule :

— Il est près de minuit, dit-elle.

— Mais quand tu passeras à la Cour-Dieu, le forgeron sera couché.

— Non, parce que je ne partirai pas d'ici avant une heure. Il faut que je prévienne Mathurin.

— Bon!

— Les chemins de forêt ne sont pas bons; nous irons lentement, et nous mettrons trois grandes heures pour arriver à la Cour-Dieu; il sera donc quatre heures du matin.

— Et le forgeron sera levé, mais pas la jeune fille.

— Oui, mais l'âme se reposera. Soyez tranquille, Madame, en partant le plus tôt possible, j'ai mon idée.

La comtesse se fit apporter de quoi écrire, et elle donna à la bohémienne une lettre pour maître Savournin, notaire royal à Pithiviers.

Toinon aida sa maîtresse à se mettre au lit.

Puis elle descendit par un petit escalier qui conduisait aux communs, traversa la cour et alla frapper à la porte du pavillon occupé par le jardinier.

Le jardinier, qui dormait d'un profond sommeil, eut de la peine à s'éveiller.

— Hé ! Mathurin, lui dit Toinon, lève-toi, nous allons en route.

Mathurin ouvrit sa porte en se frottant les yeux et à peine vêtu.

— Donne de l'avoine à ton âne, dit la bohémienne.

— Est-ce que vous avez perdu la raison ? dit le jardinier.

— Non pas ; je te dis que nous allons en route.

— Où donc ça ?

— A Pithiviers.

— Quelle heure est-il ?

— Trois heures du matin, dit Toinon qui savait que le jardinier n'avait pas de montre.

— Et vous venez avez moi ?

— Oui.

Mathurin regarda les étoiles.

— Je ne crois pas qu'il soit si tard, dit-il ; mais, puisque vous le voulez...

— Je le veux, dit Toinon qui savait se faire obéir et devant qui tout tremblait au château.

Tout le monde était couché.

Lucien et le chevalier eux-mêmes avaient regagné leur logis.

Mathurin ouvrit la porte de la petite écurie où était son âne.

L'âne était allongé sur sa paille et dormait aussi.

Au bruit de la porte, à la clarté de la lanterne, le pauvre animal se remit sur ses pieds.

Mathurin jeta une brassée de foin dans le râtelier.

— Va chercher de l'avoine à la grande écurie, dit Toinon, voilà la clé.

Et elle donna, en effet, une clé au jardinier.

Comme il faisait clair de lune, il laissa sa lanterne.

Alors Toinon courut à la petite chambre où le jardinier serrait ses outils, elle y prit un marteau et revint dans l'écurie.

Puis elle s'approcha de l'âne.

— Donne le pied, dit-elle, en lui soulevant le pied montoir de derrière.

S'il est difficile de ferrer un cheval ou un âne, il est très facile de le déferrer.

Le fer de l'âne tient par quatre clous à grosses têtes. Un coup de marteau appliqué en biais casse les têtes. Si les quatre têtes tombent à la fois, le fer tombe aussi.

Ce n'était pas ce que voulait Toinon : il fallait que l'âne se trouvât déferré en chemin et pas avant.

Toinon brisa donc trois têtes de clous seulement.

Le quatrième devait maintenir le fer un bout de

temps, mais pour peu que les chemins de la forêt fussent boueux, le fer tomberait avant qu'on fût à la Cour Dieu.

Quand le jardinier revint, Toinon avait fini sa mystérieuse opération.

L'âne se mit à broyer l'avoine et Toinon dit à Mathurin :

— Sors la carriole et dépêchons-nous.

— Une drôle d'idée tout de même de partir à cette heure-ci ! grommela le jardinier, tout en obéissant à la bohémienne.

XVII

Tandis que l'âne achevait son avoine et que Mathurin le jardinier sortait la carriole d'un petit hangar qui se trouvait derrière son pavillon, Toinon la bohémienne retourna au château.

Elle monta dans sa chambre qui était située tout à côté de celle de la comtesse.

Celle-ci avait souvent besoin de Toinon, la nuit, et elle voulait l'avoir constamment sous la main.

En novembre, les nuits sont glacées, surtout dans les pays de plaine.

Toinon avait soin de sa personne ; elle trouvait

inutile de se mettre en route sans prendre certaines précautions d'hygiène.

Elle alluma donc une lampe et procéda à sa toilette de voyage.

Elle mit deux paires de bas l'une sur l'autre, et par dessus sa robe, elle drapa un grand manteau rouge et brun à capuchon.

Ce dernier vêtement, qu'elle n'avait peut-être pas endossé depuis dix ans, car elle ne sortait jamais, allait à son visage brun relevé par deux yeux sataniques.

C'était la pelisse de Bohême que les zingari d'Allemagne adoptent comme costume national.

Ainsi vêtue, l'étrange créature se regarda dans une petite glace placée au-dessus de la cheminée, et un sourire vint à ses lèvres.

— J'aurai beau faire, dit-elle, je serai toujours bohémienne.

Elle avait fait cette toilette de nuit avec le moins de bruit possible.

Cependant, comme elle allait sortir pour rejoindre le jardinier, la voix de la comtesse se fit entendre à travers la cloison.

Toinon poussa la porte qui séparait sa chambrette de la chambre de la comtesse.

Mme des Mazures était sur son séant, pâle, l'œil hagard, toute frisonnante.

Un nouveau cri lui échappa à la vue de Toinon.

— Oh! dit-elle, si tu savais...

— Quoi donc, Madame?

— Je l'ai vue... dit la comtesse d'une voix sourde. Je l'ai vue... à peine endormie... un bruit m'a réveillée en sursaut... j'ai ouvert les yeux... il y avait une clarté blanche là... au pied du lit...

— Quelle folie! dit Toinon.

— Je l'ai vue, te dis-je, répéta la comtesse avec une exaltation fiévreuse, tandis que ses dents s'entrechoquaient et qu'une sueur glacée découlait de son front.

— Mais qui? demanda la bohémienne.

— *Elle!* ELLE! ELLE! répéta la comtesse avec un accent de terreur.

Toinon haussa les épaules.

— Elle était pâle, elle dardait sur moi un regard flamboyant, poursuivit Mme des Mazures: « — Prends garde! m'a-t-elle dit, prends garde! Si tu touches à ma fille... tu mourras d'une mort épouvantable. »

Toinon voulut parler; mais la comtesse lui imposa silence d'un geste:

— Ecoute encore, dit-elle avec un accent d'autorité.

— Parlez, Madame.

— Quand elle a eu prononcé ces paroles, la clarté

blanche est devenue toute rouge, et elle a disparu.

— Ah !

— Alors j'ai senti qu'on me prenait, qu'on me liait les mains et qu'on me jetait dans une sorte de tombereau, qui s'est mis en route aussitôt.

Une foule immense hurlait aux deux côtés et m'accompagnait de ses imprécations.

Où me conduisait-on ? A la mort.

Comment devais-je mourir ? Je ne le savais pas.

Alors j'ai jeté un grand cri et tout s'est évanoui.

— C'est-à-dire que vous vous êtes réveillée, madame, dit Toinon avec calme.

— Oh ! non... je ne dormais pas...

— Soit, dit la bohémienne, alors vous avez été en proie à une hallucination. Car, croyez-le bien, madame, les morts ne reviennent pas.

— Oh ! dit la comtesse, je sais bien que tu n'es pas superstitieuse, toi, que tu ne crois à rien...

— Je crois à la vraie science, dit Toinon d'une voix grave ; je crois à la destinée inscrite dans le creux de la main.

— Eh bien ! dit la comtesse dont l'effroi commençait à se dissiper, dis-moi si ma destinée est toujours la même, car, de ton propre aveu, les signes de la main se modifient.

Et elle tendit sa main à Toinon.

La bohémienne la prit, la retourna et se mit à en examiner gaavement l'intérieur.

— Toujours la même, dit-elle ; vous serez fabuleusement riche, madame.

— Quand ?

— Bientôt.

— Retrouverai-je la cassette ?

— Je le crois.

— Mais... cette enfant... que nous croyons être sa fille ?...

— C'est là ce que je vous dirai demain.

Puis, comme si elle eût obéi à une inspiration subite :

— Regardez-moi, madame, dit-elle.

— Eh bien !

— Ai-je assez l'air d'une bohémienne que je suis, ainsi vêtue ?

— Oui, certes, dit la comtesse.

— Si on me rencontrait par les chemins, croyez-vous qu'on me prendrait assez pour une diseuse de bonne aventure ?

— Tu l'es.

— Sans doute ; mais je suis aussi votre femme de chambre.

— Soit.

— Et il me vient une idée.

— Laquelle ?

— Je vais partir toute seule, sans Mathurin.

— Pourquoi ?

— Je m'arrêterai à la forge de Dagobert, et peut-être bien que je lui pourrai dire la bonne aventure.

— A quoi bon ?

— Eh! le sais-je? Si la petite fille qu'aime M. Lucien est réellement celle que nous croyons... si...

La comtesse interrompit Toinon.

— Ah! dit-elle, je m'en fie à toi et à ton génie infernal.

Toinon s'inclina souriante.

Toinon retourna dans sa chambre et en revint bientôt après avec un petit sac rouge qu'elle passa à son bras.

— J'emporte mes cartes, dit-elle.

— Mais, fit la comtesse, oseras-tu donc t'en aller seule en pleine nuit et traverser la forêt?

— Je ne crains qu'une chose, dit Toinon, c'est que Satan ne m'étrangle, mais comme j'ai fait un pacte avec lui, il s'en gardera bien.

Et elle eut un rire sinistre.

Puis elle prit la main de la comtesse et la porta à ses lèvres.

— Adieu, chère maîtresse, dit-elle, et ne vous laissez plus ainsi troubler le cerveau par des sornettes.

Toinon quitta la comtesse et redescendit dans la cour.

Mathurin, qui avait bâillé tout son content commençait à être parfaitement réveillé.

— C'est égal, murmurait-il, il est fort dur de ne pas passer la nuit dans son lit.

Il faisait cette réflexion à mi-voix, lorsqu'une main s'appuya sur son épaule.

Il se retourna et reconnut Toinon.

— Tu aimerais donc mieux dormir que t'en aller en route ? dit la bohémienne.

— Je le crois bien, que j'aimerais mieux cela, dit le jardinier.

— As-tu attelé l'âne ?

— Pas encore.

— Eh bien, va le mettre à la carriole.

Le jardinier s'en alla en baissant la tête.

L'âne attelé, il dit :

— C'est prêt, mamzelle Toinon.

— Eh bien, maintenant, dit la bohémienne, va te coucher.

En même temps elle prit les guides, le fouet et monta dans la petite charrette d'osier à ressorts de sangles, à laquelle on donnait le nom pompeux de carriole.

— Comment ! fit Mathurin stupéfait, vous partez... seule ?

— Oui. Va te coucher. Seulement, viens m'ouvrir la porte de la basse-cour.

Mathurin n'était pas encore revenu de sa surprise que la carriole était hors de la cour et dans l'avenue d'ormes qui conduisait au château.

L'âne partit au petit trot.

C'était un bel âne du Roussillon, grand comme un petit cheval et fort comme un mulet.

Il vous allait un joli train de deux lieues à l'heure et on n'employait pas d'autre bête, à Beaurepaire, pour aller dans le voisinage chercher les provisions de bouche quotidiennes.

Toinon savait qu'on trouvait la forêt à un quart de lieue, et que la première ligne qu'on rencontrait conduisait directement au couvent de la Cour-Dieu.

Elle n'avait jamais fait ce chemin, mais elle en avait tant entendu parler, qu'elle aurait marché les yeux fermés.

D'ailleurs, il faisait clair de lune.

Ensuite chaque carrefour de forêt était pourvu d'un poteau indicateur.

Enfin, de toutes les routes qui partaient de Beaurepaire, une seule était assez large pour les charrettes et c'était celle, Toinon le savait, qui conduisait à la Cour-Dieu.

Comment se serait-elle trompée au double sillon que les deux roues d'une charrette ou d'un véhicule quelconque creusaient profondément dans le sol argileux de la forêt.

Toinon se mit donc bravement en route et l'âne tira à plein collier.

. . . . , ...

Tandis que Toinon la bohémienne traversait la forêt, sans autre crainte, avait-elle dit, que d'être étranglée par Satan son compère, la nuit s'avançait.

La cloche du couvent avait sonné les matines, et la voix grave des moines s'élevait au milieu du silence qui règne dans les bois.

Dagobert venait de se lever.

Il s'était levé sans bruit pour ne pas éveiller la demoiselle Jeanne, comme il appelait la jeune fille confiée à sa garde.

Autrefois, l'unique étage élevé au-dessus de la forge ne formait qu'une pièce.

Une vaste chambre où Dagobert était né, où sa mère était morte.

Mais le forgeron avait compris, du jour où Jeanne avait partagé son toit, que cette pièce devait en faire deux.

Il avait donc lui-même construit un mur qui la séparait en deux.

Il avait sa chambre, Jeanne la sienne.

Jadis, Dagobert ne craignait guère d'éveiller les moines qui étaient levés avant lui.

Maintenant il évitait, bien que se levant avant l'aube, de faire retentir son enclume avant le jour.

Il allumait sa forge, mais il se livrait à des travaux moins bruyants, tels que certains ouvrages de serrurerie dans lesquels la lime remplaçait le marteau.

Dagobert était donc, ce matin-là, descendu comme à l'ordinaire, entre quatre et cinq heures.

Comme à l'ordinaire, il avait allumé sa forge.

Mais il oubliait de travailler.

Assis sur son enclume, il regardait tristement le feu qui flambait.

A quoi songeait-il ?

Peut-être ne le savait-il pas lui-même.

Depuis trois jours, Dagobert était en proie à un mal inconnu, à une mélancolie indéfinissable.

Tout à coup un bruit le fit tressaillir.

Un bruit de roues grinçant sur les cailloux de la route.

Puis ce bruit vint mourir à sa porte.

Alors, Dagobert entendit frapper deux coups et il alla ouvrir.

Il se trouva face à face avec Toinon, qui venait de descendre de la carriole.

Toinon, enveloppée dans son manteau rouge, lui fit d'abord l'effet d'une apparition fantastique.

Tout brave qu'il était, il recula et crut avoir devant lui quelque suppôt de l'enfer.

Toinon entra, et lui dit avec un accent méridional très-prononcé :

— Il faut me ferrer mon âne, qui a perdu un de ses fers.

En même temps, elle s'approcha de la forge et se mit à se chauffer les mains, en disant :

— Quel temps de chien ! je ne sens plus mes doigts ni mes pieds.

Dagobert n'avait pas encore prononcé un mot.

— Eh bien ! mon garçon, dit Toinon, attachant sur lui ses grands yeux noirs fascinateurs, est-ce parce que je suis une bohémienne, une pauvre diseuse de bonne aventure, qui gagne sa vie comme elle peut, en allant de foire en foire, que vous me regardez de cet air ébahi ?

— Je vous demande pardon, répondit Dagobert, qui fut sensible à ce reproche. Ah ! vous êtes bohémienne ?

— Vous le voyez bien, dit Toinon.

— Et vous voyagez seule dans votre carriole ?

— Toute seule, dit Toinon, j'avais un homme, mais il est mort.

— Et où allez-vous comme ça ?

— A Pithiviers.

— Est-ce que vous êtes bien pressée d'arriver ?

— Pourquoi me demandez-vous cela ?

— Parce que je ne pourrai pas ferrer votre âne

avant le jour, dit le forgeron avec une certaine hésitation.

— Eh bien, j'attendrai, dit Toinon.

La bohémienne avait compris que Dagobert ne voulait pas éveiller la jeune fille qui dormait sous son toit.

Elle s'installa devant la forge et se mit à se chauffer.

Pendant ce temps, Dagobert la regardait avec une curiosité craintive.

— Oh ! dit-il enfin, vous dites la bonne aventure ?
— Oui.
— Avec des cartes ?
— Avec des cartes ou en regardant la main des gens.

Un nuage passa sur le front de Dagobert, et tout son visage exprima une grande hésitation.

Alors la bohémienne attacha de nouveau sur lui son noir regard.....

XVIII

Dagobert était debout, adossé à son enclume, et il baissait les yeux sous ce regard noir et brillant qui semblait vouloir le pénétrer jusqu'au fond de l'âme.

Toinon la bohémienne était petite, contrefaite, et le forgeron l'eût assommée d'un coup de poing.

Cependant elle était entrée dans la forge et Dagobert s'était senti dominé tout à coup.

Elle répandait autour d'elle on ne sait quelles mystérieuses effluves, quel charme fascinateur et fatal.

Elle s'était donnée pour diseuse de bonne aventures, et Dagobert avait été soudain mordu au cœur par une âpre et cruelle fantaisie : la curiosité de l'avenir.

En ce moment, le brave garçon oublia sa mère morte comme une sainte, et les leçons de dom Jérôme, le pieux abbé, et le voisinage de cet asile de la prière qu'on appelait le couvent de la Cour-Dieu.

C'est que, depuis trois jours, Dagobert avait été en proie à des souffrances mystérieuses, inconnues, et dont il ne se rendait compte que vaguement.

Il avait vu pleurer la demoiselle.

Il avait surpris Jeanne, pour qui il eût donné avec ivresse la dernière goutte de son sang, triste, rêveuse, les yeux rougis par la fièvre et l'insomnie.

Hélas ! Dagobert devinait la cause de cette douleur muette.

Jeanne aimait déjà le beau gentilhomme, qui n'était venu que trop souvent à la forge sous mille prétextes.

Et ce gentilhomme, Jeanne l'avait entendu, Dagobert l'avait outragé, pour obéir à un devoir que la pauvre enfant ne pouvait comprendre.

Ce devoir, du reste, Dagobert n'en avait été que l'instrument aveugle.

Seul, dom Jérôme possédait le secret terrible qui paraissait creuser un abîme entre le comte Lucien des Mazures et la jeune fille élevée dans l'ombre.

Dagobert songeait à tout cela, tandis que le regard de la bohémienne pesait toujours sur lui.

Tout à coup, il parut faire un effort suprême et prendre une résolution violente.

Il leva les yeux sur Toinon, affronta ce regard infernal qu'elle attachait toujours sur lui, et lui dit :

— Cela coûte-t-il cher de se faire dire la bonne aventure ?

— Un écu pour les gentilshommes, répondit-elle.

— Et pour un pauvre diable comme moi ?

— Rien, dit Toinon.

Mais Dagobert était fier.

— Je n'accepte rien pour rien, dit-il ; si vous voulez me dire la bonne aventure, je vous ferrerai votre âne à neuf des quatre pieds.

— Comme il vous plaira, dit Toinon. Donnez-moi votre main.

Dagobert eut une dernière hésitation.

N'allait-il pas faire un pacte avec l'enfer, lui dont

la pieuse jeunesse s'était écoulée à l'ombre des hautes murailles d'un cloître ?

— Donnez ! répéta Toinon avec un accent d'autorité.

Et elle allongea le bras, et, mû par une sorte d'attraction irrésistible, Dagobert mit sa main dans la sienne.

Alors elle l'attira vers la forge, dont les reflets donnaient à son visage bronzé quelque chose de satanique.

Puis, à la lueur du charbon, qui jetait des flammes blanches, violettes, vertes et bleues, elle se mit à examiner la main calleuse de Dagobert.

Dagobert avait au doigt l'anneau du gentilhomme qui lui avait confié Jeanne.

Cet anneau, on s'en souvient, il l'avait noirci, et les armoiries du chaton avaient en partie disparu sous une épaisse couche de fumée.

Néanmoins, Toinon vit bien que la bague n'était pas en fer.

Elle devina, plus qu'elle ne les vit, les armoiries effacées, et soudain un grand jour se fit dans son esprit.

Cette bague devait se rapporter à Jeanne, et cette bague, il fallait l'avoir ; car, peut-être était-elle la clé d'un grand mystère.

Mais Toinon avait un de ces visages qui ne reflètent aucune émotion.

Qu'elle eût une tempête dans le cœur, ou bien une tranquillité complète, les traits de sa figure demeuraient les mêmes.

Toinon ne parut donc faire aucune attention à la bague, et, bohémienne consciencieuse, elle examina le creux de la main que le frottement des outils avait poli, tandis que le dessus demeurait noir.

— Je vois déjà votre caractère, dit-elle.

— Ah! fit Dagobert.

— Vous êtes violent...

— C'est vrai.

— Mais vous êtes brave.

— Je le crois, dit modestement Dagobert.

— Vous avez une volonté tenace.

— C'est vrai encore.

— Vous êtes fidèle à ceux que vous aimez.

— Oh! ça, oui.

— Mais, quelquefois, votre affection vous aveugle, et, sans le vouloir, vous leur causez du chagrin.

Dagobert tressaillit et songea à Jeanne qui avait pleuré.

Toinon poursuivit:

— Vous serez un homme heureux, mais vous aurez beaucoup de traverses dans votre existence.

— Ah! je serai heureux, fit Dagobert.

Et tout à coup la bohémienne tressaillit :

— Que vois-je donc là ? fit-elle.

— Et bien ? demanda Dagobert, qui était singulièrement ému.

— Oh ! c'est impossible...

— Qu'est-ce donc ?

La bohémienne paraissait agitée. Comme elle l'avait dit à la comtesse, elle croyait à la science divinatrice des mains.

— Mais que voyez-vous donc ? demanda Dagobert, dont l'émotion allait croissant.

— Vous serez riche... vous serez noble...

— Ah ! quelle plaisanterie !

— Vous porterez une épée et un habit brodé d'or.

Et Toinon disait cela avec un accent convaincu.

Mais Dagobert se mit à rire.

— Ah ! ma bonne femme, dit-il, me promettre tant de belles choses pour quatre fers neufs à votre âne, c'est trop de générosité !

Et le charme sous lequel il était courbé et comme fasciné depuis quelques minutes se rompit tout à coup.

En voulant trop prouver, la bohémienne n'avait rien prouvé du tout.

Comment Dagobert le forgeron pouvait-il prendre un seul instant au sérieux cette prophétie qui le faisait dans l'année noble, riche, couvert de broderies et portant l'épée?

Chose bizarre! si Dagobert se moquait de la prophétie, la prophétesse y croyait.

Elle regardait le forgeron et semblait vouloir se rendre compte, par les traits de son visage, de l'aptitude qu'il pourrait avoir aux choses que l'avenir lui gardait.

Elle demeura quelque temps comme absorbée en elle-même.

Ce qu'elle avait lu dans la main du forgeron, cette bague qu'il portait au doigt, tout cela l'avait plongée en une rêverie profonde et qui semblait lui faire oublier le but réel de sa visite à la forge.

Pendant ce temps, le jour était venu peu à peu.

Indécise d'abord, la brume matinale s'était éclaircie au-dessus des grands bois, et le ciel d'une pureté extrême était prêt à recevoir le premier rayon de soleil.

La cloche du couvent ne tintait plus; les *Matines* étaient chantées, et les moines, sortant de la chapelle, avaient pris, les uns le chemin des terres qu'ils cultivaient, les autres celui de l'atelier où ils travaillaient à différents métiers.

— Maintenant, dit Dagobert en regardant la bohémienne, je vais ferrer votre âne; on y voit clair.

Et il fit un pas vers la porte.

Mais la bohémienne le retint.

— Ainsi, dit-elle, vous ne croyez pas à ce que je vous ai dit?

— Oh! non, fit Dagobert en riant.

— Mais je suis consciencieuse, moi, reprit-elle. Donnez-moi encore votre main, et, puisque vous ferrez mon âne pour rien...

— Si vous voulez ma main, la voilà, dit Dagobert riant toujours.

— Non, pas celle-là, l'autre.

— Voilà, dit le forgeron.

Toinon tressaillit de nouveau.

La main droite reproduisait les mêmes lignes, les mêmes plis que la main gauche.

Cependant, Toinon laissa échapper une exclamation de surprise :

— Ah! fit-elle.

— Que voyez-vous encore? fit Dagobert, redevenu sceptique.

— Vous allez faire un voyage.

Cette fois, Dagobert pâlit. En effet, dom Jérôme, trois jours auparavant, ne lui avait-il pas dit qu'ils allaient partir pour Paris?

— Cette fois, dit le forgeron, qui fronça légèrement le sourcil, vous auriez fort bien pu dire la vérité. Je dois faire un voyage, en effet; mais quand? je ne sais pas.

— Vous partirez aujourd'hui, dit Toinon.

Le sourire revint aux lèvres de Dagobert.

— Je ne crois pas, dit-il.

Et, en effet, il se souvenait avoir vu dom Jérôme la veille au soir; et dom Jérôme était toujours malade.

Cette fois, Toinon ne le retint plus.

Il franchit le seuil de la forge et s'approcha de l'âne qui attendait paisiblement à la porte.

Puis il lui leva successivement les quatre pieds; il n'y en avait qu'un de déferré.

— Allons, ma bonne femme, dit-il, ce sera bientôt fait. Vous n'en aurez pas pour un quart d'heure.

Et, rentrant dans la forge, il se mit à attiser le feu sous lequel la barre de fer rougissait lentement.

Mais, comme il s'apprêtait à la porter sur l'enclume, un nouveau personnage parut sur le seuil de la forge.

C'était le moine portier.

— Dagobert, dit-il, venez vite.

— Où cela? demanda Dagobert.

— Au couvent.

— Vous avez besoin de moi?

— Dom Jérôme veut vous voir.

— Mais c'est que je suis en train de ferrer l'âne de cette femme.

— Cette femme attendra.

— Oh! je ne suis pas pressée, fit Toinon.

Dagobert eut cependant encore une légère hésitation.

Jeanne était en haut. Elle pouvait descendre, et il n'aurait pas voulu que la chaste créature se trouvât en contact avec une bohémienne.

— Mais venez donc vite! dit le moine.

On n'entendait aucun bruit à l'étage supérieur.

Jeanne dormait sans doute encore.

Dagobert se décida à suivre le moine et laissa la barre de fer dans le feu.

Alors Toinon demeura seule, mit sa tête dans ses deux mains et se prit à réfléchir.

— Tout cela est bizarre! murmurait-elle. Comment cet homme deviendra-t-il riche et noble? Et pourtant c'est écrit dans sa main... et j'y crois à cela, oh! j'y crois!

Tout à coup la bohémienne tressaillit.

Un bruit léger s'était fait au-dessus de sa tête.

Elle leva les yeux et vit une jeune fille qui descendait lentement par l'escalier de bois qui aboutissait dans la forge.

Et Toinon sentit tout son sang affluer à son cœur.

Cette jeune fille, c'était Jeanne.

Mais Jeanne ressemblait sans doute étrangement à une autre femme que Toinon avait connue, car la bohémienne murmura :

— Oh! si les morts sortaient de leur tombe, je croirais que c'est *elle !*

XIX

Dagobert s'en était allé au couvent, persuadé que Jeanne dormait encore.

Mais Jeanne ne dormait guère depuis deux ou trois jours. Jeanne était triste le jour ; elle pleurait silencieusement la nuit. Cependant, aucune explication n'avait eu lieu entre elle et Dagobert.

Jeanne avait vu Dagobert en fureur, menacer le beau gentilhomme qui venait si souvent à la forge, de lui briser la tête d'un coup de marteau.

Mais au premier mot qu'elle avait voulu prononcer le lendemain, Dagobert l'avait arrêtée en lui disant :

— Voyez-vous, la demoiselle, je vous suis dévoué au point de donner pour vous la dernière goutte de mon sang, mais ne me demandez jamais pourquoi j'ai chassé ce beau coq qui venait ici chaque jour.

Et Jeanne n'avait plus rien dit.

Seulement, elle était triste, et sa tristesse fondait l'âme à Dagobert.

Seulement, au lieu de s'endormir chaque soir, à l'heure accoutumée, quand elle avait fait sa prière, elle fondait en larmes, et le matin, bien avant le jour, elle pleurait encore, ce qui faisait qu'elle entendait Dagobert se lever et descendre et allumer le feu de la forge.

Certes, le forgeron, ce matin-là, aurait pu battre son fer à l'arrivée de la bohémienne. Jeanne ne dormait pas.

La jeune fille, entendant frapper à la porte, avait même eu un vague espoir.

Si ce n'était Lucien, peut-être, au moins, était-ce Benoit le bossu?

Et Benoît était le messager de Lucien, et elle l'avait vu venir l'avant-veille et parler mystérieusement à Dagobert, qui l'avait renvoyé assez durement.

Jeanne s'était levée sans bruit, puis elle avait entr'ouvert la porte qui donnait sur l'escalier, et elle avait prêté l'oreille.

Alors elle avait entendu la singulière conversation de Dagobert et de la bohémienne. Qu'était-ce que cette femme? Jeanne ne la voyait point, mais elle l'entendait.

Aussi, la curieuse jeune fille s'agenouilla-t-elle sur le sol de sa chambre, qui était fait de planches grossièrement assemblées.

Entre deux de ces planches, il y avait une fente qui laissait passer un filet de clarté.

Jeanne avait collé son œil à cette planche et elle avait vu la bohémienne adossée à l'enclume, tenant la main de Dagobert dans les siennes.

Toinon, disant la bonne aventure, pronostiquant l'avenir, avait quelque chose d'inspiré et de fatal qui avait frappé Jeanne.

Aussi, lorsque Dagobert fut parti avec le moine portier, la jeune fille s'habilla-t-elle lestement. Puis elle descendit, et ce fut alors que Toinon, l'apercevant, murmura : « On dirait que c'est elle ! »

Mais la bohémienne, on le sait, avait l'art merveilleux de tout refouler au-dedans d'elle-même et de ne laisser percer sur son visage aucune émotion.

Jeanne se prit à regarder avec curiosité cette créature bizarre. Puis elle s'avança vers elle. Alors Toinon se leva.

— Bonjour, ma belle demoiselle, dit-elle.

— Je ne suis pas une demoiselle, dit Jeanne.

— Ce n'est pas avec des petites mains de madone, comme les vôtres, qu'on peut passer pour une paysanne, répliqua Toinon.

— Vous dites donc la bonne aventure ? fit la jeune fille.

— Oui... et si vous vouliez me confier votre main, je gage que je vous apprendrais une foule de choses que vous avez intérêt à connaître. Une légère rougeur monta au front de Jeanne.

14

— Oh! dit-elle, si Dagobert revenait, il ne serait peut-être pas content.

— Pourquoi ?

— Je ne sais pas, dame !

— Puisque je la lui ai dite à lui-même.

— Ah ! c'est juste, dit Jeanne un peu rassurée.

Et elle abandonna sa main à Toinon.

Celle-ci avait jeté un furtif regard au dehors, s'assurant que la porte du couvent était fermée et que Dagobert ne revenait pas encore.

Toinon avait ses raisons lorsqu'elle n'avait pas voulu emmener avec elle le jardinier.

Elle prit donc la main de Jeanne.

— Oh ! dit-elle, que vois-je là !

Et elle souriait.

Jeanne eut un battement de cœur.

— Que voyez-vous ? demanda-t-elle d'une voix émue.

— Vous êtes aimée...

— Ah !

— Par un jeune et beau gentilhomme qui vous veut épouser et vous faire comtesse.

Jeanne étouffa un cri.

Jusque-là, Toinon débitait une prophétie qu'elle avait ruminée d'avance ; mais tout à coup la bohémienne, qui croyait aveuglément à certaines révélations de la main, aperçut dans celle de Jeanne la ligne de chance, ou de fortune, comme on l'appelle. Cette ligne était profondément marquée et traversait toute la main, depuis l'attache du poignet, pour aller se perdre entre l'index et le médium.

— Oh! dit-elle, vous serez riche, fabuleusement riche.

— Vous moquez-vous de moi? demanda Jeanne à qui la fortune était indifférente.

— Non, ma belle demoiselle, répondit Toinon avec un accent convaincu.

Jeanne reprit :

— Ainsi, je suis aimée...

— Avec passion, avec délire.

— Par un beau gentilhomme?

— Oui, mademoiselle.

— Mais ne s'oppose-t-on pas ce qu'il m'aime?

Et Jeanne, en faisant cette question, tremblait de plus en plus.

Toinon continua :

— Ce gentilhomme triomphera de tous les obstacles.

— Oh! fit Jeanne.

— D'ailleurs, les obstacles ne viendront pas de son côté.

— Mais... d'où viendront-ils?

— Du vôtre... ou plutôt des gens qui disent vous aimer.

Jeanne pensa à Dagobert.

— Mais, dit Toinon, ne vous effrayez pas... les obstacles seront renversés ; car je vois dans votre main...

Et comme Toinon disait cela, la porte du couvent s'ouvrit.

— Ah! dit Toinon, voilà le forgeron qui revient.

— Ne lui dites pas que vous m'avez vue, dit Jeanne.

Et elle se sauva lestement, remonta l'escalier, et, quand Dagobert eut atteint le seuil de la forge, Toinon était seule de nouveau et on n'entendait aucun bruit.

Dagobert pensa que Jeanne dormait encore.

Toinon avait repris son visage indifférent, et, assise sur l'enclume, elle jouait d'une main distraite avec la tige de fer qui servait à Dagobert pour attiser son feu.

— C'est égal, dit le forgeron en entrant, si vous m'avez dit des choses que je ne puis croire, vous m'en avez dit aussi qui sont vraies.

— Comment cela? dit Toinon.

— Vous m'avez annoncé que je ferais un voyage aujourd'hui même ?

— Aujourd'hui même, répéta Toinon.

— C'est pourtant la vérité. Dom Jérôme, le supérieur du couvent, poursuivit Dagobert, m'envoie en route.

— Loin? dit Toinon.

— A Orléans.

— Eh bien! dit la bohémienne, puisque je vous ai dit vrai pour une chose, pourquoi n'aurais-je pas dit vrai pour une autre?

— Que je serais un jour noble et riche?

— Oui.

— Quelle folie!

— Je l'ai lu dans votre main, dit Toinon, comme j'ai lu le voyage que vous allez faire.

Tout en causant, Dagobert arrondissait son fer sur l'enclume

Toinon poursuivit :

— Ce que la main révèle est vrai et doit arriver, à moins que vous ne mouriez de mort violente. Mais si vous vivez encore un certain nombre d'années, tout ce que je vous prédis arrivera.

Dagobert se montrait toujours incrédule. Il ajusta le fer, le cloua et dit :

— Maintenant, vous pouvez vous mettre en route.

— Merci bien, dit Toinon, mais vous verrez si je ne vous ai pas dit la vérité.

Et elle monta dans la carriole, donna un coup de gaule à l'âne et partit au petit trot.

En la voyant s'éloigner, Dagobert murmura :

— Elle a cru devoir me dire tout ça pour payer son fer. On ne fait pas un noble d'un forgeron, ni un homme riche d'un paysan.

. . . .

Cependant Toinon avait pris la route de Pithiviers où, désormais elle n'avait nul besoin d'aller.

Mais il fallait que le forgeron l'eût perdue de vue pour qu'elle reprit le chemin de Loury, et par conséquent de Beaurepaire.

C'est pour cela qu'elle suivit la route de Pithiviers à travers les terres de la Cour-Dieu jusqu'à ce qu'elle entrât en forêt.

A un quart de lieue plus loin, elle trouva une ligne transversale, la route de Nibelle.

Elle quitta donc le chemin de Pithiviers, et, s'orientant de son mieux, elle calcula que cette route la devait conduire au centre de la forêt, où elle trouverait sans doute, soit un poteau indicateur, soit des bûcherons qui la renseigneraient.

Mais l'âne ne fut pas plutôt dans ce chemin-là qu'il se mit à braire.

Toinon en conclut qu'il se reconnaissait, ce qui n'avait rien d'extraordinaire, car le jardinier de Beaurepaire venait souvent en forêt avec lui.

Alors Toinon pensa que le plus simple était de se fier à son instinct et de lui laisser la bride sur le cou.

En effet, après deux heures de marche dans les chemins sablonneux ou embourbés de la forêt, Toinon arriva tout à coup à un carrefour auquel aboutissaient quatre lignes, et à l'extrémité de l'une d'elles, qui infléchissait vers le sud-ouest, elle aperçut les tourelles de Beaurepaire et se prit à murmurer : « On a raison de dire que tout chemin mène à Rome. »

Il était environt huit heures du matin et le soleil brillait dans un ciel sans nuages.

Toinon entra au château par une des grilles du parc, évitant ainsi de se montrer à toute la valetaille, et quand elle eut remis l'âne et la carriole au jardinier, elle traversa le potager, entra dans la serre et, par un petit escalier, gagna l'appartement de la comtesse.

Mme des Mazures était encore au lit; mais ses yeux battus, ses traits fatigués disaient qu'elle avait été en proie à une insomnie persévérante.

Toinon ferma la porte et s'assit dans un fauteuil au chevet de la comtesse.

— Eh bien? dit celle-ci en attachant sur elle un regard fiévreux.

— Mes pressentiments ne m'avaient pas trompée, dit Toinon.

— C'est... elle?

— C'est le portrait vivant de sa mère, et le forgeron doit avoir le secret de sa naissance.

— Que veux-tu dire ?

— Je veux dire, madame, répondit Toinon dont les yeux brillèrent, que si on ne fait disparaître cet homme...

— Eh bien !

— C'est lui qui épousera la petite.

— Oh ! par exemple !

— Lui qui aura la fortune contenue dans la cassette.

— Tu es folle !

— Non, je ne suis pas folle, dit Toinon, et je sais ce que j'ai vu.

— Qu'as-tu donc vu ? demanda Mme des Mazures avec anxiété.

— Je lui ai dit la bonne aventure, j'ai lu dans sa main...

— Et.. sa main ?

— Sa main dit qu'il sera riche un jour. Comprenez-vous ? S'il est riche, c'est qu'il épousera Jeanne.

— Ah ! elle se nomme Jeanne ?

— Oui.

— Et tu es sûre que c'est bien l'enfant que nous cherchons ?

— Que je meure à l'instant si je me suis trompée.

— Eh bien ! dit froidement Mme des Mazures, il faudra faire disparaître ce forgeron.

— Mais... comment ?

— Le chevalier de Valognes vous y aidera.

Un sourire infernal vint aux lèvres de Toinon.

— Ah ! c'est juste, dit-elle, le chevalier est un de ces hommes qui ne reculent devant rien... quand ils y trouvent leur intérêt.

Et la servante et la maîtresse demeurèrent tête à tête.

XX

Maintenant que le soleil entrait dans sa chambre et s'ébattait sur la courtine de son lit, maintenant que l'heure des visions et des fantômes était passée, la comtesse des Mazures avait retrouvé ce calme hautain et cette froide raison qui l'avaient soutenue toujours au milieu d'une existence pleine de ténèbres et de mystères.

Elle regarda Toinon et lui dit :

— Voyons, modère-toi et narre-moi ton expédition dans tous ses détails.

Toinon obéit.

Elle raconta son arrivée à la forge, sa conversation avec le forgeron et comment elle avait été frappée des lignes que sa main renfermait.

Alors la comtesse l'arrêta.

— Tu crois donc réellement à cela? dit-elle. Ainsi, cet homme sera riche?

— Très riche.

— On l'anoblira?

— Oui, madame.

— Tout cela est impossible, fit la comtesse en haussant les épaules.

— Madame, reprit Toinon, lorsque je me suis trouvée sur votre chemin, j'étais une fille de Bohême, et vous avez été frappée de mes prophéties, et c'est pour cela que vous m'avez prise à votre service. Tout ce que je vous ai prédit n'est-il point arrivé?

— Oui, dit la comtesse d'un air sombre, tout.

— La destinée humaine est écrite dans la main, poursuivit Toinon.

— Mais alors, dit la comtesse, quoi que nous puissions faire, cet homme sera riche et noble.

Toinon secoua la tête.

— Voilà justement, madame, dit-elle, où nous ne sommes plus d'accord. Un homme est réservé aux plus brillantes destinées, mais à la condition que certains obstacles qui sont pareillement indiqués dans le creux de sa main, ne domineront pas, à un moment donné, la ligne de fortune.

Ces obstacles sont figurés par de petites lignes

transversales, sans profondeur, mais qui, d'un jour à l'autre, peuvent se creuser profondément. On peut donc toujours arrêter la chance d'un homme en le tuant ou en le faisant disparaître.

— Continue, dit froidement la comtesse.

Toinon parla alors de l'anneau noirci que le paysan portait au doigt.

La comtesse tressaillit.

— Et tu dis, fit-elle, qu'il y a des armoiries dessus? L'as-tu bien remarqué?

— Oh! oui.

— Pourrais-tu, à la rigueur, te rappeler la forme exacte du chaton?

Pour toute réponse, Toinon se leva, alla prendre sur un guéridon voisin une plume, de l'encre et une feuille de papier, et revint auprès de la comtesse, qui s'était mise sur son séant.

Alors la bohémienne se mit à dessiner une bague dont le chaton était octogone.

La comtesse jeta les yeux sur le dessin et s'écria d'une voix fiévreuse :

— C'est la bague du feu comte des Mazures !

— Le mari de Madame?

— Non, l'autre, celui qui est mort brûlé, dit la comtesse.

— Décidément, murmura Toinon, je crois que

j'ai bien fait, madame, d'aller faire un tour à la Cour-Dieu.

— Il nous faut cette bague ! poursuivit la comtesse ; il nous la faut à tout prix.

Toinon ne souffla mot.

— Ce chaton de forme bizarre, reprit la comtesse, est au moins de la grosseur d'une noisette, n'est-ce pas ?

— Oui madame.

— Eh bien ! il est creux, et il renferme certainement quelque papier mystérieux roulé en boule.

— Et... ce papier.

— Ce papier, j'en suis sûre, contient des indications précieuses sur cette fameuse cassette que nous cherchons et que j'accusais le chevalier mon beau-frère d'avoir volée.

— Madame, dit froidement Toinon, vous avez parlé du chevalier de Valognes, tout à l'heure. C'est un homme résolu et capable de tout pour arriver à son but.

— Ah ! il a donc un but ?

— Le chevalier est amoureux.

— De qui ?

— De Mlle Aurore.

Ce fut toute une révélation pour la comtesse.

— Bon ! dit-elle, je comprends maintenant. C'est lui qui a brouillé Aurore et mon fils, et il servira d'autant plus énergiquement les amours de celui-ci, qu'il le détournera de plus en plus de sa cousine.

Elle garda un moment le silence, puis continua en riant d'un air froid et cruel :

— Mais tout cela est pour le mieux, Toinon.

— Ah ! vous trouvez, Madame ?

— Sans doute, si toutefois nous ne nous trompons point, si la jeune fille de la forge est bien celle que nous croyons.

— Oh ! vous pouvez prendre ma tête, si je me trompe. C'est le portrait vivant de Gretchen.

— Tais-toi ! dit la comtesse, qui eut un mouvement d'effroi ; ne prononce pas ce nom.

— Soit, dit la bohémienne, mais vous pouvez m'en croire, c'est elle.

La comtesse retrouva son calme et son sourire.

— Eh bien, s'il en est ainsi, dit-elle, si la bague qu'a le forgeron au doigt est celle que je crois ; si dom Jérôme s'est jadis appelé Amaury, je vais te dire ce qui a dû se passer.

— J'écoute, Madame, fit Toinon, qui regarda la comtesse.

— Tu sais bien qu'ils étaient deux à aimer cette femme, reprit Mme des Mazures, un que tu n'as pas connu. Amaury, un autre...

— Raoul ! dit Toinon.

— Oui, c'est cela, et c'est bien Raoul qui, dans la

nuit de l'incendie, a passé à cheval, dans la forêt, emportant en croupe sa petite fille. Il l'a confiée au forgeron et celui-ci la garde sous la surveillance du prieur-abbé.

— Tout cela est clair, dit la bohémienne.

— La bague que le forgeron porte au doigt contient le secret de la cassette. Celui qui aura la bague aura la cassette par conséquent; mais il faut prévoir le cas où Raoul ne serait pas mort..., où il reviendrait.

— Alors, que faire? demanda Toinon.

— Mon fils aime la petite?

— Oui.

— Et la petite l'aime?

— A en mourir.

— Eh bien, dit froidement la comtesse, il faut les marier, ces tourtereaux.

— C'est mon avis, dit la bohémienne.

— Et le chevalier de Valognes nous y aidera. Seulement, il ne faut pas que celui-ci ait notre secret tout entier, il est homme à en abuser.

— Alors, Madame, dit Toinon, comment ferez-vous pour vous en servir?

— Je serai la tête qui pense et lui l'instrument qui agit. Sois tranquille.

En ce moment on gratta légèrement à la porte.

— C'est Lucien, dit la comtesse.

Toinon alla ouvrir. C'était, en effet, le jeune comte des Mazures. Il était un peu pâle, et toute sa personne trahissait une vive émotion.

— Mon Dieu! mon cher enfant, lui dit la comtesse, qu'avez-vous donc?

— Ma mère, répondit Lucien, je désire causer un moment en tête-à-tête avec vous.

La comtesse fit un signe, et Toinon s'empressa de sortir.

— Asseyez-vous, mon enfant, dit alors la comtesse, et dites-moi ce qui vous amène.

— Ma mère, dit Lucien, la fenêtre de ma chambre donne sur le parc, vous le savez?...

Ce matin, en me levant, j'ai vu arriver, par l'allée du parc, Toinon dans la carriole du jardinier. Les roues étaient couvertes de cette boue jaune qu'on ne trouve que dans la forêt. D'où venait Toinon?

Je suis descendu, et j'ai entendu le jardinier qui disait: Tiens, vous avez fait ferrer l'âne d'un pied; où ça? — A la Cour-Dieu, a répondu Toinon.

— Eh bien! dit la comtesse, c'est cela qui vous agite, mon fils?

— Oui, ma mère... Qu'est-ce que Toinon est allée faire à la Cour-Dieu?

— Mon cher enfant, dit la comtesse en prenant affectueusement la main de son fils, veux-tu m'écouter?

— Parlez, ma mère.

— Lucien, tu n'aimes pas Aurore...

Le jeune comte baissa la tête.

— Mais tu aimes une jeune fille...

Lucien pâlit.

— Une jeune fille pauvre et belle... et tu veux l'épouser...

Un nuage passa sur le front de Lucien.

— Ma mère... dit-il, qui donc vous a appris tout cela?

— Enfant ! dit la comtesse en souriant, est-ce que le cœur d'une mère ne devine pas tout? Tu es mon fils unique, ma seule affection en ce monde; pourquoi m'opposerais-je à ton bonheur?

Lucien jeta un cri.

Sa mère lui tendit les bras.

— Epouse-la, puisque tu l'aimes, dit-elle.

Et elle pressa sur son cœur Lucien éperdu.

. . . .

Quelques heures après cette scène, pendant laquelle le jeune comte Lucien des Mazures avait cru voir le ciel s'entr'ouvrir, la comtesse était en tête-à-tête avec le chevalier Michel de Valognes.

— Mon cher chevalier, disait-elle, vous ne connaissez pas Lucien aussi bien que moi. C'est un garçon tout d'une pièce et qui s'est trompé d'époque en venant au monde. Il aime la petite fille de la Cour-Dieu, mais il ne comprendrait pas, aujourd'hui, qu'elle ne saurait être sa femme, je lui ai donc permis de l'épouser.

Le chevalier fit un geste de surprise.

— Vous pensez bien, continua Mme des Mazures en souriant, que nous trouverons de bonnes raisons pour retarder le mariage, et donner le temps à sa passion de se calmer. Mais, pour le moment, il faut consentir à tout ce qu'il voudra.

— Bon, fit le chevalier d'un signe de tête, je comprends.

— Ne m'avez-vous pas dit que le prieur-abbé et le forgeron faisaient bonne garde?

— Oui, Madame.

— Pourrait-on enlever la petite?

— Je m'en charge, dit froidement le chevalier.

— C'était la réponse que j'attendais de vous, dit la comtesse, et puisqu'il en est ainsi, nous allons nous concerter.

— Je suis à vos ordres, dit le chevalier.

Mme des Mazures secoua un gland de sonnette.

Toinon parut.

— Viens ici, dit-elle, nous avons besoin de tes lumières.

Et ces trois âmes perverses demeurèrent alors face à face, pendant que le naïf Lucien tirait des perdreaux dans le parc.

XXI

Le chevalier de Valognes était arrivé à Beaurepaire la veille au soir, un peu à l'improviste. Il était parti le matin, et Lucien ne l'attendait pas.

Pendant toute la soirée, il s'était renfermé avec lui dans un silence prudent.

Lucien l'avait cependant questionné.

Mais le chevalier s'était borné à lui répondre :

— Mon ami, je m'occupe de vous, et je vous promets que tout ira bien.

La vérité vraie de tout cela, c'est que le chevalier avait imaginé un plan que son entretien avec la comtesse avait bouleversé de fond en comble.

Le soir, après cette prétendue partie d'échecs qu'il avait paru faire avec la comtesse, il avait gardé le même silence.

Enfin, le lendemain, vers quatre ou cinq heures du soir, après un long entretien avec Mme des Mazures et Toinon la bohémienne, le chevalier rejoignit Lucien.

— Mon ami, lui dit-il, voulez-vous que nous causions ?

— De quoi? demanda naïvement Lucien.

— Hé ! grand enfant, de quoi pourrions-nous

causer, si ce n'est de vos amours? répondit le chevalier.

— Eh bien?

— L'aimez-vous toujours? Êtes-vous toujours décidé à l'épouser?

— Toujours.

— Et si je vous demande vos pleins pouvoirs, me les donnerez-vous?

— Certes oui.

— Si je vous prie de m'obéir aveuglément.

— Je vous obéirai.

— C'est bien. Alors écoutez-moi. Votre mère consent à ce que vous l'épousiez, n'est-ce pas?

— Oui, dit Lucien.

— Mais il y a deux hommes qui n'y consentiront jamais, le forgeron et dom Jérôme...

— Mais pourquoi?

— Je l'ignore. Seulement, puisqu'ils refusent leur consentement, il faut bien nous en passer.

— Comment ferons-nous alors?

— Ecoutez-moi bien. Passé huit heures du soir, le couvent est fermé et les moines ne sortent plus que le lendemain. Supposons une chose...

— Laquelle?

— Dom Jérôme, se fiant sur la vigilance de Dagobert, entre dans sa cellule, fait sa prière et s'endort.

— Après ?

— Supposons encore que Dagobert est absent de la forge... et que, entre minuit et deux heures du matin, vous vous présentiez, vous frappiez à la porte, et que Jeanne vous ouvre.

— Après ? après ? fit Lucien anxieux.

— Ici, ce n'est plus mon affaire, c'est la vôtre. Jeanne vous aime, je le crois...

— Oh ! je le crois aussi, dit naïvement Lucien.

— Vous lui représentez que ses gardiens sont des tyrans, et que vous la voulez faire comtesse. A moins que votre langue ne reste clouée à votre palais, à moins que vous ne sachiez pas un mot de votre métier d'amoureux, Jeanne consent à vous suivre.

— Oh ! fit Lucien, frémissant d'espérance.

— Vous la jetez en croupe sur votre cheval, et les moines dorment encore en rêvant des joies du paradis, que vous êtes bien loin.

— Mais où la conduire ?

— Ici, chez votre mère, puisqu'elle consent à ce que vous l'épousiez.

La réponse était si logique qu'elle frappa Lucien.

— Oh ! chevalier, dit-il, vous me donnez le vertige.

— Tant mieux.

— Mais... avez-vous songé...

— A quoi ?

— Le forgeron ne s'absente jamais.

— Il s'absentera, je m'en charge...

— Vous !

— Moi, dit le chevalier en souriant. Voyons, j'ai encore une question à vous faire. Voyez-vous Benoît le bossu souvent ?

— Il est précisément à la cuisine. Il vient savoir si nous chassons demain. Il a, dit-il, connaissance d'un vieux grand loup qui a élu domicile dans un fourré d'épines, entre les Malzigues et la route de Fallerand.

— Fort bien. Et il est venu prendre vos ordres ? Eh bien ! appelez-le, et dites-lui de m'obéir comme à vous-même.

— Mais...

— Mon cher ami, dit le chevalier, vous m'avez dit avoir confiance en moi. Eh bien ! faites ce que je vous demande...

— Je le ferai, dit Lucien.

Et il descendit de sa chambre aux cuisines, où Benoît le bossu se chauffait tranquillement en devisant avec le piqueur et les autres domestiques du château.

— Benoît, lui dit-il, viens avec moi.

Le bossu se leva sans répliquer et suivit Lucien.

Le chevalier se promenait de long en large sous le vestibule.

— Tu vas aller avec monsieur, continua Lucien.

Benoît fit une légère grimace, mais il ne souffla mot.

— Tu lui obéiras comme à moi-même.

Benoît leva sur le jeune comte un regard expressif et qui semblait dire :

— J'aimerais tout autant une autre mission.

— Tu lui obéiras, poursuivit Lucien avec un accent d'autorité.

Benoît s'inclina.

Alors le chevalier lui adressa la parole à son tour.

— Va seller mon cheval, lui dit-il, ôte tes sabots et mets tes souliers; nous allons en forêt.

— Alors, observa Benoît, nous allons à l'affût ?

— Peut-être...

— Mais va donc! dit Lucien d'un ton quelque peu impérieux.

Benoît obéit.

Un quart d'heure après, le chevalier se mettait en route.

Benoît le suivait en murmurant :

— M. le comte a tort de se fier à ce monsieur le chevalier. On ne m'ôtera pas de l'idée que c'est un méchant homme.

M. de Valognes s'en alla tout droit à la forêt.

Quand il eut atteint le premier carrefour, il se retourna vers Benoît.

— Es-tu jamais allé à Orléans ? lui dit-il.

Cette question étonna un peu Benoît.

— Pardine ! fit-il, certainement que j'y suis allé.

— Eh bien ! reprit le chevalier, à ton idée, si tu partais d'Ingrannes ou de la Cour-Dieu pour aller à Orléans, par où passerais-tu ?

— Au lieu de descendre à Fay-aux-Loges, d'aller passer à Pont-aux-Moines et à Chécy, répondit Benoît, ce qui fait quasiment comme un demi-cercle, je prendrais la forêt tout droit, je tomberais à Loury.

— Après ?

— De Loury à Rébrechein, de Rébrechein à Chanteau, et je gagnerais comme cela deux bonnes lieues. Seulement, c'est un chemin que tout le monde ne connaît pas.

— Ah ! vraiment ? dit le chevalier.

— Il n'y a que les gens de forêt, bûcherons ou braconniers, qui passent par là.

— Pourquoi ?

— Mais parce qu'il ne faut même pas suivre les lignes, ça allongerait au lieu de raccourcir. Il y a des faux chemins à peine battus qui traversent les enceintes, et il n'y a guère que nous qui les connaissions.

— Eh bien! dit le chevalier, sommes-nous loin de ces chemins que tu suivrais?...

— Non, Monsieur. Au prochain carrefour, je vous en montrerai un.

Le chevalier consulta sa montre.

Elle marquait sept heures du soir, et la lune, qui était dans son plein, se levait rougeâtre à l'horizon.

Benoît, que le chevalier n'interrogeait plus, se renferma dans le silence le plus respectueux, et tous deux continuèrent à marcher, l'un à cheval, l'autre à pied.

Parvenu au carrefour indiqué par Benoît, le chevalier s'arrêta.

— Hé! dit-il, où est le faux chemin?

— Tenez, dit Benoît, en voilà un.

Et il montrait une sorte de brèche faite au milieu du fourré, à l'extrémité d'une enceinte dont le bois était rabougri.

Le chevalier s'approcha.

— A preuve que c'en est un, continua Benoît, voilà un pas d'homme.

— Où cela? fit le chevalier qui mit aussitôt pied à terre.

En effet, sur la boue humide de la forêt, et grâce au clair de lune, on voyait assez distinctement l'empreinte d'un gros soulier ferré.

— C'est tout frais, dit Benoît. Il n'y a pas trois heures que celui-là a passé par ici.

— Et tu crois que c'est quelqu'un qui va à Orléans ?

— A Orléans ou seulement à Loury.

— Il me semble que ce serait aussi court de suivre la route de la forêt.

— Oh! non, dit Benoît.

— Oh! fit le chevalier, qui se remit en selle.

Puis, après un moment de silence :

— Est-ce que tu connais Jacques Oudot?

— Pardine! fit Benoît; c'est le premier colleteur de la forêt. Il n'y a pas son pareil à dix lieues à la ronde pour prendre un chevreuil.

— Où demeure-t-il ?

— Tantôt ici, tantôt là, dit Benoît. Il a sa maison à Loury, mais il n'y couche jamais. Cependant si je voulais le voir, je saurais où le prendre ; ce ne serait pas long.

— Tout près d'ici, alors?

— Oui, Monsieur ; je ne demanderais pas plus d'une heure pour faire les deux chemins.

— Cependant, nous sommes en pleine forêt...

— Justement. Jacques Oudot tend ses collets, à cette heure, dans un endroit qui est joliment propice, allez!

— Eh bien, dit le chevalier, je vais t'attendre ici, et tu vas aller me chercher Jacques Oudot.

Cette fois, l'étonnement de Benoît, que toutes ces questions ne laissaient pas que d'intriguer, prit une nuance d'inquiétude.

— Monsieur le chevalier, dit-il, je suis dévoué corps et âme à M. Lucien, et du moment où il m'a dit de vous suivre et de faire ce que vous me commanderiez, je le ferai. Mais je ne voudrais pas qu'il arrivât malheur à un homme qui, tout braconnier qu'il peut être, est un brave homme.

— Hé ! que veux-tu donc qu'il lui arrive? fit le chevalier. Si je veux le voir, c'est que j'ai besoin de lui.

Benoît trouva le raisonnement juste.

— Et je compte même payer ses services.

En même temps, le chevalier tira sa bourse, y prit deux pistoles et les tendit à Benoît en ajoutant :

— Tu lui diras que j'ai une fantaisie. Je voudrais voir tendre un collet à chevreuil et un collet à cerf.

— Vous n'avez jamais vu ça? fit naïvement Benoît.

— Jamais.

— Ce n'est pas bien malin, dit le bossu en souriant, et je n'aurais pas besoin de Jacques Oudot pour vous faire voir ça.

— Toi !

Benoît clina de l'œil.

— Tu sais faire un collet à chevreuil ?

— Et même à cerf, dit Benoît.

— Mais tu n'as pas les engins nécessaires ?

— Oh ! dit le bossu en souriant, je n'ai pas loin à aller dans la forêt pour trouver un fil de laiton de la grosseur d'un petit doigt. Je sais où Jacques Oudot met son filin, et c'est à deux pas d'ici.

— Eh bien ! va chercher de quoi faire un collet.

— Mais, Monsieur, dit Benoît, où voulez-vous le poser ? Il n'y a pas une seule *passée* par ici.

— N'importe ! va toujours.

Et le chevalier, ayant mis de nouveau pied à terre, alla s'asseoir contre le poteau indicateur.

Benoît se jeta sous bois en murmurant :

— Tout cela est bien drôle, et je veux me prendre dans un collet comme un lapin, si je sais de quoi il retourne.

XXII

Il faisait clair de lune, nous l'avons dit, et Benoît le bossu, se jetant dans la première enceinte qu'il avait à sa droite, prit aussitôt un de ces sentiers de forêt qui courent dans l'herbe en zigzags que seuls les bûcherons et les braconniers connaissent parfaitement.

On sait que Benoît ne marchait ni ne courait. Il bondissait.

Aussi les distances se rapprochaient singulièrement pour lui, et quand il avait dit au chevalier qu'il n'en avait pas pour longtemps à aller chercher les engins de Jacques Oudot, il n'avait pas ajouté que lesdits engins étaient à deux grands quarts d'heure de là.

Mais un chevreuil ne court pas plus vite, à la saison des amours, pour rejoindre une chevrette farouche.

Benoît bondissait de taille en taille, se glissait à plat ventre sous les épines, franchissait les fossés creusés pour l'écoulement des eaux, et, en moins d'un quart d'heure, il eut atteint une clairière au milieu de laquelle se dressait un chêne gigantesque et séculaire.

Les braconniers ont mille ruses pour dépister les gardes. Celui dont Benoît avait parlé au chevalier, et qu'on appelait Jacques Oudot, avait toujours été traqué, et jamais on n'avait pu ni le surprendre en flagrant délit, ni saisir ses collets et ses autres instruments de destruction.

Cependant les gardes avaient passé bien des nuits sur pied ; ils avaient fouillé la forêt dans ses parties les plus sauvages et les plus mystérieuses, ne laissant inexplorés ni un tronc d'arbre, ni une broussaille.

Seulement, ils n'avaient jamais eu l'idée de grimper sur ce vieux chêne, debout au milieu d'une coupe blanche, par la raison toute simple qu'il n'y avait alentour ni broussailles, ni trou à renard, ni cachette quelconque.

La cachette, c'était l'arbre lui-même.

Arrivé au bord de la clairière, Benoît s'arrêta. Il avait l'oreille et la vue des bêtes fauves. Il entendait le moindre bruit au loin, il voyait aussi distinctement la nuit que le jour.

La clairière était déserte.

Benoît se coucha et colla son oreille contre terre. Aucun bruit ne lui arriva.

Alors, en trois bonds, il fut au pied de l'arbre et se mit à grimper comme un chat le long du tronc.

Arrivé au couronnement, il disparut.

L'arbre était creux ; seulement, il l'était par en haut, ce que personne ne savait, excepté Jacques Oudot et Benoît.

Cependant Benoît n'était pas très-camarade avec Jacques Oudot.

Les braconniers se jalousaient entre eux, tout comme les comédiens et les poètes. Outre ce sentiment de jalousie, Benoît n'aimait pas Jacques Oudot parce que celui-ci l'avait méprisé un jour en lui disant qu'il était un bon chien de change et que M. Lucien des Mazures le traitait comme un domestique.

Néanmoins, Benoît n'aurait pas trahi Jacques Oudot. S'il possédait son secret, c'est que ce secret, il l'avait surpris un soir du printemps dernier.

Benoît s'était trouvé chez un garde avec plusieurs bûcherons et autres gens de forêt.

Le garde jurait et pestait contre Jacques Oudot, qu'il ne pouvait parvenir à prendre. Il ajoutait même qu'il avait passé vingt-trois nuits en forêt, sans pouvoir découvrir les engins du braconnier.

Alors Benoît, qui était curieux à ses heures, se fit à lui-même le serment de savoir ce que le garde ne savait pas.

Lui aussi, il se mit à passer des nuits en forêt, à épier Jacques Oudot, et il finit par le voir gagner la clairière et grimper sur l'arbre dont nous parlons.

Dès lors, Benoît comprit tout.

Le lendemain, il choisit une heure où Jacques Oudot devait se trouver dans un autre contour de la forêt, prit le chemin de la clairière, grimpa sur l'arbre à son tour et descendit dans le trou, qui était creux. Il avait apporté avec lui un bout de chandelle et une pierre à fusil, qu'il se mit à battre avec son couteau.

Quand il se fut procuré de la lumière, Benoît se

trouva dans un véritable arsenal. Il y avait de tout : depuis des collets à lapin jusqu'à des collets à cerf et à chevreuil, des bourses pour les lapins, de la poudre dans un potiron desséché, enfin, un fusil de braconnier se démontant en trois morceaux.

Benoît n'avait touché à rien.

Il n'avait pas davantage trahi le secret de cette cachette, et un jour qu'il avait rencontré Jacques Oudot dans un cabaret d'Ingrannes, il s'était bien gardé de lui dire ce qu'il savait.

Or donc, Benoît se laissa glisser dans le tronc creux ce soir-là.

Il n'avait pas de bout de chandelle, mais sa main suppléerait à la lumière qui lui manquait. Il eut bientôt trouvé un gros fil de laiton épais comme le doigt. C'était tout ce qu'il voulait.

Il remonta vers le couronnement à la manière des ramoneurs grimpant dans un tuyau de cheminée, se passa le fil de laiton autour du cou, descendit lestement à l'extérieur de l'arbre, quitta la clairière et reprit, en bondissant, le chemin du carrefour où il avait laissé le chevalier.

Celui-ci était toujours assis au pied du poteau, ayant au bras la bride de son cheval, qui broutait l'herbe folle de l'allée forestière. Et, tout en attendant Benoît et commençant à trouver qu'il était lent à revenir, le chevalier Michel de Valognes se disait :

— D'après les calculs de Benoît, il y a environ trois heures que l'homme aux empreintes a passé ici.

Si j'en crois ce que m'a dit Toinon, Dagobert est allé à Orléans, mais il doit revenir cette nuit.

C'est un robuste gaillard, qui doit cheminer lestement, et il est probable qu'il ne s'amusera pas en route, d'autant plus qu'il ne doit pas aimer à laisser seule sa chère pupille après ce qui s'est passé l'autre jour.

Dagobert pourrait donc repasser par là vers deux heures du matin. J'ai donc tout le temps nécessaire pour organiser mes petites batteries.

Benoît revint.

Il avait à la main le collet pris au magasin forestier de Jacques Oudot.

— Voilà, dit-il en mettant le fil de laiton sous les yeux du chevalier.

Celui-ci prit un air naïf.

— Comment, dit-il, c'est ça, un collet ?

— Oui, Monsieur.

— Et on peut prendre un chevreuil avec ?

— Un chevreuil et même un cerf.

— Voilà ce que je voudrais voir.

— Pour cela, Monsieur, dit Benoît, il faut aller dans un endroit de la forêt où il y ait des *passées*. Ici, nous sommes trop près des terres, et il n'y a que du lièvre et du renard.

— Eh bien! dit le chevalier, c'est pourtant ici que je veux que tu poses ton collet.

— Ici?... Mais où?

— Là, dit le chevalier en montrant cette brèche faite au fourré d'épines.

— Dans le chemin?

— Justement.

Benoît regarda le chevalier avec défiance.

— Mais, Monsieur, c'est donc un homme que vous voulez prendre au collet?

— Peut-être...

— Alors, dit Benoît, je n'en suis pas.

— Plaît-il?

— Je dis que je n'en suis pas, fit le bossu avec colère.

— Tu oublies que M. le comte t'a recommandé de me suivre et de m'obéir.

— Non, mais...

— Mais quoi?

— M. Lucien ne savait pas, ne pouvait pas savoir ce que vous vouliez faire.

— Il le savait.

Benoît, stupéfait, recula d'un pas.

En même temps, M. de Valognes s'approcha de son cheval, retira sa carabine de la fonte, et dit froidement à Benoît :

— Aussi vrai que nous sommes ici tous les deux, si tu ne m'obéis pas, je te casse la tête.

Benoît était brave; cependant il ne put se défendre d'un léger tremblement, et il fit un nouveau pas en arrière.

Le chevalier épaula :

— Si tu te sauves, dit-il, je te loge une balle entre les deux épaules.

Alors Benoît comprit qu'il fallait parlementer et tâcher de gagner du temps.

— Mais, Monsieur, dit-il, je ne demande pas mieux que de vous obéir, puisque M. Lucien le veut.

— A la bonne heure !

— Mais...

— Mais tu voudrais savoir qui je veux prendre au collet, n'est-ce pas ?

— Justement.

— Un homme dont j'ai à me plaindre.

— Oh! Monsieur, on ne prend pas un homme comme l'on prend un cerf, savez-vous ?

— C'est-à-dire, fit le chevalier qui montra tout à coup par ces paroles qu'il savait aussi bien que Benoît tendre un collet, — c'est-à-dire qu'un cerf ou un chevreuil qui chemine la tête basse se prend par le cou.

— Tandis qu'un homme qui marche tout debout se prend par les jambes et ne s'étrangle pas.

— C'est encore vrai.

— Et si le collet est fixé à une branche d'arbre un peu forte et qu'on a courbée, il est pris par le milieu du corps et enlevé de terre.

— Ma foi, Monsieur, dit naïvement Benoît, je vois que vous en savez autant que moi. Et tenez, voilà le fil de laiton, tendez le collet vous-même.

— Soit, dit le chevalier; nous ne nous chicanerons pas pour si peu. Tiens mon cheval.

Il donna la bride à Benoît, prit le fil de laiton qu'il tordit et noua, entra dans le fourré et marcha droit à un baliveau de cinq ans qui croissait au fond du sentier qu'avait suivi l'homme qui s'en allait à Orléans, car on retrouvait les empreintes de pas sur la terre détrempée par les dernières pluies.

Ce baliveau était non un chêne, mais un hêtre, ce qui valait mieux, car ce dernier arbre est beaucoup plus flexible.

Alors, avec l'adresse d'un braconnier consommé, le chevalier tendit le collet et coucha la branche d'arbre qui était de force, en se relevant à enlever un bœuf.

Mais à peine avait-il terminé cette singulière besogne, qu'il entendit Benoît jeter un cri.

— Qu'est-ce donc? fit-il en reparaissant dans l'allée forestière.

Benoît était penché sur des empreintes de pas.

— Eh bien? dit le chevalier, voyant que celui-ci ne répondait pas.

Benoît leva enfin la tête.

— Monsieur, dit-il, je reconnais ce pied-là.

— Vraiment? ricana le chevalier.

— C'est celui de Dagobert, le forgeron de la Cour-Dieu.

— En vérité!

— C'est lui qui a passé par ici : c'est lui que vous voulez prendre.

— Peut-être...

— Mais je ne veux pas, moi!

— Ah! tu ne veux pas? Et pourquoi?

— Parce que nous sommes amis...

Mais Benoît, en disant cela, ne s'était pas tenu suffisamment à distance.

Le chevalier se jeta sur lui, le prit à la gorge et le renversa.

— Si tu cries, dit-il, je t'étrangle!

Et comme il était beaucoup plus robuste que le jeune braconnier, il le prit dans ses bras, l'approcha de son cheval, mit le pied à l'étrier, sauta en selle, et maintint Benoît devant lui, couché en travers, répétant :

— Au moindre cri, je te serre la gorge, et je te fais rendre ta langue.

Après quoi, il poussa son cheval dans une des

lignes qui aboutissent au carrefour et prit au galop le chemin de la bicoque qu'il appelait pompeusement son château.

XXIII

Maintenant, retournons à la Cour-Dieu et reportons-nous au moment où le père portier était venu chercher Dagobert pour le conduire chez dom Jérôme.

Le prieur n'était plus ce que Dagobert l'avait vu deux jours auparavant.

La fièvre à laquelle il avait été en proie s'était dissipée, le mal était passé tout à coup, et le moine se retrouvait robuste et vert comme un chêne que la tempête a vainement assailli.

— Mon enfant, dit-il à Dagobert, l'heure est venue.

Dagobert demeura immobile au seuil de la cellule et attendit les ordres du prieur.

— Je ne souffre plus et je me sens la force d'entreprendre le voyage dont je t'ai parlé, dit dom Jérôme.

— Je suis prêt, répondit Dagobert.

— Mais je ne puis quitter mon couvent sans l'autorisation de mes supérieurs, dit encore le prieur, et tu vas partir pour Orléans, où tu porteras ce pli à l'évêché.

En même temps, dom Jérôme prit sur une table une grande lettre carrée qu'il avait scellée de son anneau pastoral.

— Dois-je partir sur-le-champ ? demanda Dagobert.

— Non, répondit dom Jérôme. Nous sommes à une époque de pénitence pour l'Eglise, et tu arriverais à Orléans avant la nuit, que tu ne pourrais être admis auprès de monseigneur qu'à huit heures du soir.

C'est le moment unique où l'accès de l'évêché est permis aux hommes profanes.

Tu peux donc ne te mettre en route que dans l'après-midi.

D'ici là, tu vas préparer Jeanne au voyage que nous allons entreprendre. Tu lui diras que nous nous mettrons probablement en route demain soir, et que nous irons coucher à Pithiviers.

Je demande à Monseigneur un congé de huit jours et la permission de voyager sous des habits mondains. Il y a deux chevaux de selle au couvent, nous les prendrons. Jeanne montera en croupe derrière toi.

Pour aujourd'hui, je t'engage à aller prendre un

cheval à Sully ; tu trouveras dix personnes pour une qui te le prêteront.

— Oh ! ce n'est pas la peine, dit Dagobert, j'ai de bonnes jambes.

— Mais il y a loin d'ici à Orléans.

— Je sais un chemin par la forêt qui raccourcit de moitié.

— Tu feras comme tu voudras, dit dom Jérôme.

Dagobert prit la lettre et s'en alla.

Quand il revint à la forge, Toinon, on s'en souvient, s'y trouvait encore, mais Jeanne était remontée précipitamment dans sa chambre.

Ce qui fit que, voyant la bohémienne seule, le forgeron ne devina point ce qui s'était passé entre elle et la jeune fille.

Celle-ci attendit que l'âne fût ferré, que Toinon fût partie et que Dagobert se fût remis tranquillement à un ouvrage de serrurerie. Alors elle redescendit.

— Bonjour, Dagobert, dit-elle.

Et suivant l'habitude qu'elle avait prise depuis l'enfance, elle lui tendit son front.

Dagobert y mit un chaste baiser ; puis il lui dit :

— Jeanne, je vais en route aujourd'hui.

— Et où vas-tu donc, mon bon Dagobert ?

— A Orléans, par ordre de dom Jérôme.

— Est-ce loin, Orléans ?

— Sept ou huit lieues par la route, cinq ou six par le travers.

— Quand pars-tu ?

— Ce soir.

— Quand reviendras-tu ?

— Cette nuit. Aussi, il faut me faire une promesse, la demoiselle.

— Parle, mon bon Dagobert.

— Je vais fermer la forge en m'en allant.

— Si l'on vient frapper à la porte, vous n'ouvrirez pas, n'est-ce pas?

— Oh! non certes.

— C'est bien. Maintenant j'ai autre chose à vous apprendre, la demoiselle. Nous partons demain.

— Qui nous? fit Jeanne en tressaillant.

— Dom Jérôme, vous et moi.

Jeanne pâlit.

— Nous partons? dit-elle.

— Oui, la demoiselle.

— Et où... allons-nous?

— A Paris.

Jeanne étouffa un cri.

— Mais qu'allons-nous faire à Paris?

— Nous allons à la recherche de votre fortune.

— Ma fortune!

— Oui, car vous êtes riche, la demoiselle; et peut-être aussi de votre famille...

— Oh ! dit-elle avec tristesse, ne m'as-tu pas toujours dit que mes parents étaient morts?

— Vos parents, oui. Mais... ne vous souvenez-vous donc pas du jour où vous êtes venue ici pour la première fois?...

— Ah ! oui, dit-elle, j'étais bien petite ! mais je m'en souviens... C'est mon oncle Raoul qui m'a amenée...

— C'est bien cela, la demoiselle.

— Mais mon pauvre oncle est mort... lui aussi... ne me l'as-tu pas dit souvent?...

— Oui, je le croyais, mais dom Jérôme dit qu'il n'est pas mort...

— Est-ce bien vrai?

Et Jeanne eut un rayon de joie dans les yeux.

— Et peut-être, continua Dagobert, le retrouverons-nous à Paris.

Mais déjà la joie qui avait un moment brillé dans les yeux de Jeanne s'était éteinte.

— Mais, mon bon Dagobert, dit-elle, si nous retrouvons mon oncle...

— Eh bien ! tant mieux, puisque nous allons à Paris pour cela, la demoiselle.

— Oui, répondit Jeanne en soupirant, mais il voudra peut-être me garder avec lui.

— Cela est possible, la demoiselle.

16.

— Et je ne reviendrai plus ici, fit-elle les larmes aux yeux.

— Ne vous ai-je pas dit souvent, la demoiselle, reprit Dagobert d'une voix triste et grave, que vous étiez une fille de naissance et que vous n'étiez pas destinée à vivre éternellement sous le toit d'un pauvre forgeron comme moi ?

— Oh ! je suis si heureuse ici !

Et les yeux de Jeanne s'emplirent de larmes et elle se jeta au cou de Dagobert en lui disant :

— je t'aime bien, va, et je ne veux pas te quitter.

— Eh bien ! dit Dagobert, si nous retrouvons votre oncle, je le supplierai de me permettre de demeurer avec vous et de rester à votre service.

Cette réponse aurait dû sécher les larmes de Jeanne.

Mais elle continua à pleurer, et elle remonta s'enfermer dans sa chambre.

A midi, elle prépara comme à l'ordinaire leur modeste repas, et se mit à table avec le forgeron. Elle ne pleurait plus, mais elle était toujours triste, et elle mangea du bout des dents.

Et lorsque, deux heures après, Dagobert se mit en route, elle fondit en larmes de nouveau.

Et Dagobert s'en alla, la rage et le désespoir au cœur, se disant :

— Oh! je sais bien pourquoi elle pleure... Ce

n'est pas de l'idée qu'elle peut me quitter un jour...
C'est pour ce beau coq du château de Beaurepaire...

Et Dagobert s'enfonça dans la forêt ; et quand il fut sous les grands arbres, il se surprit à pleurer à son tour. . . . .

Dagobert avait de bonnes jambes, comme il l'avait dit à dom Jérôme.

Il cheminait gaillardement, en dépit de la tristesse qui l'accablait, et bien avant le coucher du soleil, il était de l'autre côté de la forêt. Le chemin qu'il avait suivi était celui dont Benoît le bossu parlait, quelques heures après, au chevalier Michel de Valognes.

Par conséquent c'était bien lui qui avait passé au carrefour où le gentilhomme et le braconnier avaient trouvé des empreintes de pas.

Parvenu de l'autre côté de Loury, Dagobert prit une route frayée qui s'en allait en droite ligne à Orléans.

Bientôt après, il entendit derrière lui un bruit de roues et le claquement d'un fouet ; et, se retournant, il vit une sorte de patache découverte attelée d'un cheval gris qui trottait assez lestement.

Dagobert reconnut le messager qui, une fois par semaine, faisait le voyage de Pithiviers à Orléans, comme il le faisait une autre fois de Pithiviers à Châteauneuf-sur-Loire, en passant par la Cour-Dieu.

Patache et patachier étaient, par conséquent, de la connaissance du forgeron, qui se planta tout debout au bord de la route et attendit.

Quand elle fut près de lui, la patache s'arrêta.

— Hé! Dagobert, dit le conducteur qui le reconnut sur-le-champ, où allez-vous donc comme ça, mon homme?

— A Orléans, dit Dagobert.

— Voulez-vous monter à côté de moi?

— Volontiers; ça me fera des économies de chaussures tout de même.

Et Dagobert monta dans la patache, qui ne contenait qu'un seul voyageur.

Quand il fut installé à côté du patachier, celui-ci lui dit :

— Vous allez sans doute acheter du fer?

— Peut-être bien, répondit Dagobert.

— Et vous coucherez à Orléans?

— Oh! non, il faut que je sois de retour cette nuit.

— Eh bien! dit le patachier, c'est une fortune tout de même que vous m'ayez rencontré.

— Pourquoi?

— Mais, dame! parce que d'abord je vous emmène... Et qu'ensuite, à moins que vous ne partiez trop tard, je vous ramènerai.

— Vous revenez donc ce soir?

— Oui.

— Ça me va, dit Dagobert.

Le cheval gris *allongeait*, comme l'on dit.

Deux heures après, c'est-à-dire un peu avant sept heures, il faisait, avec la patache, une entrée bruyante à l'auberge du *Sauvage*, dans la rue de Bourgogne.

— Je repars à neuf heures, dit alors le patachier; si vous avez fini vos affaires, vous pouvez venir ici, nous ferons de nouveau route ensemble jusqu'à Loury.

Dagobert n'avait d'autre affaire que la mission dont l'avait chargé dom Jérôme.

Il s'en alla donc tout droit à l'évêché et entra chez le portier.

Cet homme, qui se donnait l'importance d'un chanoine, avait commencé par toiser Dagobert assez dédaigneusement, puis il avait changé d'attitude et de langage en voyant Dagobert tirer le pli aux armes du couvent de la Cour-Dieu.

Il s'en était emparé et avait dit au forgeron :

— Attendez-moi ici.

Dagobert avait attendu une heure.

Enfin, le portier était revenu avec une autre lettre non moins volumineuse, scellée aux armes de l'évêque.

C'était la réponse de monseigneur.

Et Dagobert s'en était allé avec la lettre à l'auberge du *Sauvage*, avait mangé un morceau et était reparti deux heures après avec le patachier de Pithiviers.

Il était près de minuit quand le patachier le déposa au bord de la forêt, à l'entrée du même faux chemin qu'il avait déjà suivi en venant.

Grâce à cette portion de voyage faite en voiture, Dagobert, qui n'avait pas espéré d'abord être de retour à la Cour-Dieu avant quatre heures du matin, Dagobert, disons-nous, se trouvait en avance.

Cependant il se mit à courir. Une fois en forêt, il avait hâte de revenir à la forge, et de sombres pressentiments s'étaient emparés de lui.

Il faisait encore clair de lune, mais l'astre des nuits rasait l'horizon et allait bientôt disparaître.

A mesure qu'il approchait, Dagobert marchait d'un pas plus rapide.

Bientôt il eut atteint cette vaste enceinte que traversait ce faux chemin qui allait aboutir au carrefour ; et il n'en avait pas encore franchi la moitié que la lune disparut, faisant place à une obscurité complète. Tout autre qu'un homme de forêt comme Dagobert n'eût pu s'orienter.

Mais, lui, il ne quitta pas un instant le faux chemin, et il arriva à ce fourré d'épines qui séparait l'enceinte du carrefour. Déjà, dans les ténèbres, il voyait se dresser plus noir encore, au milieu du rond-point, le poteau indicateur, lorsque tout à coup son pied rencontra un obstacle qui lui prit la jambe.

Dagobert crut qu'il s'était embarrassé dans une ronce, et il poussa en avant.

Mais soudain la branche d'arbre courbée par le chevalier se redressa, l'obstacle monta des jambes à la ceinture, et Dagobert fut enlevé par le milieu du corps.

Il s'était pris dans le collet tendu si habilement par le chevalier.

XXIV

Revenons au chevalier Michel de Valognes. Il avait, on s'en souvient, mis Benoît le bossu en travers de son cheval.

Puis il s'était dirigé au galop vers la bicoque qui était pareillement située au bord de la forêt.

Le domestique du chevalier était en rapport avec ces maigres ruines, et se composait d'un jardinier garde-chasse et d'un valet de chambre qui, au besoin, faisait les fonctions de piqueur. Une vieille servante qu'on appelait Manon complétait la maison.

La bicoque, qui tombait en ruines, était flanquée d'une tour pointue dans laquelle était l'escalier.

La cour, devenue basse-cour, était entourée d'un vieux mur à moitié démoli.

Dans un chenil construit en planches couchaient quatre briquets effrayants de maigreur.

Enfin le chevalier n'avait qu'un cheval, ce qui faisait que, lorsqu'il était absent, l'écurie était vide.

Mais les quatre briquets, le jardinier, le valet de chambre et la servante, méritaient bien d'être au service d'un pareil maître et paraissaient avoir été faits pour lui. Les chiens étaient féroces, la servante hargneuse, les deux valets brutaux et méchants.

Tout cela dormait quand le chevalier arriva et se mit à sonner une fanfare.

Alors les chiens hurlèrent et le jardinier se leva en maugréant.

Tout en galopant, le chevalier avait solidement garrotté Benoît avec les courroies qui pendaient à l'arçon de sa selle.

Puis il l'avait menacé de lui casser la tête avec sa carabine s'il criait.

Benoît, qui savait le chevalier capable de tout, se l'était tenu pour dit.

Le jardinier fut quelque peu surpris, en accourant, de voir, aux rayons de la lune, son maître maintenir un homme en travers de sa selle.

— Hé ! Badinier, lui dit le chevalier, viens prendre ce drôle, et tiens-le solidement.

Le jardinier était un homme d'une taille au-dessus de la moyenne et d'une force herculéenne. Il prit Benoît dans ses bras et le posa à terre.

— Tiens, dit-il, c'est le bossu !

— Oui, dit le chevalier, et nous allons lui donner un gîte pour la nuit. Il n'a pas besoin, aujourd'hui, de coucher en forêt.

Benoît regardait le chevalier avec une expression de colère et de haine, mais, dominé par l'effroi, il n'osait rien dire.

— Qu'est-ce qu'il a donc fait, cette petite canaille ? demanda le jardinier.

— Rien, dit le chevalier ; mais il me gêne.

— Que faut-il en faire ? Monsieur le chevalier veut-il que je le jette dans le puits ? dit froidement Badinier.

— Non, mais nous allons le mettre à l'ombre pour quelques heures.

Sur ces mots, le chevalier mit pied à terre. Le valet de chambre qui, lui aussi, avait entendu le son du cor, arrivait en ce moment.

— Ça, dit le chevalier, prenez-moi ce drôle, mes enfants, liez-lui les pieds et les mains, passez-lui un mouchoir dans la bouche et portez-le-moi à la cave.

Benoît eut un accès de courage.

— Ah! Monsieur, dit-il, si M. Lucien savait que vous me traitez ainsi.

— Mon garçon, répondit froidement le chevalier, ce n'est pas ma faute, c'est la tienne. Lucien t'a commandé de m'obéir et tu m'as refusé.

— M. Lucien est un homme juste, dit Benoît, et s'il avait su ce que vous alliez faire en forêt...

— Il le savait.

— Oh! pour ça non, dit Benoît.

Le chevalier haussa les épaules. Puis, levant son fouet qu'il tira de sa botte à l'écuyère :

— Drôle! dit-il, je n'aime pas les raisonneurs, par conséquent tiens-toi tranquille ou je te caresse à grands coups de lanière.

La peur reprit Benoît. Il se tut.

— Allons, vous autres, reprit le chevalier, dépêchez-vous, nous avons autre chose à faire !

Badinier prit Benoît, le chargea sur ses épaules et l'emporta comme il eût fait d'un sac de blé.

Le chevalier suivit ses deux valets.

La cave du manoir avait une trappe dans le vestibule même.

Tandis que le jardinier soulevait cette trappe, le

valet de chambre entra dans la cuisine et alluma une lanterne.

Ce fut l'affaire de quelques minutes.

Benoît, pieds et poings liés, un bâillon dans la bouche, fut couché entre deux futailles, et le chevalier remonta en disant :

— Maintenant, il ne nous gênera plus.

Les deux domestiques se regardaient cependant avec un certain étonnement.

Que signifiait tout cela ?

— Prenez vos souliers et vos guêtres, leur dit le chevalier ; ainsi que vos fusils, et venez avec moi.

En même temps il sortit du manoir et ferma la porte sous laquelle il passa ensuite la clé.

La vieille Manon, qui était sourde, n'avait absolument rien entendu et continuait à dormir paisiblement dans la chambre située sous les toits.

Le chevalier à cheval et les deux valets à pied reprirent le chemin de la forêt.

— Çà, dit le premier en se tournant à demi sur sa selle, je crois que vous m'êtes dévoués, mes drôles ?

— Monsieur le chevalier ne peut pas en douter, au moins pour mon compte, répondit le valet de chambre ; car il m'est dû trois années de gages.

— Et, à moi, quatre, dit le jardinier.

— Le seul moyen que je vous paye, dit le chevalier, c'est que je fasse un bon mariage, et je suis en train de le faire; mais, si vous me trahissez, tout s'en ira en eau de boudin.

— Oh ! du moment qu'il s'agit d'un mariage pour monsieur, fit le valet de chambre, monsieur peut compter sur nous.

— Oui, dit le chevalier, j'ai mis dans ma tête que j'épouserais la comtesse Aurore, et la chose est en bon chemin.

Les deux valets frissonnèrent d'une joie cupide.

— Seulement, reprit le chevalier, il faut que vous me serviez fidèlement cette nuit.

— Monsieur le chevalier peut compter sur nous jusqu'à la mort, répondit le jardinier.

— C'est bien, dit M. de Valognes.

Et il mit son cheval au petit trot, ce qui força ses domestiques à courir. Au bout d'une heure, il arrivait dans le carrefour où Benoît avait retrouvé le pas de Dagobert.

Alors il descendit de cheval, et, laissant l'animal au milieu de la route, il fit signe aux deux valets de le suivre.

Le jardinier murmurait :

— Je veux être pendu si je sais de quoi il retourne.

Quand il fut au bord de la brèche pratiquée sous

le fourré d'épines, le chevalier se tourna vers eux,

— Vous voyez ce faux chemin?

— Oui, dit le valet.

— A dix pas, dans le bois, il y a un collet assez fort pour prendre un cerf.

— Bon! fit le jardinier.

— Mais ce n'est pas un cerf qui s'y prendra dans une heure ou deux d'ici, peut-être avant même.

— Qu'est-ce donc? fit le valet de chambre.

— Un homme!

Tous deux poussèrent un cri d'étonnement.

— Cependant, poursuivit le chevalier, je ne veux pas qu'il s'étrangle.

— Ah!

— Mais je veux qu'il se prenne, et j'ai compté sur vous. Venez avec moi.

Et le chevalier entra le premier dans le faux chemin, marchant avec précaution, de peur de se prendre au piége qu'il avait tendu lui-même.

Il faisait encore clair de lune, et les deux serviteurs purent voir le collet qui se trouvait pourtant assez habilement masqué par une broussaille.

— Regardez bien et tâchez de comprendre, dit le chevalier, un homme passera sûrement par ici, et j'ai tendu ce collet assez large pour qu'il se prenne par le milieu du corps.

— Il est certain, dit le jardinier, qu'à moins qu'il

ne marche à quatre pattes, il ne se prendra pas par le cou.

— La branche que j'ai courbée, continua le chevalier, l'enlèvera. Cachez-vous là, derrière cette broussaille et attendez... vous l'entendrez jeter un cri. As-tu toujours une corde dans ton carnier, toi, Badinier ?

— Oui, Monsieur.

— Avant de le dépendre, vous lui attacherez les jambes. Je dois vous dire que c'est un garçon solide et fort comme un taureau, et vous ne serez pas trop de deux pour vous en rendre maîtres.

— Est-ce que nous le connaissons? demanda Badinier.

— Oui, c'est le forgeron de la Cour-Dieu.

— Dagobert?

— Justement.

L'étonnement des deux valets était au comble. Quel intérêt le chevalier pouvait-il avoir à prendre Dagobert au piége comme un cerf ou un chevreuil?

M. de Valognes alla au-devant de leur curiosité.

— C'est le seul homme, dit-il, qui puisse faire manquer mon mariage avec la comtesse Aurore.

— Bon, dit le jardinier, c'est compris.

— Or, reprit le chevalier, un homme dont les pieds ne touchent plus terre, n'a pas de force pour se défendre. Vous lui lierez donc facilement les jambes ; et quand ce sera fait, vous tirerez à vous et la branche cassera.

Alors, attachez-lui les mains, et s'il crie, faites-lui comme à Benoît, mettez-lui un mouchoir dans la bouche.

— Et puis, dit le valet de chambre, qu'en ferons-nous ?

— Vous m'attendrez... mais, je vous le répète, si vous me trahissez ou si vous manquez votre coup, je n'épouserai pas la comtesse, et vous ne serez jamais payés de vos gages.

— Monsieur le chevalier, ricana le valet de chambre, ne pourrait nous donner une meilleure raison.

Et tous deux se couchèrent sur l'herbe, à trois pas du collet et derrière une broussaille qui les masqua complétement.

Le chevalier regagna le carrefour, sauta sur son cheval et s'éloigna au galop dans la direction du châtau de Beaurepaire.

. . . .

Il n'y avait pas une heure que les deux serviteurs du chevalier étaient cachés dans la broussaille, que la lune disparut tout à coup derrière l'horizon.

Peu après Badinier, qui avait l'oreille fine, tressaillit et dit tout bas :

— J'entends du bruit.

Le valet de chambre colla son oreille contre terre.

— Moi aussi, dit-il.

— C'est celui que nous attendons, sans doute, reprit Badinier.

— Prépare ta corde.

— Je l'ai à la main.

Le bruit devint plus distinct, et bientôt les pas de Dagobert résonnèrent dans le faux chemin.

Les deux valets retenaient leur haleine.

Dagobert avançait toujours. Tout à coup il jeta un cri et se sentit enlevé.

Alors les deux misérables sortirent de la brousaille et se jetèrent sur lui.

Dagobert n'était pas encore revenu de son étonnement, qu'il était lié par les jambes et dépendu.

Cependant, il était robuste, le forgeron, et il lutta énergiquement en poussant des cris. Mais Badinier était une sorte d'hercule qui l'eut bientôt réduit à l'impuissance en lui appuyant son genou sur la poitrine, tandis que le valet de chambre lui attachait les mains.

— Mon petit, dit alors le jardinier, faut être sage, sans cela, nous te ferons ton affaire.

Et il le saisit à la gorge, ce qui força Dagobert à ouvrir la bouche.

Le valet de chambre saisit cette occasion, et il

enfonça son mouchoir dans cette bouche ouverte.

Dès lors, Dagobert ne poussa plus que des cris sourds et inarticulés.

XXV

Le chevalier Michel de Valognes avait donc repris au galop la route de Beaurepaire. La soirée s'avançait et les petites gens qu'abritait le château étaient couchés.

Mais la comtesse des Mazures, Lucien et Toinon étaient debout.

Tous trois se trouvaient réunis dans le boudoir de la comtesse lorsque le chevalier entra.

En son absence, il y avait eu un accord complet entre la comtesse et son fils.

La comtesse avait dit à Lucien :

— Tu aimes cette jeune fille et je ne m'oppose nullement à ce que tu l'épouses. Seulement, il paraît qu'elle est presque toujours gardée à vue par le forgeron.

— C'est un misérable ! dit Lucien qui se sentait ivre de colère en songeant à l'affront qu'il avait reçu.

— Il n'est que l'instrument des moines, avait répondu à Mme des Mazures.

Et Lucien s'était écrié :

— Mais qu'est-ce que les moines ont à voir dans cette affaire?

Alors un fin sourire était venu aux lèvres de la comtesse.

— Voyons, mon enfant, avait-elle dit en prenant les mains de Lucien dans les siennes, écoutez-moi.

Vous êtes mon unique affection, et je n'ai pas grand mérite à vous céder et à consentir à ce mariage, malgré son excentricité apparente. Cependant, peut-être eussé-je, sinon résisté, au moins essayé de vous faire comprendre que c'était un véritable sacrifice dans lequel notre orgueil de race était tout à fait immolé... si...

La comtesse s'arrêta, souriant toujours.

— Eh bien! ma mère? dit Lucien étonné.

— Si je ne croyais, reprit-elle, que ce mariage n'est pas aussi ridicule... qu'il en a l'air.

— Ma mère!

— Vous me demandez quel intérêt les moines ont à faire bonne garde autour de la petite? De tout temps les communautés religieuses se sont distinguées par leur peu d'abnégation des biens de ce monde.

Tout en travaillant pour le ciel, elles n'ont jamais négligé ni de s'affilier des moines riches qui donnaient leur fortune au couvent, ni d'agrandir leurs terres, ni de défendre pied à pied et rigoureusement tous leurs droits.

— Où voulez-vous en venir, ma mère ?

— A ceci : Que Jeanne, — c'est bien son nom, n'est-ce pas ? — que Jeanne pourrait bien n'être ni la filleule ni la nièce du forgeron Dagobert, mais quelque fille de bonne maison dont les moines ont accaparé la fortune.

— Serait-ce possible.

— C'est ma conviction, mon enfant.

Et la comtesse mit un baiser au front de son fils, puis elle ajouta :

— Vous voyez donc bien que je n'avais pas grand mérite à vous accorder mon consentement ?

— Mais, ma mère, dit Lucien, si les moines sont les tuteurs de Jeanne, que dois-je faire ?

Et Lucien avait pris un air naïf.

— Oh ! le vilain mystérieux ! dit la comtesse en souriant, vous croyez donc que je ne sais pas tout ?

Lucien se prit à rougir.

— Le chevalier m'a fait ses confidences, dit la comtesse.

— Vraiment ? balbutia Lucien.

— Dagobert a dû s'absenter aujourd'hui, et le chevalier a pris ses précautions pour qu'il ne rentre pas à la forge de la nuit.

Lucien prit la main de la comtesse et la baisa.

— Ah! ma mère, dit-il, vous êtes un ange! Ainsi vous me permettez d'enlever Jeanne?

— Oui, pour l'amener ici et la placer sous ma protection jusqu'à votre mariage.

— O ma mère, vous êtes bonne! dit Lucien en sautant au cou de la comtesse.

En ce moment, le chevalier entra.

— Eh bien? firent à la fois le fils et la mère.

— Tout va bien, répondit le chevalier. A cheval, mon ami...

— Mais... le forgeron...

— Pris au piége, dit le chevalier.

— Comment?

— Oh! mon ami, reprit M. de Valognes, nous n'avons pas le temps d'entrer dans des explications. En ce moment, les minutes valent des siècles, à cheval!

— Mais, chevalier, dit la comtesse, un mot seulement : Dagobert est-il à votre merci?

— Il y sera dans une heure. Allons, Lucien, mon ami, allez faire votre toilette de voyage. Il fait un froid sec. Passez votre peau de bique et votre tablier e chasse. Et en route!

Lucien sortit.

Alors le chevalier dit à la comtesse :

— Madame, devinez ce que j'ai imaginé pour m'emparer du forgeron?

— Je ne sais, dit Mme des Mazures.

— Je vais le prendre dans un collet comme un chevreuil.

— L'idée est originale, dit-elle ; mais une fois pris, qu'en ferez-vous ?

— Je le garderai prisonnier dans un des souterrains de mon château jusqu'à ce que Jeanne se soit apprivoisée ici... Alors on lui donnera une centaine de pistoles à titre d'indemnité, et on le renverra à son enclume et à son marteau.

Lucien revint.

Il avait endossé son habit de chasse, ceint son couteau, fait seller son cheval et glissé dans les fontes une paire de pistolets.

Il fallait tout prévoir, même la résistance des moines.

— Convenez, mon enfant, dit la comtesse en l'embrassant, que je suis une mère indulgente et facile...

— Je vous adore ! répondit Lucien.

Et il suivit le chevalier.

Quand ils furent en selle et trottant botte à botte dans la direction de la forêt, le chevalier dit à Lucien :

— Mon ami, je suis non-seulement un ami sûr, mais encore un ami intelligent.

— Voilà ce dont je n'ai jamais douté, dit Lucien.

— Non-seulement j'ai préparé l'enlèvement.

Jeanne, mais encore j'ai voulu que vous soyez vengé.

— Comment cela, mon ami?

— Vous vous souvenez du seau d'eau froide!

— Oh! fit Lucien avec colère, si Jeanne n'eût pas été dans la maison du misérable, j'y eusse mis le feu.

— Eh bien! vous allez avoir votre revanche. Dagobert est pris ou va se prendre dans un collet à chevreuil.

— Mais, dit vivement Lucien, vous voulez l'étrangler! Oh! ma colère ne va pas jusque-là... Je ne veux pas que cet homme meure...

— Soyez tranquille, il ne mourra pas, j'ai fait cacher mon jardinier et mon valet de chambre, deux robustes gaillards, dans le bois, à quelques pas du collet. Aussitôt que cet étrange gibier sera pris, ils se jetteront sur lui, et, tout en l'empêchant de s'étrangler, ils le ficelleront comme une bourriche.

— Et puis?

— Et puis je lui donnerai une hospitalité de quelques jours dans la cave de ma bicoque. Mais je veux auparavant que vous le puissiez voir en cet état. Ce sera votre vengeance.

Lucien et le chevalier galopèrent une heure environ. A quelque distance du carrefour, ils s'arrêtèrent.

Alors le chevalier posa deux doigts sur sa bouche et siffla d'une façon particulière. Puis il attendit.

Le coup de sifflet traversa l'espace; puis, au milieu du silence et de l'obscurité de la nuit, car la lune était descendue derrière l'horizon, un autre coup de sifflet se fit entendre.

— Qu'est-ce que cela? demanda Lucien.

— Victoire! répondit le chevalier.

Et il mit son cheval au galop.

En quelques minutes ils eurent atteint le carrefour. Un homme était debout au milieu.

Le chevalier reconnut son valet de chambre.

— Eh bien? lui cria-t-il.

— C'est fait, répondit celui-ci.

— Vous le tenez?

— Oui.

— Venez, mon cher comte, venez, dit le chevalier, vous allez voir votre ennemi.

Et il mit pied à terre, et Lucien l'imita ; puis tous deux, guidés par le valet de chambre, entrèrent dans le fourré.

La nuit était obscure, mais pas assez cependant pour qu'on ne pût pas voir distinctement le malheureux Dagobert solidement garrotté et bâillonné.

Il se tordait sur le sol, faisant des efforts inouïs pour briser ses liens, et poussant de sourds hurlements de fureur au travers de son bâillon.

— Hé! hé! mon garçon, dit le chevalier d'un ton moqueur, voilà notre revanche, la revanche de

M. le comte Lucien des Mazures. Qu'en penses-tu, mon drôle ?

Dagobert attacha sur Lucien un regard étincelant de fureur.

Il fit même en cet instant un si violent effort que si les cordes eussent été moins épaisses, elles se seraient brisées.

Lucien se pencha à l'oreille du chevalier :

— On ne lui fera pas de mal, au moins ? dit-il.

— Aucun !

Puis le chevalier dit à ses deux serviteurs :

— Faites un brancard avec quatre baliveaux, mettez-moi cet homme dessus et portez-le au château, où vous le descendrez tenir compagnie dans la cave à Benoît.

— Benoît ? exclama Lucien.

— Oui, le petit drôle vous trahissait, mon ami.

— C'est impossible !

— C'est la vérité ! mais je vous expliquerai tout cela en route. Allons reprendre nos chevaux, et courons à la Cour-Dieu.

Dagobert entendit ces derniers mots, et il parvint à jeter un cri si puissant, à travers son bâillon, que Lucien en tressaillit.

— Allons-nous-en ! dit-il, ce spectacle me fait mal.

Cinq minutes après, Dagobert, écumant, entendit

retentir le galop des deux chevaux qui s'éloignaient.

Alors les deux valets du chevalier exécutèrent les ordres de leur maître.

Ils coupèrent les branches d'arbres, les assemblèrent grossièrement, et fabriquèrent en quelques minutes une sorte de civière, sur laquelle ils posèrent Dagobert.

Puis, à travers la forêt, ils prirent le chemin du manoir du chevalier, où ils arrivèrent après une heure de marche.

La clé était toujours sous la porte; les chiens n'avaient pas quitté le chenil.

Badinier ouvrit la porte et entra le premier. Puis il se procura de la lumière.

Le silence le plus profond régnait dans la maison, et Manon, la vieille servante sourde, dormait toujours.

Alors les deux valets prirent Dagobert à bras-le-corps, s'engageant sur l'échelle de meunier qui servait d'escalier.

Mais comme ils arrivaient sur la dernière marche, Badinier, qui portait la lanterne d'une main, jeta un cri d'étonnement et de rage.

La cave était vide, et Benoît le bossu avait disparu !

XXVI

Qu'était devenu Benoît le bossu.

Badinier le jardinier et le valet de chambre Jean le cherchèrent vainement dans tout le château, après s'être bien assurés qu'il n'était pas dans la cave.

Cependant, il n'avait laissé aucune trace de son évasion, et, ce qui était plus extraordinaire, encore, il était si solidement attaché, qu'il était presque impossible de supposer qu'il eût brisé ses liens tout seul. Nous allons essayer d'expliquer cette disparition, qui serait demeurée à l'état d'énigme pour les deux domestiques.

Benoît était un garçon de tête.

Il ne perdait jamais complétement sa présence d'esprit, et quand il avait vu qu'il ne serait pas le plus fort avec le chevalier, il s'était résigné en apparence, se réservant de remplacer la force par la ruse. Il savait M. de Valognes capable de le tuer s'il se rebellait, et il avait paru se soumettre. On lui avait lié les jambes et les bras. Ses mains étaient ramenées derrière son dos et attachées par les poignets.

Quand le chevalier et les deux domestiques furent

partis, Benoît s'était trouvé plongé dans une obscurité complète.

Il était couché sur le sol humide de la cave et tellement meurtri par les cordes que, pendant une demi-heure, il lui fut impossible de faire un mouvement.

Cependant il entendait des bruits étranges autour de lui, quelque chose comme des grignottements sourds dans le plancher qu'il avait au-dessus de sa tête.

Puis il lui sembla que des souffles passaient sur son visage, et tout à coup, il jeta un cri aigu... Il avait senti une bande de rats grouiller autour de lui.

Pour certaines organisations, le rat est un animal tellement répulsif qu'elles n'osent y toucher.

Benoît avait horreur des rats.

Il fut donc tellement épouvanté qu'il fit un effort surhumain et se redressa sur ses jambes étroitement liées l'une à l'autre.

Mais les rats se mirent à grimper après lui, et le malheureux continua à hurler.

Ses cris effrayèrent les rongeurs qui prirent la fuite, et de petits pas en petits pas, Benoît put se traîner jusqu'au mur auquel il s'adossa.

Les rats, un moment effrayés, revinrent à la charge.

Les souliers de Benoît étaient enduits de saindoux, et cette graisse les affriolait.

L'épouvante et l'horreur firent ce que la force n'aurait pu. Benoît parvint à briser les cordes qui entravaient ses jambes.

Alors il se mit à courir en tous sens au milieu de cette obscurité profonde, écrasant ses ennemis sous son pied.

L'homme se fait à tout, même à l'horreur, même à l'obscurité qui décuple l'horreur.

Au bout d'un quart d'heure de cette lutte étrange, de cette course insensée, pendant laquelle le malheureux, qui n'avait pas l'usage de ses bras, toujours liés derrière son dos, se heurtait aux murs, aux futailles, à l'échelle qui servait d'escalier, Benoît était presque fait à cette chasse épouvantable. Chaque rat qu'il écrasait poussait un cri aigu; mais d'autres arrivaient et grouillaient toujours autour de lui.

Et à mesure que le temps s'écoulait et que la lutte se prolongeait, le bossu recouvrait peu à peu sa présence d'esprit et songeait à Dagobert.

Et du moment où Dagobert lui revenait en mémoire, Benoît songeait à trouver un moyen de délivrance quelconque.

Il avait l'usage de ses jambes, mais il n'avait pas celui de ses bras; et ses bras lui étaient peut-être encore plus nécessaires pour tenter une évasion.

Tout à coup, les rats poussèrent des cris plus stridents et plus aigus.

Puis Benoît, s'arrêtant, entendit comme le bruit d'un escadron microscopique qui prendrait la fuite.

En même temps, ses yeux furent attirés par deux points lumineux.

Ces deux points, semblables à des étoiles qui se détacheraient d'un ciel couleur d'encre, se prirent à voltiger, à bondir, à raser le sol ou à passer au niveau de son visage.

Quelques rats crièrent encore; puis le silence se fit, et les deux points lumineux s'arrêtèrent, et il sembla à Benoît qu'ils étaient fixés sur lui.

Dès lors, il sut à qui il avait affaire.

C'était un chat qui s'était introduit dans la cave et avait donné la chasse à la foule des rongeurs.

Ce chat venait de délivrer Benoît.

Maintenant, satisfait sans doute de sa victoire, il se tenait tout au haut de l'échelle, de telle façon que Benoît aurait pu croire qu'il était suspendu à la voûte de la cave.

La fuite des rats, l'arrivée de cet auxiliaire inattendu avaient rendu à Benoît toute sa présence d'esprit. Il comprit que le chat était au haut de l'échelle.

Et alors il eut une idée sublime.

A force de tâtonner, il toucha l'échelle et posa le pied sur la première marche.

Le chat disparut.

Sans doute, l'animal, se croyant poursuivi à son tour, avait fui par quelque fissure de la voûte, par quelque trou que l'obscurité empêchait Benoît de découvrir. Benoît continua à monter.

Soudain sa tête rencontra un obstacle.

C'était la trappe de la cave.

En même temps une bouffée d'air frais le frappa au visage.

Alors, Benoît comprit que la trappe avait une échancrure, une *chattière*, comme l'on dit.

Et, se servant de sa tête comme d'un levier, il essaya de soulever la trappe.

La trappe ne fermait la cave que par son propre poids; les gens du chevalier, laissant Benoît garrotté au fond de la cave, n'avaient pas jugé utile de mettre un cadenas qu'on laissait après un piton, et que le chevalier ne fermait jamais, tant son cellier était mal approvisionné.

La trappe était lourde; mais l'amour de la liberté décuplait les forces de Benoît qui s'arc-boutait sur ses jambes et montait à mesure qu'il la soulevait.

Le vestibule était plongé dans une obscurité moins épaisse, grâce à un rayon de lune qui passait sous la porte.

La trappe, en se soulevant toujours, se rejeta en arrière.

Alors Benoît mit le pied sur le dernier échelon, et du dernier échelon dans le vestibule. Mais il ne suffisait pas pour lui d'être hors de la cave, il fallait sortir du vestibule. Et comme Benoît avait toujours les mains liées derrière le dos, il ne pouvait en faire usage.

Cependant, grâce au rayon de lune qui blanchissait le sol, il put s'orienter.

Il aperçut d'abord quelque chose de noir sous la porte, et, l'ayant touché du pied, il reconnut que c'était la clé.

Puis, s'étant éloigné de la trappe et ayant appuyé à gauche, il se heurta à une autre porte qui était entre-bâillée et qui céda.

Alors, un flot de clarté blanche frappa Benoît au visage. Il était au seuil de la cuisine que la lune éclairait en plein, car la fenêtre n'avait pas de volets, mais simplement un treillis de barreaux de fer.

Le bossu put, grâce à cette lumière, voir distinctement les objets qui l'environnaient. Il aperçut la cheminée, et une nouvelle idée lui vint.

On était en hiver; et certainement la cuisinière avait dû, avant de se coucher, enterrer le feu sous les cendres.

Benoît s'en approcha, et, avec son pied, il eut bientôt mis à découvert un tison encore rouge.

Auprès de la cheminée, il y avait un amas de

broussailles et deux javelles destinées sans doute à chauffer le lendemain la soupe matinale du jardinier.

Benoît poussa avec le pied la broussaille et les javelles sur le tison.

Puis, se mettant à genoux, il fit un soufflet de sa bouche.

Il arracha au tison une gerbe d'étincelles. Bientôt la broussaille prit feu, et une flamme élevée s'en dégagea.

Alors Benoît se redressa, et avec un courage digne d'un fils de Lacédémone, il tourna le dos au feu, de manière à exposer à l'action de la flamme la corde qui serrait ses poignets.

Il se brûla les mains, les manches de sa blouse prirent feu, mais la corde aussi, et en quelques instants elle fut assez brûlée pour craquer et se briser sous l'effort suprême que fit Benoît.

Il était libre !

Alors il courut à l'évier et plongea ses mains brûlées dans un baquet d'eau froide.

Ce bain calma la douleur qu'il ressentait.

Il y avait un placard dans la cuisine. Benoît l'ouvrit, y prit une burette d'huile et la versa sur ses mains. C'était encore un moyen d'adoucir les brûlures.

Alors Benoît ne songea plus qu'à fuir.

Il retourna dans le vestibule, referma la cave en laissant retomber la trappe, puis il s'empara de la clé et ouvrit la porte.

Les chiens qui étaient au chenil se mirent à hurler.

Mais Benoît avait si souvent appuyé les chiens de Lucien auxquels le chevalier adjoignait quelquefois les siens, que ceux-ci reconnurent la voix de Benoît et se turent.

Benoît referma la porte, glissa la clé dessous et prit sa course vers la forêt.

Si le chevalier connaissait les raccourcis, Benoît les connaissait mieux encore.

Il se jeta à travers bois, et bondissant avec rapidité, il prit le chemin du carrefour où le collet était tendu.

Seulement il devait arriver trop tard.

Il avait pris le chemin le plus court; mais pendant qu'il travaillait à sa délivrance, les vieux serviteurs du chevalier s'etaient emparés de Dagobert, comme on a pu le voir.

Or, pour revenir au château, ils avaient été obligés de suivre des sentiers plus frayés que ceux que Benoît suivait en sens inverse.

Ce qui fit que Benoît et les geôliers de Dagobert ne se rencontrèrent pas.

Benoît arriva à l'endroit où le collet avait été tendu.

A l'inspection de la branche d'arbre qui s'était relevée, il comprit que Dagobert s'était pris dans le collet ; mais comme le collet était brisé, il en conclut que le forgeron, avec sa force herculéenne, était parvenu à se dégager, et qu'il avait continué son chemin.

Alors Benoît n'hésita pas, et il reprit en courant le chemin de la Cour-Dieu.

XXVII

Suivons maintenant Lucien et son ami, le chevalier Michel de Valognes.

Tout deux s'étaient éloignés au galop du carrefour où le malheureux Dagobert était tombé dans un guet-apens, et ils avaient pris la route de la Cour-Dieu.

Alors Lucien s'était tourné vers le chevalier.

— Que m'avez-vous donc dit de Benoît ? fit-il.

— Que le drôle avait voulu nous trahir.

— C'est impossible.

— Je vais vous démontrer le contraire. Ecoutez-moi bien, et vous comprendrez que rien n'est plus naturel.

— Saviez-vous ce que j'allais faire, quand j'ai quitté le château de Beaurepaire à la nuit tombante ?

— Assurément non, je savais seulement que vous vous occupiez de Dagobert.

— J'allais tendre le collet, ou plutôt le faire tendre à Benoît, qui est habile en ces sortes de choses ; Benoît, tant qu'il n'a pas su au juste de quoi il s'agissait, m'a obéi sans mot dire. Il m'a procuré un fil de laiton que je n'avais pas ; il m'a montré le faux chemin par où Dagobert avait passé.

— Ah ! dit Lucien, il savait que Dagobert était en route.

— Non pas, mais il a constaté tout simplement d'abord qu'un homme venait de passer. Alors j'ai tendu le collet.

Mais, dit le chevalier, ce drôle-là a un flair merveilleux ; il est plus bête fauve qu'il n'est homme. N'a-t-il pas reconnu que les empreintes de pas étaient celles du pied de Dagobert !

— Et qu'a-t-il fait alors ?

— Il s'est écrié que Dagobert était son ami, et qu'il ne voulait pas se prêter à ce qu'on lui fît du mal.

— Ah ! Dagobert est son ami, ricana Lucien qui haïssait maintenant cordialement le forgeron, et trouvait Benoît, qu'il avait comblé de bontés, bien hardi de ne pas partager sa haine.

— Hé! mon cher, répondit le chevalier, tous ces gens-là s'entendent entre eux, se liguent au besoin contre nous, et vous verrez à quoi nous auront conduits les idées philosophiques et humanitaires qui gangrènent depuis un quart de siècle la noblesse française.

— Mais enfin, dit Lucien, qui ne partageait point sur cette matière les opinions du chevalier, que s'est-il passé alors?

— Une chose bien simple. J'ai pris le petit misérable au collet.

— Et il ne s'est pas défendu.

— J'étais plus fort que lui, et je l'eusse étranglé au besoin. Puis, je l'ai placé en travers de ma selle et j'ai piqué un temps de galop jusque chez moi. Comme, en route, il se débattait, je l'ai averti que je lui logerais dans la tête la balle de ma carabine, s'il opposait la moindre résistance et s'il criait. Alors il s'est tenu tranquille et n'a plus soufflé mot.

Arrivé chez moi, j'ai éveillé mes domestiques, nous l'avons solidement garrotté, et je l'ai descendu dans la cave, où, à cette heure, il médite sans doute sur les inconvénients d'être l'ami d'un forgeron, et de se mettre en hospitalité avec des gentilshommes.

Et le chevalier se mit à rire.

— Mais qu'allons-nous faire de Dagobert? demanda encore Lucien.

— Ce que vous voudrez.

— Hein?

— Mon cher, reprit le chevalier, il est une chose qu'il ne faut point vous dissimuler. Tant que vous ne serez pas marié, Jeanne sera légalement sous la tutelle des moines. Par conséquent, il faut être logique. Si nous rendons trop tôt la liberté à Dagobert, Dagobert s'en ira au couvent trouver dom Jérôme et fera grand bruit et grand tapage.

— La chose est certaine.

— Dom Jérôme, prévenu à temps, montera à cheval, ira chez l'évêque et chez le gouverneur de la province, et parlera si haut qu'on vous reprendra la jeune fille.

— Oh! fit Lucien en serrant dans sa main crispée le manche de son fouet de chasse.

— Donc, reprit le chevalier, il faut prendre nos précautions. Je réponds de mes gens, et par conséquent de Dagobert et de Benoît. Dans une heure, Jeanne est en votre pouvoir.

— Dieu vous entende! murmura Lucien dont le cœur battait à outrance.

— Vous la conduisez à Beaurepaire, et votre mère la prend sous sa protection. Il est même convenu, entre elle et moi, que demain soir vous partirez tous les trois en chaise de poste pour Paris.

Qu'avons-nous donc à faire pour assurer la possibilité de ce voyage? Une seule chose. Tenir Dagobert et Benoît prisonnier assez longtemps pour que dom Jérôme puisse croire que le forgeron s'est absenté avec sa pupille, et profiter des vingt-quatre heures d'irrésolution que cette disparition jettera parmi les moines.

— Alors vous garderez Dagobert?

— Oui.

— Mais vous ne le maltraiterez pas, ni Benoît non plus?

— Je vous le promets.

Lucien poussa son cheval qui, engagé dans une allée boueuse, s'était mis au pas.

Mon cher comte, reprit le chevalier, je comprends votre impatience; mais il ne faut cependant pas trop nous presser. Et je vais vous en dire la raison, ou plutôt les raisons, car il y ena deux.

— Quelles sont-elles?

— La première est que les moines se lèvent à deux heures pour chanter *Matines*.

Il faut donc attendre qu'ils soient à la chapelle. Une fois l'office commencé, rien ne saurait plus les distraire, et ils ne viendront point vous déranger.

— C'est assez juste. Voyons la seconde raison?

— Dagobert s'éveille entre trois et quatre heures du matin ordinairement, et, bien qu'il fasse le moins de bruit possible, Jeanne doit s'éveiller souvent à cette heure-là. Vous ne troublerez donc pas son premier sommeil.

— C'est ma foi vrai, dit Lucien.

Et il tira sa montre, qu'il fit sonner. Elle marquait une heure et demie du matin.

— Nous avons une grande heure devant nous, dit le chevalier ; donc, ne nous pressons pas.

Lucien poussa un soupir et remit son cheval au pas.

Puis il tomba en une rêverie profonde.

Tout ce qui s'était passé, tout ce qui arrivait lui paraissait le résultat d'un rêve.

Ainsi il allait enlever Jeanne, et non-seulement sa mère à lui ne s'y opposait pas, mais encore elle consentait à son mariage.

Et la comtesse Aurore, depuis huit jours, n'avait pas donner signe de vie, et elle acceptait sans murmurer cette rupture qui avait eu lieu entre eux.

Enfin l'homme qui, jusque-là, avait veillé sur Jeanne comme un dragon garde un trésor, Dagobert était réduit à l'impuissance. Tout cela tenait du prodige et de la magie.

Et cependant Lucien releva tout à coup la tête et dit au chevalier :

— Ah! mon ami... j'ai peur...

— Peur! fit le chevalier, et de quoi?

— Si Jeanne allait refuser de me suivre ?

— Allons donc!

— Elle a un grand respect pour Dagobert.

— Mais elle vous aime.

— Je le crois, j'en suis même sûr... mais... qui sait? elle a été pieusement élevée... elle considère Dagobert comme son tuteur...

— Vous lui direz franchement votre pensée.

— C'est-à-dire qu'elle est la victime des moines et que Dagobert est leur instrument docile?

— Oui.

— Et si elle persiste dans son refus ?

— Mon ami, dit le chevalier froidement, qui veut la fin, veut les moyens.

— Sans doute.

— Si Jeanne refuse de vous suivre, nous l'enlèverons et nous l'emporterons au galop au château de Beaurepaire, où la vue de votre mère, qui lui ouvrira ses bras, la calmera et la rassurera tout à fait sur la loyauté de vos intentions.

— Soit, dit Lucien.

Mais comme il donnait ainsi, d'un mot, son consentement aux projets du chevalier, celui-ci arrêta brusquement son cheval.

— Silence ! dit-il tout bas.

Ils étaient parvenus alors à cet endroit de la forêt qu'on appelle la route de la Femme-Morte, et dans lequel nous avons aperçu Lucien pour la première fois.

De cette ligne, qui est située sur la hauteur, il n'y a guère plus qu'une demi-lieue pour arriver aux terres de la Cour-Dieu.

— Qu'est-ce donc? demanda Lucien étonné.

— N'avez-vous rien entendu?

— Absolument rien.

— Moi, il m'a semblé que j'entendais un bruit de feuilles froissées et de branches qui craquaient, là, dans cette enceinte.

— C'est quelque bête fauve qui s'est dérobée.

— Peut-être... Cependant...

— Quoi donc? fit Lucien étonné de cette inquiétude manifestée par le chevalier.

— Au fait, répondit celui-ci, c'est impossible et je suis fou!

— Que voulez-vous dire?

— Si je n'étais certain que Benoît est pieds et poings liés dans ma cave...

— Eh bien?

— J'aurais cru que c'était lui qui bondissait à travers les taillis.

— Mon cher, dit Lucien, je n'ai absolument rien entendu, moi.

— Ah! vraiment?

— Et je vous jure pourtant que j'ai tellement

chassé en forêt avec Benoît, que je l'entends courir sous bois à un quart de lieue de distance.

— Alors, je me suis trompé.

Et tous deux se remirent en route et prirent la lisière des bois Thomas, qui descend en droite ligne vers la Cour-Dieu.

Mais à mi-chemin d'un endroit où cette ligne forme une petite côte, le chevalier s'arrêta de nouveau.

— Oh! cette fois, dit-il, j'ai bien entendu, là... sur notre gauche.

Et il fit franchir le fossé à son cheval et entra brusquement sous bois.

Mais la nuit était obscure, et le chevalier ne pouvait pousser bien loin sa reconnaissance. D'ailleurs, le bruit avait cessé.

M. de Valognes rejoignit donc Lucien et lui dit:

— Je crois que j'ai des bourdonnements dans les oreilles.

— C'est un chevreuil qui a passé près de nous, dit Lucien. Benoît ne saurait avoir le don d'ubiquité, et puisqu'il est dans votre cave, il ne saurait être ici.

— Vous avez raison, dit le chevalier.

Et ils continuèrent leur chemin.

Ils arrivèrent ainsi à la route frayée qui, venant de Sully-la-Chapelle et de Fay-aux-Loges, s'en allait à Pithiviers, passant sous les murs du couvent et devant la forge de Dagobert.

Alors le chevalier dit à Lucien :

— Je crois qu'il est prudent que je vous attende ici.

— Pourquoi ?

— Mais parce que Jeanne vous ouvrira plus facilement si vous êtes seul.

— Vous avez raison, mon ami.

— Si elle résiste, si vous avez besoin de moi, envoyez-moi un coup de sifflet et vous me verrez arriver au galop.

— Chevalier, dit Lucien, dont le cœur battait violemment, vous êtes mon meilleur ami.

Et il lui tendit la main.

— Allez, beau paladin ! dit le chevalier en souriant.

Lucien poussa son cheval, et le chevalier Michel de Valognes demeura en travers du chemin, écoutant le galop du cheval sur la route suivie.

Tout à coup, M. de Valognes tressaillit de nouveau.

Ce bruit étrange et mystérieux, qui par deux fois avait frappé son oreille, se faisait entendre de nouveau, et cette fois tout près de lui.

— Oh ! par exemple ! s'écria-t-il, j'en aurai le cœur net.

Et comme il s'apprêtait à rentrer sous bois, un

éclair se fit sous la broussaille voisine, une balle siffla et le chevalier, poussant un cri de douleur, vida les {arçons et tomba sanglant au bord du fossé.

XXVIII

Qui donc avait tiré sur le chevalier Michel de Valognes ?

Pour le savoir, il nous faut suivre Benoît le bossu à partir du moment où, trouvant le collet brisé, il avait pris sa course vers la Cour-Dieu, avec la conviction que Dagobert était parvenu à se dégager. Benoît s'était dit :

— Du moment que M. Lucien suit les conseils du chevalier, c'est qu'il ne vaut pas mieux que lui, et je ne veux pas qu'il arrive malheur à Dagobert. Aussi, vais-je le prévenir qu'on veut enlever la demoiselle.

Benoît n'avait plus le secours de la lune pour chercher son chemin.

Mais il connaissait si bien la forêt qu'il y eût marché les yeux fermés.

— Il est bien sûr, se disait-il en courant à travers bois, que le chevalier et M. Lucien ont pris la route de la Cour-Dieu, et que, certains que Dagobert est pris dans un collet, ils vont enlever Jeanne.

Mais ils ont beau galoper, il leur faut suivre les lignes et j'arriverai encore avant eux. Peut-être même que j'arriverai avant Dagobert.

En effet, Benoît avait pris ce faux chemin que Dagobert avait suivi dans la journée en sens inverse et qui était droit comme un *i*, tandis que les routes forestières que le chevalier et Lucien avaient dû suivre faisaient un assez grand détour et allongeaient la distance du double.

La nuit était obscure. Néanmoins, à deux ou trois cents mètres de ce poteau indicateur auprès duquel s'était déroulé le petit drame que nous avons raconté, Benoît trouva une coupe blanche couverte de ces longues herbes jaunes au milieu desquelles les fauves vont *faire une nuit*.

En hiver, quand la gelée blanche ne fond qu'imparfaitement aux rayons d'un pâle soleil, ces herbes acquièrent une certaine rigidité, et, par conséquent, quiconque les traverse, homme ou bête, y laisse une trace. Si Dagobert était retourné à la Cour-Dieu, il aurait dû passer par là.

Or, comme Benoît, à force de vivre dans les bois, avait acquis la faculté d'y voir comme un chat ou une bondrée dans l'obscurité, il eut bientôt remarqué l'herbe couchée en droite ligne.

Ce n'était ni la coulée d'un lapin ou d'un lièvre, ni la traînée d'un renard, ni le bond inégal d'un chevreuil, mais bien la trace d'un homme qui courait droit devant lui. Benoît ne douta pas un moment que ce ne fût Dagobert qui eut passé par là.

— Il a de l'avance, se dit-il, mais je le rattraperai.

Et il se reprit à bondir avec une vitesse et une légèreté qui tenaient du prodige.

Il fit ainsi une demi-lieu, tantôt dans le fourré, tantôt à travers les herbes blanches, tantôt encore à travers les grands taillis aussi clairs que la futaie.

De temps en temps, il retrouvait cette trace de pas qu'il prenait pour celle de Dagobert. Alors il se couchait, l'oreille contre terre, espérant entendre le bruit de la course de Dagobert.

Et chaque fois il se relevait en murmurant :

— Il faut tout de même qu'il ait une fière avance pour que je n'entende rien.

Enfin, comme il se couchait de nouveau, un bruit parvint à son oreille.

Un bruit de sabots résonnant en cadence sur la terre durcie. Benoît ne s'y trompa point. C'étaient des chevaux qui allaient au pas dans une route forestière.

Et ces chevaux, n'étaient-ce pas ceux de Lucien et du chevalier de Valognes ?

— Bon ! pensa Benoît, j'arriverai toujours avant eux.

Il se remit donc en chemin.

Mais tout à coup un autre bruit se fit tout auprès de lui. Benoît s'arrêta.

En même temps un homme se dressa au milieu des broussailles, et, le couchant en joue, cria :

— Halte ! qui es-tu ?

— Benoît, répondit le bossu.

L'homme qui avait le fusil à l'épaule en laissa retomber la crosse à terre.

— Tu m'as rudement fait peur, dit-il.

— Oh ! c'est toi, Jacques Brizou ?

— C'est moi, dit l'homme qui s'avança vers Benoît.

Ce Jacques Brizou n'était autre que le paysan qui avait coupé le jarret du cerf, quatre jours auparavant, et que la comtesse Aurore avait si rudement mené.

Jacques Brizou avait enroulé autour de lui un gros sac de toile blanche.

— Bon ! dit Benoît en souriant, tu as ta charge de bécasses, n'est-ce pas ?

— Oui, et j'ai cru que c'était un garde qui me donnait la chasse.

— Non, dit Benoît ; mais d'où viens-tu ?

— Du poteau des six routes.

— Tu as passé dans les herbes blanches ?

— Oui, au beau milieu.

— Ah! tonnerre! murmura Benoît, ce n'est donc pas Dagobert?

— Je ne l'ai ni vu ni entendu.

— Alors, il lui est donc arrivé malheur! s'écria Benoît.

— Malheur?

— Je le crains.

Et Benoît confia à Jacques Brizou, en quelques mots, tout ce qu'il savait.

— Oh! les misérables! dit le paysan. Il faudra pourtant bien que tout ça finisse!

— M. Lucien n'est pas méchant, dit Benoît, mais M. de Valognes ne vaut pas cher.

— Oh! dit Jacques Brizou, si je le tiens jamais au bout de mon fusil... Je crois que je lui ferai son affaire.

— Chut! dit vivement Benoît, écoute!

— J'entends des chevaux, dit Jacques Brizou.

— Ce sont eux.

— Qui eux?

— M. Lucien et le chevalier.

— Et où vont-ils?

— A la Cour-Dieu... enlever la demoiselle de la forge.

— Oh! dit Jacques Brizou, Dagobert est un brave

homme et un bon compagnon; nous ne permettrons pas qu'on lui fasse cet affront; n'est-ce pas, petiot?

— Non, dit Benoît.

— Alors, courons...

— Je ne demande pas mieux, dit Benoît, mais tu n'es pas dératé comme moi, et tu aurais beau faire, tu ne les rattraperais pas... Prête-moi ton fusil.

— Pour tuer M. Lucien?

— Oh! non, pas lui... mais... le chevalier.

— Prends, dit froidement Jacques Brizou : ce sera toujours un méchant homme de moins.

Benoît n'eût pas fait de mal à une mouche quelques heures auparavant ; mais à présent il avait soif de vengeance, et il en voulait à la mort au chevalier.

Ce fut donc avec un frisson de joie et un violent battement de cœur qu'il s'empara du fusil.

— Merci, Jacques, dit-il.

— Je vais toujours essayer de te suivre, dit le paysan, et j'arriverai à la Cour-Dieu tôt ou tard.

Mais Benoît était loin déjà.

Il bondissait de taille en taille, appuyant toujours sur la droite, de façon à se rapprocher obliquement de la route forestière que le chevalier et Lucien suivaient en causant à voix basse.

Le chevalier ne s'était donc pas trompé lorsque,

arrivé au poteau de la Femme-Morte, il s'était brusquement arrêté et avait prétendu entendre un bruit de feuilles froissées et de branches cassées.

Benoît était à vingt pas dans le bois, le fusil de Jacques Brizou à l'épaule.

Mais la terre de la route était brune et sans reflets.

Benoît craignit de ne pas distinguer le chevalier de Lucien, et il ne fit pas feu.

Les deux cavaliers s'étaient donc remis en chemin.

On se rappelle que vers le milieu de la route du bois Thomas, le chevalier, entendant le même bruit, avait franchi le fossé et était entré dans la futaie.

Benoît était à califourchon sur une branche d'arbre, et le chevalier passa à dix pas de lui.

Une seconde fois, le bossu mit son arme à l'épaule, mais une réflexion l'arrêta.

Jacques Brizou lui avait donné son fusil, mais il avait oublié de lui dire dans quel canon, le droit ou le gauche, se trouvaient les deux balles macérées que tout braconnier glisse dans son arme, en prévision de la rencontre d'un sanglier ou d'un garde. Un côté est donc chargé à balles et l'autre à plomb.

Or, chaque braconnier a sa manière.

L'un tire le côté gauche le premier, et alors ses balles sont dans le canon droit.

Un autre presse la détente droite et les charges sont alors interverties.

Benoît, hésitant, craignit de tirer le chevalier avec du plomb.

Il ne voulait pas le blesser, mais le tuer. Il attendit donc que M. de Valognes eût regagné la route.

Alors, il descendit de l'arbre et, retirant la baguette, il la posa dans le canon droit. La baguette rendit un son mat auquel Benoît ne se trompa point.

Le canon droit était chargé à petit plomb.

Il la laissa ensuite tomber dans le canon gauche, et le son fut plus sec.

Le canon gauche était chargé à balles.

Le bossu reprit sa course et il arriva au bord de la route de Sully à Pithiviers avant les deux cavaliers.

Il était blotti dans une broussaille, à six pas, quand Lucien et le chevalier arrivèrent, s'arrêtèrent un moment et se séparèrent.

Le chevalier, on s'en souvient, demeura au milieu du chemin, et Lucien se dirigea vers la Cour-Dieu.

Benoît attendit alors que le comte des Mazures se fût éloigné.

Pour mieux épauler, il fit un mouvement; quelques racines craquèrent, et le chevalier, tressaillant de nouveau, voulut rentrer sous bois.

Mais, en ce moment, Benoît, qui avait eu le temps de l'ajuster, pressa la détente et fit feu, et, on l'a vu, le chevalier tomba frappé de deux balles : l'une à l'épaule, l'autre en pleine poitrine.

Benoit était vengé! . . . .

. . . .

Au moment où le coup de feu se fit entendre, Lucien était déjà à trois ou quatre cents mètres de distance.

Il tressaillit et s'arrêta net.

Il avait entendu la détonation, mais il n'avait pas entendu le cri du chevalier.

Cependant, il eut le pressentiment d'un malheur et voulut rebrousser chemin.

Mais, en cet endroit, la route formait un coude et les bâtiments de la Cour-Dieu lui apparurent à une faible distance.

Et avec eux la maison de Dagobert.

Et, au travers des ais mal joints de la porte, un filet de lumière.

Et Lucien eut un battement de cœur et il pensa que Jeanne l'attendait peut-être...

— Je suis fou ! se dit-il ; c'est quelque braconnier qui vient de tuer un lièvre à l'affût.

Et il remit son cheval au galop.

Quand il fut auprès de la maison, Lucien descendit, laissa son cheval sur la route et s'approcha de la porte.

La lumière qu'il avait vu partait de la forge.

Lucien, dont le cœur battait à rompre, approcha alors son œil d'une fente qui se trouvait dans la porte et regarda.

Mais soudain il recula pâle, frémissant, la gorge aride, les cheveux hérissés.

Jeanne était assise au milieu de la forge.

Mais elle n'était point seule...

Une femme était auprès d'elle, et lui serrait familièrement les mains.

Et cette femme... c'était la comtesse Aurore !

XXIX

Pour expliquer la présence de la comtesse Aurore dans la forge de Dagobert à cette heure indue, il est nécessaire de retourner à la Billardière, le petit castel du chevalier des Mazures, et de nous reporter à cet instant où la jeune comtesse avait reçu des mains du vieux valet de chambre Benjamin le coffret mystérieux qu'elle s'était empressée d'ouvrir.

Elle avait jeté un cri, on s'en souvient, en mettant la main sur un médaillon qui représentait une tête de femme, car cette peinture lui rappelait le joli visage et les beaux cheveux blonds de Jeanne, la pupille de Dagobert, qu'elle avait entrevue à la lueur du feu de la forge. Cependant cette apparition rapide ne s'était pas assez gravée dans son souvenir pour que la jeune comtesse demeurât convaincue qu'elle n'était pas le jouet d'une illusion et que ce portrait de femme ressemblait trait pour trait à la jeune fille de la Cour-Dieu.

Elle avait appelé Benjamin; mais il s'était retiré aussitôt après lui avoir remis le coffret.

Alors Aurore était demeurée un moment pensive et irrésolue.

Sonnerait-elle pour appeler Benjamin de nouveau ? Ou continuerait-elle à vérifier ce que contenait le coffret ?

Elle s'arrêta à ce dernier parti.

Le coffret renfermait deux lettres cachetées de noir et une grosse enveloppe de papier gris, sur laquelle étaient écrits ces mots :

A ouvrir après la seconde lettre.

Quant aux deux lettres à bordure noire, l'une portait simplement cette adresse :

A ma fille, le jour où elle aura quinze ans.

L'autre portait une date :

A ouvrir le 1ᵉʳ août 1786.

Aurore lut ces trois suscriptions.

Elle avait dix-huit ans !

Il y avait donc trois ans passés qu'elle aurait dû briser le cachet de la première lettre. Quant à la seconde, elle aurait dû être ouverte le 1ᵉʳ août dernier.

Aurore hésita un moment encore, puis elle fit cette réflexion :

— Puisque toutes ces dates sont expirées, je puis tout ouvrir.

Alors elle se leva, alla pousser le verrou de la porte et, pleine d'une vague et mystérieuse émotion, elle vint se rasseoir devant ce petit bureau sur lequel le vieux Benjamin avait posé le coffret.

Puis elle brisa la cachet de la première lettre, qui était ainsi conçue :

Munich, octobre 176...

« Mon enfant, ma fille chérie,

« Il y a eu aujourd'hui une consultation de médecins à mon chevet.

« Ces graves personnages, dont chacun exposait un système différent, ne sont tombés d'accord que sur une chose.

« Je suis condamnée à mourir.

« Selon les uns, j'ai encore trois mois à vivre; selon les autres, je puis mourir dans quinze jours.

« J'étais plongée dans une sorte d'évanouissement quand ils ont prononcé mon arrêt.

« Mais cet évanouissement m'avait laissé, à leur insu, sans doute, la liberté de ma pensée. Mon corps était paralysé, mais mon âme veillait.

« J'ai tout entendu.

« Alors l'épouvante s'est emparée de moi, mon enfant, non l'épouvante de la mort que j'ai souvent appelée à mon aide, pardonne-le-moi; mais l'épouvante d'une éternelle séparation.

« A l'heure où j'écris, ma chère Aurore, tu es encore une enfant.

« Quand tu ouvriras cette lettre, si tu l'ouvres jamais, je serai morte depuis longtemps.

« Je dis : *si tu l'ouvres jamais*, car ceci ne dépend pas de moi, mais de toi.

« Es-tu la fille de mon cœur ou simplement celle de mes entrailles ?

« C'est là ce que l'avenir décidera, c'est ce dont mon fidèle Benjamin sera juge.

« Ton père, mon enfant, est un grand coupable, j'ose dire un grand criminel.

« Auras-tu, en grandissant, ses instincts et son caractère ?

« Subiras-tu l'inflence de son âme perverse, ou bien seras-tu réellement ma fille?

« Voilà le doute terrible qui m'étreint au seuil de la tombe.

« Si tu ouvres jamais cette lettre, c'est que tu auras résisté courageusement, avec la générosité de la jeunesse, aux leçons de ton père.

« Alors, mon enfant, dis-toi que ta pauvre mère est morte martyre.

« Il y a un secret terrible entre le chevalier des Mazures et moi.

« Ce secret, tu es trop jeune encore pour le connaître.

« Quand tu auras dix-huit ans, Benjamin te remettra une seconde lettre.

« Alors, tu sauras ce que tu as à faire, si le sang de ta mère parle plus haut chez toi que celui du chevalier des Mazures.

« Adieu, mon enfant; au revoir plutôt, car je veux mourir avec cette douce espérance qu'il y a un monde meilleur, où se retrouvent les âmes généreuses et bonnes.

« Ta mère,

« GRETCHEN. »

Aurore tomba en une rêverie profonde après la

lecture de cette lettre, qu'elle avait mouillée de larmes silencieuses.

— Hélas! murmura-t-elle, les leçons de mon père n'avaient que trop endurci mon âme. O ma mère, où que vous soyez dans le monde des âmes, pardonnez-moi!

Puis elle mit un baiser respectueux sur cette feuille de papier jaunie qu'avait frolée la main de sa mère, la replaça dans son enveloppe et prit la la deuxième lettre.

Mais alors, elle fut prise d'un tremblement nerveux. Il y avait un secret terrible entre sa mère morte et son père vivant. Ce secret, elle allait le connaître.

Lui faudrait-il donc haïr et mépriser son père? Aurore hésita longtemps.

Enfin, le désir d'obéir à sa mère morte, et, peut-être à son insu, une secrète curiosité l'emportèrent.

Elle ouvrit cette lettre.

« Mon enfant, disait celle qui, depuis longtemps, avait quitté la terre, si tu lis ces lignes, c'est que tu seras vraiment la fille de mon cœur, comme tu es déjà celle de mes entrailles.

« Par conséquent je puis et je dois tout te dire.

« Tu trouveras dans la cassette qui renfermera mes deux lettres un pli volumineux.

« C'est l'histoire de mon martyre.

« Je meurs empoisonnée, mon enfant.

« Depuis deux années, on a mêlé à mes aliments un poison lent et sûr qui a tué mon corps peu à peu, comme l'on avait déjà tué mon âme.

« Ouvre ce manuscrit, lis-le, et tu sauras l'histoire de ta malheureuse mère et le nom de son assassin.

« Mon enfant, ma fille chérie, avant de te dire un dernier adieu, laisse-moi te charger d'un devoir.

« Il y a de par le monde un être à qui tu tiens par les liens du sang, une fille qui aura dix-neuf ans quand tu en auras dix-huit.

« Cette fille, c'est ta sœur... »

A ces mots, Aurore s'interrompit brusquement et jeta un cri, en même temps que la lettre qu'elle tenait lui échappait des mains.

Une sœur ! elle avait une sœur.

Et elle courut à un gland de sonnette et le secoua avec une précipitation fiévreuse. Tout aussitôt la porte s'ouvrit.

C'était Benjamin, le vieux valet, qui, prévoyant sans doute que la comtesse n'irait pas jusqu'au bout de sa lecture sans avoir besoin de le questionner, était resté dans l'antichambre.

— Me voici, Mademoiselle, dit-il.

Aurore avait le visage baigné de larmes.

Elle courut au vieux domestique.

— Parle, dit-elle, parle !

— Que voulez-vous savoir? fit-il avec émotion.

— Pourquoi ne m'avez-vous jamais dit, ni toi ni mon père, que j'avais une sœur...

— Vous en aviez une, Mademoiselle.

— J'en avais... une ?... Elle est donc morte ?

— Je ne sais pas.

— Benjamin, Benjamin, s'écria la jeune fille, j'ai lu les deux lettres de ma mère... je veux tout savoir.

— Avez-vous lu la seconde jusqu'au bout ? demanda-t-il.

Aurore tressaillit.

— Non, dit-elle.

— Alors, lisez-la.

Elle ramassa la lettre qui gisait sur le parquet et reprit sa lecture.

« Tu as une sœur. Cette sœur, on a voulu la frapper comme moi. Un homme dévoué l'a sauvée. Parviendra-t-il à la soustraire aux bourreaux de ta mère? Hélas ! je l'ai demandé à Dieu avec ferveur et les mains jointes.

« Quand ces lignes te parviendront, où sera-t-elle? Dieu seul le sait !

« Mais si tu es forte, mon enfant, si tu es courageuse et vaillante, mets-toi à sa recherche et protége-la.

« Adieu, au revoir plutôt. Je vais t'attendre dans le ciel.

« Ta mère,

« GRETCHEN. »

— Ainsi donc, j'ai une sœur? répéta Aurore en regardant Benjamin. Pourquoi mon père ne m'en a-t-il jamais parlé?

Un amer sourire passa sur les lèvres du vieillard.

— Parce qu'il la croit morte, dit-il.

— Morte !

— Et c'est bien heureux..., acheva-t-il en baissant la voix.

Aurore pâlit et se prit à trembler.

Maintenant, elle pressentait quelque horrible révélation et n'osait plus questionner Benjamin.

Elle avait pris dans ses mains fiévreuses cette volumineuse enveloppe qui contenait le secret de la mort de sa mère et le nom de son assassin.

Elle la tournait et la retournait, posant parfois ses doigts sur le cachet de cire noire et les retirant avec précipitation, comme si ce cachet les eût brûlés.

Elle voulait et n'osait l'ouvrir.

Enfin, ses regards tombèrent tout à coup sur ce

médaillon qui d'abord avait attiré son attention. Et, le prenant :

— Benjamin, dit-elle, quel est ce portrait?

— Ce portrait ! répondit-il; mais vous ne le devinez donc pas?

Elle le regarda avec anxiété.

— C'est votre mère, acheva-t-il d'une voix émue.

La comtesse jeta un cri :

— Ah! dit-elle, alors je puis t'affirmer que ma sœur n'est pas morte !

Et, cette fois, elle rompit le cachet de l'enveloppe et en retira le volumineux manuscrit.

Il était tracé d'une main courante, fine, un peu pointue, et qui trahissait l'habitude d'écrire l'allemand.

Et la jeune fille se replongea dans le fauteuil où elle était assise tout à l'heure, et se mit à dévorer ces pages qui lui devaient apprendre tant de choses.

Quant au vieux Benjamin, il s'était de nouveau retiré sur la pointe du pied.

XXX

Le manuscrit que la comtesse Aurore avait sous les yeux commençait ainsi :

La noble maison de Waldener-Carlotenbourg est

proche parente de la famille régnante de Bavière, cette fidèle alliée de la France. En 176..., cette maison n'était plus représentée que par une fille.

La princesse Héléna de Carlotenbourg était une femme de vingt-huit à trente ans, fort belle, très-capricieuse et dont les mœurs quelque peu dissolues avaient fait les frais de la chronique galante d'Allemagne. Demandée en mariage par les plus grands seigneurs bavarois, la princesse avait conservé son indépendance.

Cependant, on disait tout bas qu'un mariage secret l'unissait depuis plusieurs années déjà à un petit gentilhomme français, le comte des Mazures.

Le comte avait trente ans ; il avait grande mine, en dépit de sa pauvreté, et, grâce à une protection mystérieuse qui s'étendait sur lui, il avait obtenu le poste d'envoyé extraordinaire et de ministre plénipotentiaire du roi de France près la cour de Munich.

Il y avait un peu plus de deux ans qu'il occupait ce haut emploi, lorsqu'il fut subitement rappelé en France par la mort de l'un de ses frères.

Ce frère laissait une veuve et un enfant à peine âgé de quelques mois.

Il était pareillement sans fortune.

On remarqua, le lendemain du départ du comte,

l'absence de la princesse Héléna de Waldener-Carlotenbourg, aux réceptions de la cour.

Deux jours plus tard, on apprit qu'elle était partie pour Paris.

Dès lors, on ne douta plus qu'elle ne fût, en effet, mariée morganatiquement au comte des Mazures.

La princesse, qui était fabuleusement riche, jouissait de la faveur du roi qui l'appelait « ma cousine » et ne se pouvait passer d'elle.

Hautaine, vindicative, jalouse, elle n'avait auprès d'elle qu'une personne dévouée, une pauvre orpheline née en Allemagne de parents français.

Moitié dame d'honneur, moitié confidente, cette jeune fille qui, pour son malheur, était d'une grande beauté, se nommait Gretchen. Quant à son nom de famille, elle l'ignorait.

La princesse Héléna le savait, mais elle ne le lui avait jamais dit. Pourquoi?

C'était là un mystère qu'on eût vainement essayé de pénétrer.

Tout ce que Gretchen savait, c'est que son père était venu à Munich pauvre et proscrit, qu'il s'y était marié avec une fille de bonne maison, mais aussi pauvre que lui, et que tous deux étaient morts à un mois de distance, dans l'année qui avait suivi sa naissance. Comment étaient-ils morts? Nul n'avait pu le lui dire.

Cependant, il y avait un homme qui le savait, et cet homme était un serviteur du nom de Fritz.

C'était cet homme qui avait élevé Gretchen, de concert avec une vieille Allemande nommée Rosa.

Gretchen avait environ quinze ans lorsque Fritz reçut une lettre de France.

Que contenait cette lette? Il ne le dit point; mais il partit, promettant de revenir au bout d'un mois ou deux.

Deux mois, puis trois s'écoulèrent, Fritz ne revenait pas.

Gretchen habitait avec la vieille Allemande un faubourg de Munich.

Elles vivaient toutes deux simplement, pauvrement, mais sans rien devoir à personne.

Fritz, en partant, avait laissé une certaine somme qui pouvait faire face aux besoins des deux femmes pendant une année entière. Les mois s'écoulaient cependant, et Fritz ne revenait pas.

Enfin, un jour, la vieille Allemande, qui était malade depuis longtemps, se sentit plus faible que de coutume et se mit au lit.

Gretchen, qui l'appelait sa mère, la soigna avec un dévouement filial; elle passa les jours et les nuits à son chevet, la disputant à la mort.

Mais la mort devait être victorieuse.

Un jour vint où Gretchen se trouva seule au monde.

Mais on eût pu croire que la Providence veillait sur elle, car une semaine s'était à peine écoulée qu'un carrosse armorié, attelé de quatre chevaux, entrait dans le faubourg, et s'arrêtait à la porte de cette maison misérable où Gretchen avait passé son enfance. Une belle dame en descendit.

C'était la princesse Héléna de Waldener.

La princesse, passant par là quelques mois auparavant, avait remarqué la pauvre fille, et avait été, disait-elle, touchée de sa beauté et de sa distinction, et elle la voulait prendre à son service.

Rosa était morte, Fritz ne revenait pas.

Que pouvait faire Gretchen ?

Elle avait accepté avec reconnaissance les offres de la princesse, et, dès le jour même, elle se trouva installée au palais de Carlotenbourg.

Cependant Fritz n'était pas mort.

Un jour, il revint et pleura en apprenant la mort de Rosa ; il frissonna quand on lui dit que Gretchen était chez la princesse Héléna.

Lui, l'homme du peuple, le pauvre serviteur, il osa se présenter chez la princesse, et ce fut avec un accent d'autorité étrange qu'il insista pour la voir.

Gretchen était devenue la compagne et l'amie de

la princesse, et elle paraissait si heureuse, que le brave homme n'eut pas le courage de lui dire :

— Suivez-moi, et fuyons !

Mais il eut un long entretien avec la princesse. Que se passa-t-il entre eux ?

Gretchen ne le sut que bien longtemps après.

Seulement, à partir de ce jour Fritz demeura au palais, spécialement attaché au service de la jeune fille; et il ne la quittait pas plus que son ombre, comme si quelque danger terrible et mystérieux eût plané sur elle.

Deux années s'écoulèrent.

Ce fut au bout de ce temps que la princesse partit subitement pour Paris, emmenant Gretchen et Fritz avec elle.

Fritz avait eu un nouvel entretien avec la princesse, et le résultat avait été tout à sa satisfaction, sans doute, car il n'avait plus fait aucune opposition.

Gretchen avait acquis, auprès de la princesse, une brillante éducation.

Elle était devenue musicienne, elle parlait et écrivait plusieurs langues.

Quant à sa beauté, elle était merveilleuse, si merveilleuse que le jeune comte des Mazures, qui, à Munich, avait fait à peine attention à elle, en fut ébloui !

La princesse était réellement mariée au comte, et si

le mariage était demeuré secret jusque-là, c'est que le roi de Bavière, tuteur de la princesse, s'était opposé à sa divulgation.

Le comte était jeune, il était beau, il avait le langage doré et fascinateur des gentilshommes de la cour de France.

Gretchen était une pauvre fille naïve et simple; elle n'avait prémuni son cœur contre aucun des piéges de la séduction.

Qu'advint-il ?

La princesse l'ignora longtemps; mais Gretchen fut abusée et le comte coupable.

Le comte jura à la jeune fille qu'il n'était que l'amant de la princesse et que cette chaîne qu'il traînait lui était odieuse. Il lui promit de l'épouser, il lui fit des serments d'amour, il versa des larmes brûlantes. Gretchen succomba.

Ce premier séjour en France fut court. Il dura à peine deux mois.

Le comte avait été réintégré dans ses fonctions de plénipotentiaire, et la princesse s'était empressée de décider son retour à Munich.

Cependant, belle comme elle était, Gretchen ne pouvait manquer d'éblouir Paris.

Un jour qu'elle avait accompagné la princesse au bal de l'Opéra, deux jeunes hommes, deux officiers du roi, lui avaient fait une cour assidue.

L'un de ces deux hommes s'appelait le comte de Beauvoisin, l'autre Raoul de Maurelière.

Tous deux, le lendemain, avaient osé écrire à Gretchen.

Le hasard voulut qu'une des deux lettres tombât aux mains de Fritz.

Cette lettre était ainsi conçue :

« Mademoiselle,

« Je vous ai vue une heure et je vous aime

« J'ai un ami, cet ami vous aime pareillement. Tous deux nous sommes prêts à mettre à vos pieds notre nom et notre fortune.

« Tous deux, nous nous sommes juré de rester amis, au cas où l'un de nous aurait le bonheur de vous plaire. »

Cette lettre était signé du comte de Beauvoisin. Gretchen ne la reçut pas.

Mais celle de M. de Maurelière lui parvint.

Hélas! Gretchen aimait le comte des Mazures, et elle n'eût certes jamais revu M. de Maurelière, si, le lendemain, elle n'eût reçu de lui une seconde lettre qui était pour elle toute une révélation.

. . . .

La comtesse Aurore s'interrompit à cet endroit de la lecture :

— O mon Dieu! murmura-t-elle, mais cette Gretchen, c'était ma mère!...

XXXI

Après un moment de pénible rêverie la comtesse Aurore reprit la lecture du manuscrit.

La seconde lettre que M. de Maurelière adressait à Gretchen portait cette suscription.

A Mlle Gretchen de Flars.

Or, la jeune fille ne s'était jusque-là connu d'autre nom que celui de Gretchen.

Elle ouvrit donc ce message et lut :

« Mademoiselle,

« Un hasard providentiel vient de nous révéler votre nom et votre origine.

« Vous êtes l'héritière d'une race à laquelle mon ami et moi avions dévoué notre vie et notre sang.

« Plus que jamais nous vous aimons, plus que jamais nous aspirons à votre main. Mais ce n'est plus seulement l'amour qui nous guide; c'est le sentiment d'un devoir sacré à remplir.

« Vous, si belle et si pure, Mademoiselle, vous qui êtes bien plus un ange qu'une femme, vous avez des ennemis, des ennemis cruels, acharnés, auxquels nous voulons vous arracher à tout prix.

» Nous sommes gentilshommes, et vous pouvez vous fier à notre loyauté. Il faut absolument que nous vous voyions ce soir même.

« Chez la princesse, c'est impossible !

« Voulez-vous avoir assez de courage pour sortir furtivement de l'hôtel, pour traverser la rue de l'Abbaye vers huit heures du soir ?

« En face de la splendide demeure qui vous abrite, il y a une pauvre maison de trois étages, dans laquelle on pénètre par une allée étroite et un escalier en coquille.

« C'est là que Beauvoisin et moi nous vivons en frères, c'est là que nous vous attendons...

« Votre respectueux et dévoué serviteur.

« RAOUL DE MAURELIÈRE. »

Cette lettre avait plongé Gretchen dans une véritable stupeur; et cependant elle ne devait point aller à ce rendez-vous.

Pourquoi? Il y a des fatalités inexplicables dans la vie.

Les deux gentilshommes qui se donnaient tout à coup le rôle de protecteurs, avaient gagné un des valets de la princesse pour qu'il fît tenir cette lettre à la jeune fille.

Or, ce fut ce jour-là même que la princesse Héléna décida son départ de Paris et son retour en Allemagne.

Gretchen passa la matinée avec la princesse, l'aidant à faire ses préparatifs de voyage. Ce ne fut que lorsqu'elle monta en chaise de poste que le valet put s'approcher d'elle et lui remettre cette lettre.

La princesse et le comte des Mazures étaient dans une première voiture de poste. Gretchen et une dame vêtue de noir, qui avait un petit enfant sur les genoux, occupaient la seconde.

Cette dame vêtue de noir n'était autre que la veuve de ce frère du comte, qui venait de mourir.

Elle avait consenti à suivre son beau-frère en Allemagne et à faire partie de la maison de la princesse.

Ce ne fut qu'au premier relais de poste que Gretchen put ouvrir la lettre de M. de Maurelière.

Comme l'on voyageait à petites journées, Gretchen attendit le soir avec une fiévreuse impatience.

Les voitures de la princesse s'arrêtèrent à la nuit tombante dans la petite ville de Château-Thierry, à l'hôtel de l'*Ange-Gabriel*.

Là, seulement, Gretchen put avoir un entretien en tête-à-tête avec Fritz, le vieux serviteur qui avait intercepté le message du comte de Beauvoisin.

Gretchen lui montra la seconde lettre de M. de Maurelière.

Fritz la lut et pâlit.

— Hélas! Mademoiselle, dit-il, je vois bien qu'il faut que je parle et vous dise la vérité tout entière. Ce nom qu'on vous dit dans cette lettre est la vérité.

— Mais, dit Gretchen, je n'ai jamais fait de mal à personne, comment puis-je avoir des ennemis?

Fritz était devenu tout tremblant.

— Vos ennemis, dit-il, sont ceux de votre père et de toute votre race.

— Mon père! Tu l'as donc connu?

— J'ai reçu son dernier soupir.

Alors Fritz fit à Gretchen le récit suivant:

— Votre famille est française. Elle a été illustre au siècle dernier.

Au siége de Magdebourg, votre grand-père fut fait prisonnier, et le baron allemand au pouvoir de qui il tomba se nommait Waldener.

Gretchen tressaillit à ce nom.

C'était l'aïeul de la princesse Héléna.

Le baron avait une femme jeune et belle. Il était vieux, laid et méchant.

Le marquis de Flars, votre aïeul, avait vingt-cinq ans; il était brave, spirituel; il fut aimé de la baronne.

Quand la paix fut faite, le marquis revint en France; il n'aimait plus la baronne de Waldener, et il croyait avoir la certitude que le secret de ses mystérieuses amours n'avait été trahi par personne.

Le marquis se trompait.

Il se maria; trois mois après son mariage, sa femme mourut dans des douleurs atroces, sans que les médecins pussent définir le mal auquel elle succombait.

Deux mois plus tard, le marquis, rentrant au milieu de la nuit, fut arrêté par des hommes masqués qui le percèrent de six coups d'épée et le laissèrent pour mort.

Le marquis ne mourut pas, il guérit de ses blessures, et, un an après, il se remaria. Sa seconde femme lui donna trois fils.

Une nuit, quinze ou vingt ans après, des malfaiteurs s'introduisirent dans la maison qu'il habitait, parvinrent jusqu'à sa chambre à coucher, et le poignardèrent... Malgré les recherches auxquelles on se livra, il fut impossible de découvrir les assassins.

Les trois fils du marquis étaient devenus hommes.

Deux moururent à six mois de distance de ce même mal mystérieux qui avait frappé la première femme du marquis.

Quant au troisième, il reçut un billet anonyme ainsi conçu :

« Prenez garde à vous. Votre père avait séduit la
« femme du baron de Waldener-Carlotenbourg. C'est

« de là que partent les coups qui frappent sans relâche votre race. »

Ce troisième fils, c'était votre père, Mademoiselle. Il avait deux amis, deux adolescents qui avaient douze ou quinze ans de moins que lui. Ces amis, c'étaient les deux jeunes hommes qui vous ont écrit.

A cette révélation, Gretchen étouffa un cri.

— Il y avait à Paris, en ce moment, poursuivit Fritz, un des fils du baron de Waldener, le fils aîné, le frère de la princesse.

Votre père le provoqua et le tua en duel. Il eut dans cette rencontre, pour seconds, MM. de Beauvoisin et de Maurelière.

Le prince de Waldener — car il avait été créé prince par le roi de Bavière — une fois mort, la haine de famille paraissait éteinte.

Votre père avait alors trente-deux ans; il songea qu'il n'avait pas d'héritier et que sa race pouvait s'éteindre. Il voulut donc se marier. Il était riche, il portait un grand nom ; il fut aimé d'une très-belle héritière qui lui accorda sa main.

La veille du mariage, sa fiancée fut trouvée morte dans son lit. Elle avait été étranglée.

Alors l'épouvante s'empara de votre père.

Il quitta Paris, il voyagea pendant deux années. Après avoir changé de nom, et persuadé que ses ennemis n'iraient point chercher sa trace à leur propre porte, il vint, sous le nom de Charles Ritterberg, habiter Munich.

Là il connut votre mère; là il vécut heureux et vous vîntes au monde. Il y a de cela seize ans. Un mois après votre naissance, votre mère mourut subitement.

Quelques jours après, ce fut le tour de votre père. Mais avant de rendre le dernier soupir, il eut le temps de me confier cette sinistre histoire.

Gretchen avait écouté, saisie d'horreur, cet étrange récit.

— Ainsi donc, dit-elle, la princesse Héléna est la fille des meurtriers de ma famille?

— Oui.

— Et tu m'as laissée sous son toit.

— Ah! dit Fritz, pardonnez-moi, c'est la fatalité qui l'a encore voulu. En quittant la France, votre père avait fait une vente simulée de tous ses biens. A son lit de mort, il me commanda d'attendre que vous eussiez quatorze ans, me disant que si alors il ne vous était pas arrivé malheur, je devrais m'occuper de vous rendre votre fortune.

Sa mère vivait encore. Lorsque vous eûtes accompli votre quatorzième année, je partis, vous laissant aux soins de la vieille Rosa, qui avait été la nourrice de votre mère. Vous le savez, j'étais parti pour deux mois. Je fus absent plus d'une année.

Votre aïeule était morte, et malgré tous mes efforts il me fut impossible de retrouver la trace de votre fortune. Seuls, MM. de Beauvoisin et de Maurelière la connaissaient, et j'ignorais alors leurs noms.

Lorsque je revins, j'appris en frissonnant que vous étiez chez la princesse.

Je me rendis donc au palais de Carlotenbourg et j'obtins une audience de la princesse.

Enfermé avec elle dans son boudoir, j'avais pris la résolution de la tuer, si elle ne consentait pas sur-le-champ à vous laisser partir avec moi.

Mais je la vis fondre en larmes dès mes premières paroles.

— Ah! me dit-elle, je ne suis pas une femme vindicative et sanguinaire, crois-le bien. La haine de mes pères était impie et aveugle. Je veux réparer autant qu'il dépendra de moi tout le mal qu'ils ont fait.

Emmène-la, si tu veux, ajouta-t-elle en éclatant en sanglots, mais je te jure sur ce crucifix qu'au lieu de la vouloir frapper je l'aime comme une sœur.

— Et ses larmes étaient sincères? demanda Gretchen.

— Je l'ai cru fermement. Vous savez maintenant, acheva Fritz, ce qui s'est passé.

Avez-vous peur? Voulez-vous retourner à Paris et vous mettre sous la protection de l'un des amis de votre père? Croyez-vous à l'amitié de la princesse?

— Oui, dit Gretchen, qui tout bas s'avouait que c'était plutôt le comte des Mazures que la princesse Héléna qu'elle suivait.

— Et vous retournerez en Allemagne ?

— Oui, dit-elle encore.

— Alors, Dieu vous garde ! fit le vieux serviteur.

Le lendemain, la princesse et sa suite se remirent en route. Huit jours plus tard, elle arrivait à Munich.

Le comte était plus amoureux que jamais de Gretchen, et Gretchen était folle de joie et de bonheur.

. . . .

Aurore s'arrêta encore.

— Mais, se dit-elle en prenant sa tête dans ses deux mains, ce Fritz dont ma mère parle dans ses Mémoires, n'est-ce pas Benjamin?

— Oui, dit une voix derrière elle.

Elle se retourna et vit Benjamin, triste et pâle, se tenant debout derrière son fauteuil.

— Oui, dit-il, c'est moi qui me nommais Fritz, Mademoiselle, et je vais vous dire la fin de cette sombre et lugubre histoire.

Aurore repoussa le manuscrit et regarda Benjamin avec une douloureuse curiosité.

XXXII

Fritz, dit Benjamin, était un vieillard de haute taille, qui avait conservé la robustesse de l'âge mûr. Ses cheveux blancs couvraient un front énergique, son œil avait encore des éclairs à l'occasion.

— Oui, répéta-t-il, je vais tout vous dire, Mademoiselle.

— Parle, dit la jeune fille, et assieds-toi là, près de moi, mon vieil ami.

Alors Fritz fit à la comtesse Aurore le récit suivant :

— J'étais tellement convaincu de la sincérité de la princesse Héléna et de l'amitié qu'elle portait à Mlle Gretchen, que je m'étais un peu relâché de ma surveillance première. Je n'avais d'ailleurs pas alors la triste expérience du cœur humain, que j'ai acquise depuis, et je ne m'aperçus pas qu'une véritable transfiguration s'opérait chez elle. Nature enjouée et rieuse, elle était devenue peu à peu pensive et triste, presque sombre. Etait-ce la fatale histoire de sa race dont le souvenir la poursuivait ?

Non, Gretchen aimait le comte, et le comte avait abusé de son amour.

La situation de la princesse à Munich suffisait;

du reste, à encourager cet ardent amour que M. des Mazures avait su inspirer à la jeune fille.

Bien qu'ils fussent mariés, obéissant aux lois qui régissent les grands, ils ne s'aimaient pas.

Le comte venait bien tous les jours au palais de Carlotenbourg, mais il occupait à Munich la maison de l'ambassade de France.

C'en était assez pour que Gretchen eût la conviction que ce mariage dont on parlait n'existait pas, et pour qu'elle eût la douce espérance que le comte l'épouserait, après avoir brisé le dernier anneau d'une chaîne qui paraissait lui être devenue odieuse.

La princesse ne soupçonnait rien.

Mais une femme devait se charger de lui dessiller les yeux.

Cette femme, c'était cette veuve en grand deuil qui avait suivi le comte à Munich.

C'était la femme de ce vicomte des Mazures qui venait de mourir, laissant un enfant de deux ans.

— Et... cet enfant, interrompit Aurore, c'était mon cousin Lucien ?

— Oui, Mademoiselle, répondit Benjamin; le comte aimait sa famille. Il était sans fortune; mais il était en grande faveur à la cour de Bavière, et il voulut faire profiter les siens de cette faveur.

Il avait placé sa belle-sœur auprès de la princesse Héléna.

Il fit venir son frère cadet à Munich.

— Mon père..., balbutia Aurore.

— Votre père, le chevalier des Mazures, dit tristement Benjamin.

Ce dernier fut attaché au roi de Bavière en qualité de troisième chambellan.

Il vit Gretchen et il en devint amoureux, ne se doutant pas tout d'abord qu'elle aimait son frère.

La vicomtesse des Mazures, au contraire, avait, dès le premier jour, ressenti pour la jeune fille une haine jalouse.

Sans doute par amour pour le comte, la princesse avait bien accueilli la veuve.

Mais, de toutes les personnes qui l'entouraient, la préférée de son cœur était Gretchen. Cependant le temps marchait et Gretchen voyait avec larmes arriver le moment où elle ne pourrait plus cacher sa faute. Plusieurs fois déjà elle avait supplié le comte de tenir ses promesses; mais il avait toujours fait des réponses évasives.

Enfin il vint un jour où la pauvre fille séduite devenant plus pressante, le comte résolut de se soustraire à ses obsessions.

Il écrivit secrètement à Paris et demanda à être rappelé.

Le ministre du roi fit ce qu'il désirait.

Un matin, la princesse au désespoir apprit que le comte allait partir pour Paris.

Elle voulut le suivre, mais le roi de Bavière s'y opposa.

Le comte partit donc seul, promettant de revenir au bout de quelques semaines.

Personne encore, cependant, personne, excepté la veuve, ne soupçonnait la situation désespérée de Gretchen.

C'était une femme terriblement perverse que la vicomtesse des Mazures, Mademoiselle.

Elle avait fait un rêve de fortune étrange, elle qui, quelques mois auparavant, avait la pauvreté en perspective.

Ce rêve, le voici !

La princesse Héléna, alors âgée de trente-cinq ans, était d'une santé délicate et chancelante. Déclarée phthisique dans sa jeunesse, elle n'avait triomphé de ce mal qu'à force de soins. Une émotion violente pouvait la tuer.

Or, Mme des Mazures savait qu'elle avait épousé le comte, qu'ils n'avaient pas d'enfants, et que si elle venait à mourir, le comte hériterait d'une partie de cette fortune immense qu'elle possédait.

Elle était belle, la vicomtesse des Mazures; elle avait un génie infernal; elle rêvait d'épouser son beau-frère quand la princesse serait morte.

Malheureusement, un obstacle s'était dressé tout à coup devant elle.

Cet obstacle, c'était Gretchen. Gretchen que le comte aimait. Gretchen qui allait être mère.

Dès lors, un plan ténébreux germa dans son esprit. Elle devint l'amie de Gretchen, elle l'accabla de caresses, elle devint sa confidente.

Gretchen lui avoua tout.

Je vous sauverai, lui dit-elle.

Et Gretchen eut foi en elle.

Il fallait dissimuler l'état de grossesse de Gretchen à la princesse.

Mme des Mazures prétexta un voyage en France, et elle manœuvra si habilement, que la princesse consentit à ce que Gretchen la suivit.

A Paris, Mme des Mazures chercha le comte et le trouva caché dans un vieil hôtel de la rue de Saintonge, au Marais.

Comme il n'avait jamais avoué son union morganatique avec la princesse Héléna, Mme des Mazures feignit de l'igorer.

Arrivée chez son beau-frère un matin, elle prit ses grands airs et une attitude indignée.

— Je viens, lui dit-elle, par respect pour le nom que j'ai l'honneur de porter, et qui est le vôtre, je viens vous supplier de réparer une faute.

Le comte tressaillit et la regarda.

— Vous avez séduit Gretchen, dit-elle encore.

Le comte baissa la tête.

— Il faut l'épouser, dit-elle.

En quelques mois, la vicomtesse des Mazures avait su prendre sur son beau-frère un empire presque irrésistible.

Cette femme avait une volonté de fer, et elle courbait les plus altiers sous son regard. En ce moment elle domina tellement le comte que celui-ci perdit la tête.

Il se jeta à ses pieds et lui avoua qu'il était non point l'amant, mais le mari de la princesse.

— Eh bien! lui dit alors la vicomtesse des Mazures, puisque vous ne pouvez réparer complétement vos torts, il faut au moins sauver cette pauvre enfant du désespoir et de la mort.

Et elle apprit alors au comte que Gretchen était à Paris, que toutes deux étaient descendues rue de l'Abbaye, dans l'hôtel qui appartenait à la princesse et que son état de grossesse était tellement avancé qu'il fallait prendre les plus grands ménagements pour ne la point tuer.

A ce récit, le comte sentit renaître tout son amour pour Gretchen.

Il suivit sa belle-sœur rue de l'Abbaye.

Hélas! j'avais accompagné ma jeune maîtresse et je savais tout depuis le matin.

Gretchen, en voyant entrer le comte, se sentit renaître à la vie.

Le comte lui jura qu'il l'aimait toujours et, grâce à la fertile imagination de la vicomtesse des Mazures qui lui avait fait la leçon en route, il débita à Gretchen une fable qu'elle accepta.

Cette fable reposait sur un serment que le comte disait avoir fait à la princesse Héléna, à qui il avait juré de ne point se marier qu'elle n'eut atteint sa quarantième année. Or, la princesse allait atteindre sa trente-sixième année.

C'était donc quatre ans à attendre.

Quatre ans, pendant lesquels on élèverait dans l'ombre cet enfant qu'un mariage finirait par légitimer.

Et Gretchen, la naïve et l'aimante jeune fille, crut tout ce qu'on lui disait, et elle pardonna, ne se doutant pas que ce retour du comte décuplait la haine qu'elle avait inspirée à Mme des Mazures.

Pendant les deux derniers mois de sa grossesse, Gretchen ne passa pas un jour sans voir son amant. — La vicomtesse des Mazures semblait prendre un plaisir plein de rage à les voir ainsi l'un près de l'autre.

D'ailleurs, le comte, en promettant à Gretchen de l'épouser dans quatre ans, n'avait menti qu'à moitié.

La princesse Héléna était malade, si l'on en croyait les bulletins envoyés par le chevalier des Mazures, qui était resté à Munich.

L'abandon du comte avait altéré rapidement sa santé, et, toujours suivant l'avis du chevalier, elle ne pouvait vivre longtemps.

En effet, la princesse, à qui le roi de Bavière refusait la permission de divulguer son mariage secret et de quitter la cour, écrivait au comte lettres sur lettres, le suppliant de revenir.

Le comte répondait que son retour était prochain, mais qu'il ne pouvait encore en préciser la date, retenu qu'il était à Paris par des affaires de la plus haute importance. Mme des Mazures, pendant ce temps-là, dressait dans l'ombre ses batteries infernales.

Une femme de chambre de la princesse était arrivée de Bavière.

Cette femme, Bohémienne d'origine, s'appelait Marco, de son vrai nom.

Mais la princesse Héléna, qui aimait les noms français et tout ce qui venait de France, lui avait donné le nom plus vulgaire de Toinon.

— Comment! s'écria la comtesse Aurore, interrompant de nouveau le récit de Benjamin, c'est cette créature horrible que ma tante a auprès d'elle?

— Oui, Mademoiselle.

— Continue, mon ami, dit Aurore d'une voix émue.

Le vieux serviteur poursuivit :

— Toinon disait la bonne aventure et la princesse, qui était superstitieuse, se faisait tirer les cartes par elle.

Toinon avait exécré Gretchen du jour où elle était entrée chez la princesse.

Toinon avait deviné dans Mme des Mazures un auxiliaire.

La vicomtesse entretenait avec elle une correspondance suivie, et Toinon devait être son instrument au grand jour de la vengeance.

Or, la bohémienne avait depuis un mois environ semé petit à petit dans l'âme de la princesse Héléna le germe de la jalousie.

Si le comte ne revenait pas, disait-elle, c'est qu'il n'aimait plus la princesse et que son cœur le retenait à Paris.

La princesse, ivre de colère, avait fini par envoyer Toinon à Paris.

La bohémienne arriva un soir rue de l'Abbaye au moment où le comte venait d'en sortir.

Mme des Mazures l'attendait sans doute, car elle vint à sa rencontre jusqu'au bas de l'escalier et l'embrassa familièrement.

— Eh bien! lui dit-elle, où en sommes-nous?

— La princesse est folle de jalousie.

— Et sa santé?

— Elle dépérit à vue d'œil.

— Et le chevalier, mon beau-frère?

— Il est plus que jamais amoureux de Gretchen, et il vient chaque jour à Carlotenbourg savoir si elle reviendra bientôt.

— Et tu crois qu'il ne sait rien?

— Rien absolument.

Un éclair de joie féroce passa dans les yeux de Mme des Mazures.

— L'heure est proche, dit-elle.

Et elle enferma Toinon dans la chambre la plus reculée de l'hôtel, pour que Gretchen ne soupçonnât point son arrivée à Paris.

XXXIII

Que se passa-t-il entre Toinon et Mme des Mazures?

Voilà ce qu'on n'a jamais su au juste.

Mais, dans la nuit qui suivit, une femme célèbre à Paris comme accoucheuse fut mandée en toute hâte, vit Gretchen, l'examina attentivement, et affirma que Gretchen deviendrait mère dans huit jours au plus tard.

Quand cette femme fut partie, Toinon et Mme des Mazures eurent un long entretien.

Puis la bohémienne quitta l'hôtel avant le jour et

se rendit rue de la Jussienne, de l'autre côté de la Seine, où se trouvait la poste aux chevaux.

Toinon, on le pense bien, n'était point habillée comme une femme de qualité.

En outre, son teint bistré, ses cheveux crépus trahissaient son origine bohémienne.

Le maître de poste fut donc quelque peu étonné de la voir demander une berline de voyage et les meilleurs chevaux de l'écurie. Mais elle posa un rouleau d'or devant lui et, en même temps, tira de sa poche un passeport sur lequel il était écrit ces mots :

« Ordre aux agents de l'autorité de laisser voyager librement à l'intérieur du royaume la femme Marco dite Toinon, attachée au service de Mme la princesse de Waldener-Carlotenbourg. »

Dès lors, le maître de poste s'inclina et se mit aux ordres de Toinon avec un obséquieux empressement.

Toinon voyagea quatre jours et trois nuits, avec une vitesse de prince et semant l'or sur sa route.

Le soir du quatrième jour, elle arriva à Carlotenbourg. La princesse était souffrante plus encore qu'à l'ordinaire.

Depuis deux mois que le comte des Mazures était parti, un chagrin profond, une jalousie féroce la minaient lentement.

21.

Toinon la trouva étendue sur une chaise longue, en proie à une fièvre ardente et les yeux pleins d'éclairs.

— Eh bien! fit-elle en voyant la bohémienne, as-tu vu le comte?

— Madame, dit froidement Toinon, vous êtes trahie.

— Trahie! s'écria la princesse qui se leva l'œil en feu.

— Le compte vous trompe...

— Avec qui? dit-elle frémissante de rage.

— J'ai fait un serment, dit Toinon ; j'ai juré que je ne vous dirais pas le nom de l'indigne créature qui vous a volé l'amour du comte.

— Et je veux le savoir, moi! s'écria la princesse ivre de fureur.

— J'ai fait le serment de ne pas vous dire son nom, reprit Toinon, mais je n'ai pas juré de ne vous point conduire à Paris, et de ne pas vous y donner les preuves de sa trahison.

— A Paris?

— Oui, Madame, l'infâme créature va devenir mère dans quatre jours; venez à Paris, Madame, vous arriverez pour assister à ses couches et vous jouirez du bonheur de M. le comte des Mazurés, dit Toinon avec un accent de farouche ironie.

La princesse n'avait plus à ménager la faveur du

roi, et elle ne songea même pas qu'elle allait lui désobéir formellement en quittant Munich.

Folle de jalousie, ivre de vengeance, soutenue par la fièvre qui lui donna une énergie factice, elle demanda des chevaux, monta en chaise de poste et partit en toute hâte, seule avec Toinon.

La princesse était si faible que la première journée du voyage la brisa.

Mais elle ne voulut pas s'arrêter. Souvent elle fut en proie à des évanouissements de plusieurs heures.

Puis elle revenait à elle, et Toinon lui disait :

— Courage, Madame, nous approchons.

Le soir du second jour de voyage, on avait passé le Rhin ; le matin du quatrième, la chaise de poste arriva à Château-Thierry. On n'était plus qu'à quinze lieues de Paris.

La princesse était évanouie lorsque la chaise de poste s'arrêta devant l'hôtellerie de l'*Aigle noir* pour relayer.

Toinon mit la tête à la portière. Elle vit un homme qui descendait de cheval au même instant. Cet homme était couvert de boue, et son cheval était ruisselant.

Il aperçut Toinon et lui fit un signe.

Toinon se retourna vers la princesse, qui était toujours évanouie; puis, se remettant à la portière, elle fit un signe à ce cavalier, qui s'approcha et lui remit une lettre.

Cette lettre était de Mme des Mazures, avec laquelle Toinon avait convenu par avance l'envoi d'une estafette à Château-Thierry.

Toinon ouvrit la lettre et lut :

« La sage-femme prétend qu'*elle* ne sera prise des douleurs de l'enfantement que vers huit ou neuf heures du soir.

« Tâchez de retarder votre arrivée. »

— C'est bien, dit Toinon au cavalier, qui remonta à cheval et disparut.

Au lieu de demander des chevaux frais, Toinon fit dételer et annonça aux gens de la princesse que, vu son état de faiblesse extrême, il était nécessaire qu'elle prît un peu de repos.

La princesse, évanouie, fut transportée dans l'auberge et mise au lit.

Toinon ne tenta rien, pendant plusieurs heures, pour l'arracher à cette catalepsie, et la journée s'écoula presque tout entière.

Enfin, la princesse revint à elle, se vit dans un lieu inconnu, et, apercevant Toinon assise auprès d'elle, elle lui dit :

— Qu'est-ce que tout cela signifie? et où sommes-nous donc?

— Madame, répondit Toinon, nous sommes à

Château-Thierry, et si nous nous sommes arrêtées, c'est que je vous ai vue si pâle, que je n'ai pas osé continuer notre chemin.

Mais la jalousie avait ravivé tout à coup les forces et l'énergie de la princesse.

— Non, non, s'écria-t-elle, il faut repartir, et sur-le-champ.

On remit les chevaux à la chaise de poste, et une demi-heure après, la princesse, brisée, mourante, mais vivant par la haine qu'elle avait au cœur, roulait vers Paris, ayant toujours auprès d'elle la fidèle Toinon.

A mesure qu'on approchait de Paris, les yeux de la princesse s'emplissaient d'éclairs. Il y eut un moment où elle saisit vivement la main de Toinon et lui dit :

— Oh ! je devine !

— Quoi donc ? Madame.

— Le nom de ma rivale.

— Vraiment ? fit Toinon avec ironie.

— C'est Gretchen ! dit la princesse. Il fallait que j'eusse perdu la tête pour n'y point songer.

— Madame, dit Toinon, pensez ce que vous voudrez, je ne puis vous dire ni oui ni non.

— Oh ! reprit la princesse avec fureur, je la ferai périr dans les plus épouvantables tortures. Et moi qui lui avais pardonné ! Moi ! dont le père a été tué par son père... Elle a osé me trahir, tandis que je lui vouais une affection presque maternelle !

Et la voix de la princesse était sifflante et annonçait des tempêtes.

— Madame, dit Toinon, vous êtes une grande dame et je ne suis, moi, qu'une pauvre bohémienne; mais, dans mon pays, on comprend autrement la vengeance que partout ailleurs.

— Ah! fit la princesse rugissante.

— Si j'étais la femme du comte des Mazures, poursuivit Toinon, et par conséquent l'ennemie de Gretchen, je trouverais une vengeance autrement cruelle que celle qui consisterait à poignarder ma rivale ou à la faire périr d'une façon quelconque.

— Que ferais-tu donc?

— D'abord, je lui prendrais son enfant.

Un éclair sauvage passa dans les yeux d'Héléna de Carlotenbourg.

— Après? fit-elle.

— Après, je la forcerais d'épouser un homme qu'elle n'aimerait pas.

— Après? après? dit encore la princesse avec un accent de rage.

— Et cet homme que j'aurais choisi méchant, corrompu, sans foi ni loi, j'en voudrais faire l'instrument de ma haine et de ma vengeance.

— Ah! Toinon, s'écria la princesse, tu n'es pas une créature humaine, c'est l'enfer qui t'a vomi!

— Peut-être ; mais, convenez, Madame, que je donne de bons conseils.

— Oh! excellents...

— Et ceux qui les suivront...

— Je veux les suivre, moi!

— Madame, reprit Toinon, la vengeance comme je la comprends est une liqueur précieuse, enfermée dans une fiole de verre si mince que le moindre effort la peut briser, alors elle se répand et perd toute sa saveur.

— Que veux-tu dire?

— Si vous adoptez mon plan, il le faudra suivre jusqu'au bout...

— Je te promets.

— Amenez le sourire du pardon sur vos lèvres, alors que vous aurez la haine au cœur.

Et comme Toinon parlait ainsi, la princesse se prit à sourire tout à coup.

— Vois, dit-elle. Ah! je suis la digne héritière de ce baron de Waldener qui s'est vengé à travers les siècles, frappant deux générations et me laissant le soin de punir la troisième.

Toinon regarda la princesse avec une joie cruelle.

— Ah! dit-elle, à la bonne heure! nous allons pouvoir marcher à mon idée, alors.

A onze heures du soir, la chaise de poste de la princesse entra bruyamment dans la rue de l'Abbaye et vint s'arrêter dans la cour de l'hôtel. La princesse, abattue et mourante durant la route, en descendit lestement.

On eût dit que son dernier entretien avec Toinon lui avait rendu la vie et la santé.

L'hôtel tout entier paraissait en proie à une violente agitation.

On entendait des cris déchirants qui partaient du premier étage, et tous les domestiques étaient sur pied.

Toinon dit à la princesse :

— Elle est dans les douleurs de l'enfantement. L'entendez-vous ?

— Oui, mais où est le comte ?

— Il doit être auprès d'elle.

— Oh ! je le punirai, lui aussi !

— Madame, dit tout bas la bohémienne, souvenez-vous de mes recommandations.

— C'est juste. Mais je n'ai pas été maîtresse d'un premier mouvement de fureur.

— Venez, Madame, continua Toinon, je vais vous conduire.

Et, en effet, elle fit gravir à la princesse le grand escalier, s'arrêta au premier étage et dit :

— Le comte a bien fait les choses. C'est dans votre propre chambre qu'il a logé votre rivale.

Tout à coup un nom vint aux lèvres de la princesse : le nom de Mme des Mazures.

— Oh ! je me vengerai de celle-là aussi ! dit-elle.

— Vous aurez tort, dit froidement Toinon.

— Tort ?

— Oui, Madame, car c'est Mme des Mazures qui m'a prévenue de la trahison du comte, et elle est à nous corps et âme.

A ces mots, Toinon, sur l'épaule de qui s'appuyait la princesse entra dans une vaste salle où les cris de la pauvre Gretchen retentissaient plus aigus et plus douloureux.

Puis elle poussa une porte.

Et cette porte, s'ouvrant toute grande, laissa voir à la princesse Gretchen se tordant sur son lit de douleur, et au pied de ce lit le comte des Mazures qui pleurait comme un enfant.

XXXIV

Cependant il y avait de par le monde trois êtres qui veillaient sur Gretchen.

Le premier était Fritz, le vieux serviteur ; les deux

autres, le comte de Beauvoisin et M. de Maurelière.

On se rappelle que ce dernier avait écrit à Gretchen le jour même de son départ de Paris pour Munich.

Sa lettre, que Gretchen n'avait ouverte qu'à Chateau-Thierry, avait donc provoqué les confidences de Fritz, qui avait raconté à sa jeune maîtresse les malheurs de sa race. Mais Fritz alors était convaincu de la sincérité de la princesse, et, en cela, il ne se trompait pas.

Arrivé à Munich, le vieillard avait voulu que Gretchen répondît secrètement à M. de Maurelière, le remerciât de ses offres de service et l'assurât qu'elle ne courait aucun danger.

Lorsque Gretchen fut revenue à Paris, en compagnie de la veuve des Mazures, pour y dissimuler sa faute et revoir le comte dont l'abandon la faisait si cruellement souffrir, Fritz avait été du voyage.

Mais Fritz, nature simple et peu clairvoyante, n'avait rien deviné tout d'abord.

Ce n'avait été que quelques jours après leur arrivée à Paris qu'il avait appris enfin la vérité.

Et Fritz s'était dit :

— Je ne veux pas que la fille de mon pauvre maître soit déshonorée. Le comte l'épousera.

Hélas! Fritz ne savait pas plus que Gretchen que le comte était marié avec la princesse Héléna.

A Munich, on s'en souvient, il y avait deux opinions : les uns disaient que la princesse avait fait son amant du comte ; les autres croyaient qu'une union morganatique les unissait.

Fritz, qui savait combien la première jeunesse de la princesse avait été dissolue, n'avait jamais cru à son mariage.

Donc lorsqu'il apprit le malheur de sa jeune maîtresse, Fritz se dit qu'il fallait qu'à tout prix ce malheur fût réparé ; et il songea à ces deux gentilshommes amis du père de Gretchen, amoureux tous deux de la jeune fille, et il se dit :

— Ils sauront bien forcer le comte à épouser Gretchen.

Les deux mousquetaires, on s'en souvient encore, étaient frères d'armes et habitaient en commun un modeste logis dans la rue de l'Abbaye, tout à fait en face de l'hôtel de la princesse Héléna.

Fritz alla frapper à la porte et la trouva fermée.

La cour était à Versailles, et les deux mousquetaires étaient de service auprès du roi. Mais, d'après les renseignements qu'il recueillit dans la maison même, le vieux domestique jugea inutile de les aller chercher à Versailles.

Comme les gardes du corps, les mousquetaires

n'avaient sur un mois que quinze jours de service actif.

Leur quinzaine finie, il était donc probable qu'ils reviendraient à Paris.

D'ailleurs, Fritz n'osait pas laisser Gretchen seule, il avait fini par se défier de Mme des Mazures.

Chaque matin il levait les yeux vers la croisée des deux jeunes gens, espérant la trouver ouverte. Enfin, un jour, il eut un mouvement de joie, car à cette fenêtre il venait d'apercevoir M. de Maurelière.

Fritz traversa la rue en courant. Il monta chez les deux mousquetaires et leur dit :

— *Elle* a besoin de vous.

Ils ignoraient qu'elle fût de retour.

Ce fut la rage au cœur et les larmes aux yeux qu'ils écoutèrent la confession du vieillard.

Ainsi Gretchen, que tous deux ils aimaient, Gretchen qu'ils vénéraient, avait été déshonorée !...

Ils se tendirent la main et se jurèrent, en présence du vieux Fritz, de venger l'honneur de la jeune fille.

Cependant Fritz obtint d'eux qu'ils ne feraient pas une démarche immédiate auprès du comte. Pourquoi ? C'est que Gretchen allait bientôt devenir mère, et qu'une émotion violente pouvait la tuer.

Pendant plusieurs jours, cachés derrière les persiennes de leur fenêtre qui donnait sur la cour de l'hôtel, M. de Beauvoisin et M. de Maurelière épièrent tout ce qui se passait.

Ils aimaient toujours la jeune fille et ils souffraient silencieusement ; mais ils étaient prêts à donner leur vie pour elle, et le comte, qui ne quittait plus l'hôtel, et qu'ils apercevaient sans cesse, avait été condamné par eux à mourir, s'il ne réparait pas sa faute.

Or, le lendemain même de l'arrivée inattendue de la princesse Héléna, comme le jour naissait, Fritz fit irruption chez eux.

— Seigneur Dieu ! s'écria-t-il, venez à mon aide. Messieurs, c'est la foudre du ciel qui tombe sur nous !

Alors Fritz raconta aux jeunes gens stupéfaits que Gretchen avait mis au monde un enfant du sexe féminin en présence de la princesse Héléna, qui était arrivée au milieu de la nuit ; que l'épouvante éprouvée par la jeune fille, tout en hâtant sa délivrance, l'avait plongée en un long évanouissement qui avait fait place ensuite à une fièvre ardente, et que, maintenant, on pouvait craindre pour sa raison.

— Et pour sa vie, dit M. de Maurelière, car la princesse doit haïr mortellement celle qui lui a pris l'amour de son amant.

Fritz leur raconta encore que la princesse avait accablé le comte des Mazures de son mépris, mais qu'elle avait pardonné à Gretchen.

Ce qui n'empêcha pas les deux jeunes gens de secouer la tête avec incrédulité.

Ils ne savaient que trop ce qu'il y avait de haine et de fiel dans le cœur de cette race de Waldener-Carlotenbourg, qui s'était vengée à travers trois générations.

Le comte, disait encore Fritz, avait perdu la tête et pris la fuite.

Mais le vieillard se faisait fort de le retrouver dans un hôtel du Marais, où il s'était caché à son retour de Munich.

Dès lors, M. de Beauvoisin et son ami se partagèrent une besogne mystérieuse.

Le premier se chargea d'aller trouver la princesse et de s'installer au chevet de Gretchen, l'épée à la main, s'il le fallait.

Le second jura qu'il tuerait le comte ou qu'il obtiendrait de lui qu'il épousât Gretchen.

C'est celui-ci que nous allons suivre.

La princesse Héléna avait été rigoureusement fidèle au programme de Toinon, programme ténébreux, inspiré par cette créature infernale qu'on appelait Mme des Mazures.

Au lieu d'accabler Gretchen de reproches, elle

l'avait prise dans ses bras, lui avait prodigué mille caresses et lui avait dit qu'elle lui pardonnait et qu'elle élèverait son enfant comme le sien.

Le comte avait donc quitté l'hôtel précipitamment et il s'était retiré au Marais pour éviter les premiers éclats de la colère de la princesse. Ce fut là que M. de Maurelière le trouva.

Le comte n'avait jamais vu le mousquetaire ; il ne savait rien de l'histoire de Gretchen.

M. de Maurelière lui dit :

— Pour que vous sachiez, Monsieur, le but de ma démarche, laissez-moi vous dire tout de suite que j'étais l'ami du marquis de Flars.

— Ce nom m'est inconnu, dit le comte.

— Le marquis de Flars, dit Raoul de Maurelière, était le père de la jeune fille que vous avez séduite.

— Gretchen ?

— Oui.

Le comte était devenu fort pâle.

— Maintenant, reprit M. de Maurelière, vous devinez pourquoi je suis ici...

— Mais, Monsieur...

— Il faut rendre l'honneur à cette jeune fille, dit froidement M. de Maurelière ; il faut l'épouser.

— Monsieur, dit le comte, voilà qui est tout à fait impossible... J'en suis fâché, mais...

Il n'acheva pas.

Raoul de Maurelière lui avait jeté son gant au visage.

Dès lors, toute explication devenait inutile.

L'hôtel où le comte des Mazures s'était réfugié pour fuir la colère de la princesse Héléna avait un grand jardin couvert de grands arbres.

Les deux gentilshommes y descendirent, puis, sans échanger un mot, ils mirent l'épée à la main.

Le combat fut long et acharné; le sang des deux adversaires coula par vingt blessures; haletants, épuisés, mais pleins de rage, ils se battirent près d'un quart d'heure. Enfin le comte fit une faute, se découvrit et l'épée de Raoul de Maurelière s'enfonça dans sa poitrine.

Le comte des Mazures tomba.

Cependant il n'était pas mort, et après avoir vomi une gorgée de sang, il fit signe à son adversaire qu'il voulait parler.

Celui-ci avait appelé le valet de chambre du comte et il l'aida à transporter le blessé hors du jardin.

Quand M. des Mazures fut couché sur un lit, tandis que le valet de chambre courait chercher un chirurgien, il dit à M. de Maurelière d'une voix mourante :

— Pardonnez-moi, Monsieur ; je ne pouvais épouser Gretchen : je suis marié.

— Marié ! exclama Raoul, stupéfait.

— Avec la princesse de Waldener.

M. de Maurelière comprit tout.

— Je crois que je vais mourir, dit le comte. Au nom du ciel, veillez sur Gretchen : la princesse est vindicative.

Et le blessé perdit connaissance.

. . . .

Presque à la même heure, M. de Beauvoisin était tête-à-tête avec la princesse.

Et la princesse lui jurait que non-seulement elle pardonnait à Gretchen, mais qu'elle veillerait sur elle et l'aimerait comme sa fille.

Et M. de Beauvoisin, nature chevaleresque et crédule, ajouta foi aux paroles de la princesse.

A cet endroit de son récit, le vieux Benjamin s'arrêta encore.

— Oh ! Mademoiselle, dit-il en regardant Aurore, pourquoi, ce jour-là, n'avons-nous pas arraché votre mère à la princesse Héléna ? Elle vivrait encore.

— Continue, mon ami, dit Aurore dont le visage était baigné de larmes.

XXXV

Le vieux Benjamin reprit :

— Le comte de Beauvoisin s'était laissé prendre aux protestations de la princesse, comme j'y fus pris moi-même.

Ces trois femmes, qui avaient fait des calculs différents, se réunirent et n'eurent qu'une seule et même pensée de vengeance.

C'était Mme des Mazures qui avait imaginé le plan infernal qui fut mis à exécution dès le lendemain de la délivrance de Gretchen.

La princesse était gravement malade, et Mme des Mazures calculait qu'elle ne vivrait pas deux années encore.

Il fallait donc mettre à profit le temps qui restait à la princesse.

Toinon la bohémienne avait sur cette dernière une influence sans égale, et, comme Toinon s'était vendue corps et âme à Mme des Mazures, il s'ensuivait que celle-ci était désormais la tête qui ordonnait et à qui l'on obéissait aveuglément.

Le comte des Mazures passa deux mois entre la vie et la mort. Enfin sa jeunesse et sa robuste constitution triomphèrent.

La princesse lui avait pardonné, en apparence du moins, et elle s'installa à son chevet jusqu'au jour où il fut hors de danger.

Alors elle annonça l'intention de retourner en Allemagne.

Pendant ces deux mois, le vieux roi de Bavière était mort, et son successeur avait permis à la princesse non-seulement de revenir à Munich, mais encore d'y publier son mariage secret avec le comte des Mazures.

Néanmoins, obéissant aux inspirations de Mme des Mazures, la princesse avait exigé que le comte ne revînt pas tout de suite à Munich, et qu'il achevât de se guérir en France. M. Raoul de Maurelière était venu chaque jour voir son adversaire; il avait fini par se lier avec lui et avait même reçu de lui cette étrange confidence :

— J'ai commis une faute, avait dit le comte; mais, Dieu aidant, je la réparerai. La princesse, ma femme, est atteinte d'une maladie mortelle qui l'emportera au premier jour. Alors je rendrai l'honneur à Gretchen, en l'épousant.

Mme des Mazures avait sans doute deviné ce calcul du comte, car, en poussant la princesse à revenir en Allemagne, elle avait son but, comme vous allez le voir.

Il fallait élever entre Gretchen et son beau-frère,

dont elle convoitait la main et l'immense fortune après la mort de la princesse, une barrière infranchissable.

Cette barrière, c'était l'amour du chevalier des Mazures, demeuré à Munich en qualité d'attaché à l'ambassade française.

Le chevalier était digne de la comtesse.

C'était une âme vile, jalouse à l'excès.

Le chevalier enviait son frère ; le comte était son bienfaiteur.

Le chevalier le haïssait mortellement.

Mme des Mazures, sa belle-sœur, avait compté sur cette haine.

Gretchen avait suivi la princesse en Allemagne ; celle-ci s'était chargée de son enfant et lui avait promis de l'élever.

Gretchen, du reste, depuis qu'elle savait que le comte était l'époux de la princesse, n'éprouvait plus pour lui que du mépris.

Il est des organisations délicates que le vent de la désillusion courbe et finit par briser. Gretchen était de celles-là.

Tout ce qu'elle avait d'amour dans le cœur, elle l'avait reporté sur son enfant.

Le reste du monde lui était indifférent, et si son enfant n'eût vécu, elle se serait réfugiée dans la mort.

Aussi, les trois créatures d'enfer qui avaient juré sa perte n'eurent pas grand'peine à triompher.

Le chevalier, en apprenant que son frère avait séduit Gretchen, sentit sa haine pour lui se décupler.

En outre, l'amour qu'il avait pour Gretchen se changea en une sorte d'exécration.

C'était ce que voulait Mme des Mazures.

Un jour, elle prit son beau-frère à part et lui dit :

— Vous haïssez Gretchen ?

— Autant que je l'ai aimée.

— Et le comte ?

— Je l'abhorre !

— Voulez-vous être vengé ? Eh bien ! écoutez-moi. Le comte n'attend que la mort de la princesse pour épouser Gretchen.

Un éclair de rage passa dans les yeux du chevalier.

— Voulez-vous torturer Gretchen et réduire le comte au désespoir ?

— Que faut-il faire ?

— Attendez encore. Vous êtes pauvre, la princesse est dix fois millionnaire. Elle dotera Gretchen de cent mille livres de rente.

— Et je l'épouserai !

Ce sera le meilleur moyen de vous venger à la foi du comte, qui l'a séduite, et de Gretchen, qui vous a dédaigné. Quand elle vous appartiendra, vous ferez d'elle ce que vous voudrez.

Le chevalier accepta cet horrible marché.

Le soir, il vint trouver Gretchen au palais de Carlotenbourg, et lui dit :

Les frères sont solidaires les uns des autres ; mon frère vous a déshonorée, c'est à moi de réparer son crime. Vous êtes sans appui, vous avez un enfant qui n'a pas de nom, je viens vous offrir ma main et mon nom.

Il avait su se faire un masque d'hypocrisie et de loyauté qui trompa la pauvre Gretchen.

Elle le regarda en pleurant et lui dit :

— Hélas ! mon cœur est mort, qu'en feriez-vous.

— Je vous vénèrerai comme une sainte et je servirai de père à votre fille.

Gretchen crut cet homme loyal ; elle lui prit les mains et lui dit :

— Ah ! vous êtes noble et bon, et si je ne puis vous aimer d'amour, du moins je vous environnerai d'affection et de respect.

Et elle accepta.

Dès lors, le plan infernal de Mme des Mazures s'exécuta tout entier.

Gretchen devint la femme du chevalier ; mais quand le mariage eut été célébré, la princesse déclara qu'elle ne voulait pas se séparer de la petite fille.

Alors le chevalier consentit à venir habiter le palais de Carlotenbourg.

Ce jour-là deux gentilshommes français qui s'étaient tenus cachés à Munich depuis le retour de Gretchen repartirent ensemble pour la France.

Ces deux gentilshommes étaient M. de Maurelière et le comte de Beauvoisin.

Eux aussi avaient cru à la loyauté du chevalier, et se dirent en quittant l'Allemagne :

— Il protégera Gretchen, puisqu'elle est devenue sa femme.

Le comte de Beauvoisin aimait toujours Gretchen, et il ne reparut point à Paris.

Où alla-t-il? On ne l'a jamais su : mais quelques-uns ont affirmé qu'il était allé s'ensevelir dans un cloître.

Pendant ce temps, le comte des Mazures s'était rétabli.

Il revint à Munich, apprit que Gretchen était la la femme de son frère, et se livra à un violent désespoir tout d'abord.

Mais le comte était un homme léger, et bientôt il fut consolé.

Comme moi, comme les deux gentilshommes, il avait cru au pardon de la princesse; comme nous, il crut que le chevalier aimerait Gretchen et la rendrait heureuse.

La princesse luttait toujours contre le mal qui la minait lentement.

Les médecins lui ordonnèrent un voyage en Italie et elle partit avec le comte, laissant à Munich le chevalier des Mazures et sa femme. Gretchen allait être mère et vous portait dans son sein.

Benjamin s'interrompit un instant et essuya une larme.

— Ah ! Mademoiselle, reprit-il, la princesse avait laissé derrière elle sa vengeance toute prête.

A peine était-elle partie que le chevalier se montra cruel, impitoyable avec votre mère, et Toinon commença son office d'empoisonneuse.

Mme des Mazures demeura également auprès d'elle, jeta son masque de douceur et d'hypocrisie.

Elle déclara une guerre sourde à Gretchen, et Gretchen devint martyre.

Bientôt je fus épouvanté du changement subit qui s'était opéré chez ma pauvre maîtresse.

On lui avait administré un poison lent qui devait la tuer sûrement après une longue et terrible agonie.

Vous étiez venue au monde ; elle vous souriait et vous aimait autant déjà que son premier enfant, et votre naissance l'avait consolée de sa séparation ; Mme la princesse avait emmené votre sœur en Italie.

Deux années s'écoulèrent.

Gretchen pâlissait à vue d'œil ; elle devenait plus faible, plus souffrante, plus désespérée que jamais. Le chevalier la maltraitait et lui reprochait sa faute.

Mme des Mazures la torturait sans relâche. Un jour, elle me fit venir et me dit :

— Fritz, je vais bientôt mourir.

Et comme je jetais un cri d'épouvante :

— Je suis empoisonnée, me dit-elle, et mes jours sont comptés. Jure-moi que tu veilleras sur mon enfant?

Aurore interrompit le vieux Benjamin :

— Ainsi, dit-elle, tu en es certain, ma mère est morte empoisonnée?

— Oui, Mademoiselle, elle s'est traînée cinq ans, puis un jour elle s'est éteinte, comme une lampe qui n'a plus d'huile.

— Et celle qui l'a empoisonnée?...

— C'est Toinon.

— Du consentement de la princesse.

— Par ses ordres et ceux de Mme des Mazures, votre tante.

— Mais mon père?

— Votre père le savait, et il y a consenti!...

Cette fois, Aurore jeta un cri terrible :

Et se redressant l'œil en feu :

— Oh! dit-elle, ma mère, ma sainte mère, vous serez vengée !

FIN DU TOME PREMIER.

COULOMMIERS. — Typog. A. MOUSSIN

www.ingramcontent.com/pod-product-compliance
Lightning Source LLC
Chambersburg PA
CBHW072047240426
43671CB00030BA/1356